novum pro

OTTO
BACHMANN

DER *CHRISTLICHE GLAUBE* UND DIE *VIERTE DIMENSION*

novum pro

Bibliografische Information
der Deutschen Nationalbibliothek:

Die Deutsche Nationalbibliothek
verzeichnet diese Publikation in
der Deutschen Nationalbibliografie.
Detaillierte bibliografische Daten
sind im Internet über
http://www.d-nb.de abrufbar.

Gedruckt in der Europäischen Union
auf umweltfreundlichem, chlor- und
säurefrei gebleichtem Papier.

ISBN 978-3-99146-893-6
Lektorat: Katja Wetzel
Umschlagabbildungen:
Empipe, Golfmhee,
Andrei Anishchenko | Dreamstime.com
Umschlaggestaltung, Layout & Satz:
novum Verlag
Innenabbildung: Otto Bachmann

Die vom Autor zur Verfügung gestellte
Abbildung wurde in der bestmöglichen
Qualität gedruckt.

www.novumverlag.com

Druckprodukt mit finanziellem
Klimabeitrag
ClimatePartner.com/16547-2311-1001

Inhaltsverzeichnis

Vorwort

Als Mathematiker, der sich vorwiegend mit den Grundlagen der Geometrie beschäftigt, bin ich immer wieder fasziniert von der Art und Weise, wie sich die Mathematik im Verlauf des 19. und 20. Jahrhunderts von einer mit Intuition und Metaphysik behafteten zu einer wissenschaftlich strengen Disziplin entwickelt hat. Dies geschah dadurch, dass unzureichende Definitionen ersetzt, ungerechtfertigte Hypothesen beseitigt und neue Strukturen als denkmöglich und in sich widerspruchsfrei erkannt wurden. In der Folge konnten offene Probleme gelöst, bestehende Widersprüche aufgelöst und verschiedene Gebiete der Mathematik auf eine solide Grundlage gestellt werden.

Auch in der Physik erfolgten im 19. und 20. Jahrhundert Veränderungen, die zu einer Ablösung des klassischen physikalischen Weltbildes führten. Die spezielle und die allgemeine Relativitätstheorie sowie die Quantenphysik bedeuteten den Abschied von einem Weltbild, das durch das Prinzip von Ursache und Wirkung geprägt war. Die neuen Theorien ermöglichten es, für offene Probleme Lösungen zu finden und experimentelle Ergebnisse einzuordnen, die im Widerspruch zu bestehenden Theorien standen. Wir werden dies in Kap. 2 näher erläutern.

Ähnliche Entwicklungen haben in der Theologie nicht stattgefunden. Argumentationen über Themen des christlichen Glaubens – wie Gott, Teufel, Schöpfung und Evolution, die Beziehung zwischen Glauben und Wissenschaft, Sinn des Lebens, das Leid und die Theodizee-Frage, Israel – beruhen oft auf einem überholten Denksystem und Weltbild, auf Begriffen, die unzureichend definiert sind, und auf unbewiesenen Hypothesen. Diese Grundproblematik hatte zur Folge, dass sich in der Theologie in den letzten zwei bis drei Jahrhunderten ganz verschiedene Richtungen entwickelt haben. Die Überzeugung, dass eine Klärung in dieser Situation zu einem besseren Verständnis und einer Vertiefung des Glaubens beitragen wird, war der Auslöser zum Schreiben dieses Buches.

Ich versuche nachzuweisen,

- dass den Argumentationen, die die Bibel und den christlichen Glauben betreffen, häufig ein eingeschränkter Denkrahmen, fragwürdige Hypothesen und unzureichende Definitionen der verwendeten Begriffe zugrunde liegen und daher die Schlussfolgerungen oft nicht eindeutig und nicht stichhaltig sind,
- dass es zahlreiche Vernunftgründe gibt, die die Echtheit des christlichen Glaubens und die Wahrheit der Bibel bezeugen,
- dass der christliche Glauben und die Naturwissenschaften nicht einen Gegensatz darstellen und die Erkenntnisse der modernen Naturwissenschaften helfen können, Glauben zu stützen und zu stärken.

Zum Nachweis der zweiten Aussage wird aufgezeigt,

- dass sich der Inhalt des christlichen Glaubens und der Bibel in vielem so sehr von dem Inhalt anderer Religionen und Philosophien und von dem, was sich Menschen ausdenken, wünschen und ersehnen, unterscheidet, dass er unmöglich von Menschen erfunden und bloßes Menschenkonstrukt sein kann,
- dass sich verschiedene Prophetien der Bibel im Verlauf der Geschichte erfüllt haben,
- dass das Weltgeschehen je länger, desto offensichtlicher auf einen Zustand hin konvergiert, der in der Bibel vorausgesagt ist.

Ich bin mir bewusst, dass das Buch keinen mathematischen Beweis für die Existenz des in der Bibel vorgestellten Gottes und die Wahrheit des christlichen Glaubens liefert. Der letzte entscheidende Schritt bleibt der Glaube. Aber es will bei Christen und Theologen zu einem fundierten Umgang mit der Bibel und den

Grundinhalten des christlichen Glaubens und zu einer Stärkung desselben beitragen. Es will Atheisten und religiöse Skeptiker zum Nachdenken anregen und dazu ermutigen, sich auf den in der Bibel vorgestellten Gott einzulassen, sich selbst mit dem Evangelium zu befassen und sich auch dann, wenn man nicht alles in der Bibel versteht, der von *Mark Twain* (1835–1910) erwähnten Herausforderung zu stellen: *«Es sind nicht die Teile der Bibel, die ich nicht verstehe, die mich herausfordern, sondern jene Teile, die ich verstehe.»* Es will helfen, Enttäuschungen durch negative Erfahrungen mit Christen oder im kirchlichen Unterricht zu überwinden.

Das Buch ist wie folgt aufgebaut:

Kapitel 1 und 2 befassen sich mit der grundsätzlichen Bedeutung der oben erwähnten Grundproblematik für die Wissenschaft, die Theologie und den christlichen Glauben sowie für das Verhältnis von Glaube und Wissenschaft.

Kapitel 3 weist die hohe Wahrscheinlichkeit der Wahrheit der Bibel nach und dient damit als Vorbereitung für die folgenden Kapitel.

Kapitel 4 befasst sich mit dem Gottesverständnis, Kapitel 5 mit der Schöpfung und Evolution, Kapitel 6 mit verschiedenen Inhalten des christlichen Glaubens und Kapitel 7 mit dem Volk Israel und seiner Bedeutung für die Christenheit.

Da die Bibel die wichtigste Informationsquelle für den christlichen Glauben und die in den Kapiteln 4–7 behandelten Themen ist, beschäftigen wir uns schon in Kapitel 3 mit der Frage nach der Wahrheit der Bibel. Es liefert die entscheidende Grundlage für die Inhalte der nachfolgenden Kapitel.

Zur Verdeutlichung und Klärung sind in jedem Kapitel spezifische Beispiele eingebaut mit Aussagen von Theologen, Philosophen und Wissenschaftlern und mit Situationen aus Kirchen, Glaubensgemeinschaften, Staat und Gesellschaft.

1. Herausforderungen des menschlichen Denkens

1.1 Einleitung

Bei Diskussionen über ein bestimmtes Thema treten häufig Unklarheiten und Missverständnisse auf, die durch eine oder mehrere der folgenden Ursachen bedingt sind:

P1 *Der zugrunde liegende Denkrahmen ist nicht klar festgelegt und damit sind die Denkvoraussetzungen nicht einheitlich.*
P2 *Es werden Hypothesen zugrunde gelegt, die nicht klar als solche deklariert sind.*
P3 *Es werden Begriffe verwendet, die unzureichend definiert sind.*

Diese drei Problemkreise können sich teilweise überschneiden. Der Einfachheit halber bezeichnen wir den gesamten durch sie gegebenen Problembereich mit ***P123***.

Die Entwicklung der Mathematik und der Physik wurde in den letzten zwei Jahrhunderten dadurch entscheidend gefördert, dass die Berücksichtigung dieses Problembereichs viel zur Klärung der Grundlagen beigetragen hat. Wir werden in Kapitel 2 näher darauf eingehen.

In der Theologie blieb eine ähnliche Entwicklung aus. Dies führte bei theologischen Themen und Fragen des christlichen Glaubens immer wieder zu Missverständnissen und zur Entstehung verschiedener theologischer Strömungen. Ich werde in den folgenden Kapiteln näher darauf eingehen, u. a. im Zusammenhang mit dem Begriff *Gott* in Kapitel 4, der Frage *«Was ist Wahrheit?»* und der *Wahrheitsfrage* in Bezug auf die Bibel in Kapitel 3, dem *biblischen Gottesbild* in Kapitel 4, dem *biblischen Schöpfungsbericht* in Kapitel 5, sowie generell mit Aussagen, zu deren «biblischer Begründung» Bibelverse aus dem Zusammenhang herausgerissen und isoliert betrachtet wurden.

Bei dem Problembereich P123 geht es nicht um eine Frage der ***Logik***. Dem Denken des Menschen liegt eine allgemeingültige Logik zugrunde. Sie ist notwendig, damit Kommunikation unter Menschen überhaupt sinnvoll ist und die gesendete Botschaft vom Empfänger überhaupt verstanden werden kann. Sender und Empfänger haben dieselbe Logik. Probleme bei der Kommunikation hängen meist mit dem Problembereich P123 zusammen. So ist es z. B. nicht korrekt, eine Aussage der Bibel als «nicht logisch» zu bezeichnen; es geht vielmehr darum, dass die Aussage mit der allgemeingültigen Logik innerhalb des zugrunde gelegten Denkrahmens und mit den zugrunde gelegten Hypothesen und Definitionen zu einem Widerspruch führt.

1.2 Denkrahmen

Meine Enkel kannten meine Frau nur mit grauen Haaren. Auf einem Foto war sie als junges Mädchen mit schwarzen Haaren abgebildet. Da fragte einer der Enkel: *«Großmutter, hattest du damals die Haare gefärbt?»* Die Art, wie wir über unsere Umwelt denken und sie erklären, hängt von dem zugrunde gelegten Denkrahmen ab.

Das folgende Beispiel soll verdeutlichen, dass sich bei Erweiterung unseres Denkrahmens durch Übergang zu einer höheren Dimension neue Möglichkeiten eröffnen und scheinbar unlösbare Probleme gelöst werden können.

Denken wir uns Lebewesen, die auf einer ebenen Fläche, d. h. in einer 2D-Welt leben. Sie stehen vor der Aufgabe, die beiden Puzzleteile links in der unten stehenden Figur lückenlos zusammenzufügen. Sie kommen zu dem Schluss, dass diese Aufgabe unlösbar ist. Eines Tages begegnen sie einem Menschen. Er lebt in einer 3D-Welt und löst das Problem, indem er den zweiten Teil um 180° dreht und dann die beiden Teile zusammenschiebt. Die Lebewesen stehen vor einem Wunder.

Unser Denkrahmen wird mitbestimmt von unserem Weltbild. Das klassische Weltbild ist von der Aufklärung und dem griechisch-humanistischen Denken geprägt und beruht auf dem, was mit unseren Sinnen wahrgenommen und mit der Vernunft daraus abgeleitet werden kann. Die Entwicklung der Physik im 19. und 20. Jahrhundert hat gezeigt, dass die uns umgebende Wirklichkeit komplizierter ist, als bisher angenommen wurde, dass die Gesamtwirklichkeit wesentlich komplizierter ist als die stoffliche, sinnlich-wahrnehmbare Raum-Zeit-Welt, dass mehr Dimensionen als die 3 räumlichen Dimensionen nötig sind, um die uns umgebende Wirklichkeit zu beschreiben. Spätestens seit der ***Relativitätstheorie*** wissen wir, dass die wahre Realität nicht die ist, die wir in den 3 räumlichen Dimensionen wahrnehmen; die Welt ist 4-dimensional. Die Hinzunahme der Zeit als vierte Dimension und die Beschreibung der Welt als ein 4-dimensionales Raum-Zeit-Kontinuum ermöglicht es, verschiedene experimentell bestätigte Befunde (wie z. B. die Konstanz der Lichtgeschwindigkeit in gleichmäßig bewegten Systemen), die im Widerspruch zu der 3-dimensionalen klassischen, newtonschen Mechanik stehen, einzuordnen.

Diese Entwicklung ließ viele Aussagen der Bibel in einem neuen Licht erscheinen und sie hat dadurch auch zur Entspannung im Verhältnis von Glauben und Wissenschaft beigetragen. Sie hat zu einem Weltbild geführt, das es häufig leichter macht, biblische Aussagen zu akzeptieren und scheinbare Widersprüche zwischen Glaube und Naturwissenschaft zu überwinden. So fällt es einem Naturwissenschaftler heute leichter, ohne intellektuelle Verrenkungen an Wunder, Gebetserhörungen, gewisse Aussagen in der Bibel, an ein Eingreifen Gottes in der Welt zu glauben. Die Entwicklung hat ein vertieftes Verständnis von Glaubensinhalten und weiterführende Antworten auf Fragen des Glaubens ermöglicht, von Inhalten und auf Fragen, die Themen wie *Gott*, *Wahrheit*, *Schöpfung*, *Evolution*, die *Existenz von Leid*en betreffen.

Die in der Relativitätstheorie erfolgte Erweiterung von 3 auf 4 Dimensionen hat mich zum Titel dieses Buches inspiriert. Er soll zum Ausdruck bringen, dass eine Erweiterung des Denkrahmens des Menschen durch eine «göttliche Dimension» mithelfen kann, eine universale Realität anzuerkennen, die unsere sinnlich-wahrnehmbare Welt übersteigt, scheinbare Widersprüche zwischen Glaube und Naturwissenschaft oder Glaube und Erfahrung zu überwinden und Gott Wirkungsmöglichkeiten zuzugestehen, die über unseren Verstand hinausgehen. Der Einfachheit halber werde ich im Folgenden beim menschlichen Denkrahmen bzw. bei Einbezug der göttlichen Dimension symbolisch auch vom ***3D***- bzw. ***4D-Denkrahmen*** sprechen.

In der Bibel finden sich zahlreiche Situationen, die zeigen, dass der Mensch mit seinem 3D-Denkrahmen der göttlichen Dimension des 4D-Denkrahmens nicht gerecht wird und dadurch die Tragweite der göttlichen Offenbarungen und des mit Jesus Christus angebrochenen neuen Gottesreiches nicht zu erfassen vermag. Eindrückliche Beispiele sind das Gespräch von Jesus mit dem Pharisäer Nikodemus (Joh 3.1–8) über die *«Wiedergeburt»* als Voraussetzung für den Zugang zum Reich Gottes, der Hinweis von Jesus im Gespräch mit der Samaritanerin auf das *«lebendige Wasser»*, das den geistigen Durst stillt (Joh 4.1–41), sowie das Wort Jesu vom *«Essen des Fleisches und Trinken des Blutes des Menschensohnes»* im Hinblick auf das Abendmahl (Joh 6.31–59).

Die prinzipielle Begrenztheit das menschlichen Denkrahmens in Bezug auf das Verständnis der Welt hat der Astrophysiker und Philosoph *Harald Lesch* (* 1960) [43] treffend ausgedrückt: *«So wie ein Fisch im Aquarium vermutlich nie verstehen wird, wo er sich befindet und was außerhalb seiner Welt ist, so hat gewiss auch der Mensch seine Grenzen in Bezug auf sein Verständnis vom Universum.»* und *«Möglicherweise werden wir die letzten Geheimnisse des Universums nie lüften. Ein Grund dafür ist, dass wir Menschen letztlich auf unser ‹Aquarium› begrenzt sind, ein anderer vielleicht, dass das Universum die Eigenschaft haben könnte, dass einige seiner Rätsel nicht mit den Mitteln, die das Universum selbst bereitstellt, gelöst werden können.»* Bei Missachtung dieser möglichen prinzipiellen Begrenzung und Beschränkung unserer Denkfähigkeit besteht die Gefahr, dass der Mensch die hochkomplexe Realität der Schöpfung Gottes und damit auch Gott selber und sein Wirken in den 3D-Denkrahmen hineinzupressen versucht und damit der Größe Gottes und seiner Werke nicht gerecht wird. Darauf weisen auch mehrere Stellen der Bibel hin (z. B. Hiob 42.3, Ps 145.3, Jes 40.28 und 55.8).

1.3 Hypothesen, Definitionen und Zirkelschlüsse

Eine Schwierigkeit bei Diskussionen und Analysen ergibt sich häufig dadurch, dass die Argumentationen nicht explizit erwähnte und nicht näher begründete ***Hypothesen*** und ***unzureichend definierte Begriffe*** verwenden. Ich möchte dies anhand einiger Beispiele verdeutlichen:

- Die Aussage *«Das Gute und Göttliche existiert jenseits allen Seins und Denkens»* des römischen Philosophen des Neuplatonismus *Plotin* (205–270) ist ohne Präzisierung des Begriffes *Sein* ohne inhaltliche Bedeutung.
- Der mittelalterliche Philosoph, Theologe und Mathematiker *Nikolaus von Kues* (1401–1464) lehrt, dass der Mensch Schöp-

fer des geistlich Seienden und der künstlichen Formen ist, so wie Gott der Schöpfer des wirklich Seienden und der natürlichen Formen ist. Eine solche Aussage macht nur Sinn, wenn der Mensch mit seiner schöpferischen Kraft nicht als Teil des von Gott geschaffenen wirklich Seienden und damit nicht als Schöpfungswerk Gottes betrachtet wird.

- Bei Statistiken führen nicht klar deklarierte Hypothesen zu Fehlinterpretationen. Als Beispiel sei eine schwedische Studie erwähnt, die zu belegen versuchte, dass Handynutzer mit 40 % höherer Wahrscheinlichkeit an Hirntumoren erkranken als Nicht-Handynutzer. Bei dieser Studie wurde jedoch nicht eine Gruppe von Handynutzern mit einer solchen von Nicht-Handynutzern verglichen, sondern eine Gruppe von Menschen mit Hirntumoren zu ihrer Handynutzung befragt!
- In der Mathematik hat man im Verlaufe des 19. Jahrhunderts erkannt, dass gewisse implizite Hypothesen explizit als Axiome deklariert werden müssen und dass eine Theorie nur unter Hinzunahme dieser Axiome Gültigkeit hat. Man hat auch erkannt, dass man auf eine Definition gewisser Grundbegriffe verzichten muss und diese nur implizit durch bestimmte Axiome beschreiben kann. Wir werden im nächsten Kapitel näher darauf eingehen.

Unzureichende Definitionen und nicht deklarierte Hypothesen führen oft zu ***Zirkelschlüssen***, d. h. die herzuleitende Aussage wird ganz oder teilweise schon als Voraussetzung verwendet. Dies kann mit der widersprüchlichen Vorstellung eines Menschen, der sich selbst aus dem Sumpf zieht, verglichen werden. Zirkelschlüsse werden meist nicht sofort als solche erkannt. Sie entstehen häufig dadurch, dass ein bei der Herleitung eines Resultates verwendeter Begriff in seiner Definition schon Teile des Ergebnisses enthält. So werden wir z. B. in den folgenden Kapiteln sehen, dass oft in Aussagen über Begriffe wie *Gott*, *Wahrheit*, *Sinn des Lebens*, *Zufall* Eigenschaften hergeleitet werden, die per definitionem diesen Begriffen zugeordnet wurden. Hier sei nur auf einen solchen Zirkelschluss in Bezug auf den Begriff *Gott* hingewiesen. Der katholische Theologe *Kurt Mahnig* [53] vertritt in seinem Buch *«Theologische Relativitätstheorie»* die Ansicht, dass Gott etwas Relatives ist und dass jeder Mensch sich sein eigenes Gottesbild zurechtzimmert. Gott wird so per definitionem zu einem Gedankenkonstrukt des Menschen. Bei einem solchen Vorgehen wird die Existenz des Menschen mit seiner Denkfähigkeit bereits vorausgesetzt, um sich ein Bild von Gott zu machen, und damit enthält ein so definiertes Gottesbild nur dann keinen Zirkelschluss, falls der Mensch nicht selbst schon ein Schöpfungswerk Gottes ist. Falls der Mensch nicht als Schöpfungswerk Gottes verstanden wird, wird zwar der Zirkelschluss vermieden; es stellt sich dann aber die Frage nach der Herkunft des Menschen und seines geistigen (und körperlichen) Potenzials.

Diese Frage und der Zirkelschluss werden uns in den drei nächsten Kapiteln im Zusammenhang mit dem biblischen Gottesbild und Schöpfungsbericht noch näher beschäftigen.

1.4 Griechisches und hebräisches Denken

In der christlichen Theologie hängt der Problembereich P123 wesentlich mit dem Unterschied zwischen der ***griechisch-analytischen*** und ***der hebräisch-ganzheitlichen Denkweise*** zusammen.

Die Bibel erzählt die Geschichte Gottes mit dem Volk der Juden und sie enthält die Lehre des Juden und Hebräers Jesus Christus. Sie und der christliche Glaube sind daher stark von hebräischem Gedankengut geprägt.

Die westeuropäische Denkweise ist wesentlich von den griechischen Philosophen *Platon* (428/427–348/347 v. Chr.) und *Aristoteles* (384–322 v. Chr.) beeinflusst – das entsprechende Weltbild ist dualistisch: Die Welt ist gespalten in einen sichtbaren physischen Teil, der die Materie und den Körper enthält und vergänglich ist, und einen unsichtbaren Teil, der aus den

Ideen, dem Geist und den Seelen besteht und unvergänglich ist. Im Gegensatz dazu geht das hebräische Denken nicht von einer Spaltung der Wirklichkeit in einen sichtbaren und unsichtbaren Bereich aus, sondern von einem Bruch der Beziehung zwischen Gott und dem Menschen. Das hebräische Denken ist auf Beziehungen ausgerichtet, es ist bildhaft und bringt oft durch Übertreibungen Dinge auf den Punkt; das griechische Denken fragt nach dem Wesen der Dinge und Personen und es zeichnet sich durch Genauigkeit, Sachlichkeit und exakte Beweisführung aus. Der katholische Theologe *Herbert Vorgrimler* (1929–2014) [76] präzisiert den Begriff *Wesen* wie folgt: *«Das ‹Wesen› ist das nicht der Erfahrung und den Sinnen, sondern nur dem Denken zugängliche Was-Sein; die Wesensfrage lautet: Was ist das? Was macht das zu dem, was es ist und was es von allem anderen unterscheidet?»*

Das griechische Denken ist – wie das vieler anderer Kulturen und Religionen – ein zirkulares Denken; die Abläufe in der Geschichte und in der Natur wiederholen sich. Das hebräische Denken ist linear und zielgerichtet.

Es ist unumgänglich für ein tieferes Verständnis des christlichen Glaubens und der Bibel, dass wir Menschen der abendländischen Kultur mit einem griechisch-analytisch geprägten Hintergrund die hebräische Denkweise miteinbeziehen. Dies wird sich im Folgenden mehrmals als hilfreich erweisen, u. a. im Zusammenhang mit den Begriffen *Wort*, *Leib*, *Seele*, *Geist*, *Strafe*, *Schöpfung*, der *Einstellung zum menschlichen Körper* und dem *Verständnis der Zeit*. Die tiefere Bedeutung biblischer Aussagen wird oft deshalb nicht voll erfasst, weil dem Unterschied dieser beiden Denkweisen zu wenig Rechnung getragen wird.

1.5 Offene Probleme - Grenzen unseres Denkens

In der Mathematik und Physik gibt es auch heute noch zahlreiche offene Probleme und es ist durchaus denkbar, dass nicht alle dieser Probleme vom Menschen gelöst werden können, weil die in 1.2 erwähnte Aquarium-Situation vorliegt.

Ein Beispiel eines einfach zu formulierenden noch offenen Problems in der Mathematik liefert die sogenannte Goldbach-Vermutung. Sie besagt, dass jede gerade Zahl größer als 2 gleich der Summe zweier Primzahlen ist (z. B. 10=3+7, 18=11+7, 32=3+29). Die Gültigkeit dieser Vermutung ist für alle Zahlen bis $4 \cdot 10^{18}$ nachgewiesen. Der Beweis, dass sie für jede gerade Zahl gilt, steht noch aus.

Ein Beispiel eines noch offenen Problems in der Physik finden wir in der Theorie über den Aufbau der Materie. Sie wurde im Verlaufe des vergangenen Jahrhunderts immer mehr verfeinert. So nahm man früher an, dass die kleinsten Bausteine der Materie, die sogenannten Elementarteilchen, die Atome und Moleküle sind; später entdeckte man, dass diese Teilchen aus noch kleineren Bestandteilen bestehen, wie z. B. aus Elektronen, Protonen und Neutronen. Heute kennt man 37 Elementarteilchen, unter Einbezug der Antiteilchen sind es sogar 61. In theoretischen (z. T. plausiblen, z. T. aber auch sehr spekulativen) Modellen wurden weitere Elementarteilchen postuliert, die bislang nicht durch Experimente nachgewiesen werden konnten.

Bei allen Erklärungsversuchen für den Aufbau der Materie bleibt letztlich immer die Frage nach der Herkunft der Elementarteilchen – eine Frage, die die Theologie ins Spiel bringt und mit der wir uns im Kapitel 5 beschäftigen werden. Der Nobelpreisträger der Physik *Wolfgang Pauli* (1900–1958) bringt es auf den Punkt, wenn er die Grenzen der Naturwissenschaft dort markiert, wo Herkunftsfragen ins Spiel kommen.

Die Thematik der offenen Probleme im christlichen Glauben und in der Theologie wird geprägt von all den ***Existenz***-, ***Woher***- und ***Warum-Fragen***: *«Gibt es einen Gott?», «Gibt es eine Schöpfung ex nihilo?», «Woher kommt das Böse in der Welt?», «Wie ist das Leid in der Welt mit einem allmächtigen Gott der Liebe vereinbar?», «Warum entsprechen die Erfahrungen oft nicht den Verheißungen in der Bibel?»* Wir erwarten Antworten innerhalb des menschlichen 3D-Denkrahmens, die zu jedem Geschehen eine Ursache angeben und Widersprüche auflösen. Meistens werden die gelieferten Antworten aber der Komplexität der Thematik nicht gerecht, da sie den Problembereich P123 unzureichend berücksichtigen. Auch hier müssen wir uns der Aquarium-Situation bewusst sein und die Grenzen unserer Erkenntnisfähigkeit anerkennen und es aushalten, dass wir nicht auf alle Fragen eine Antwort haben.

2. Wissenschaft und Glauben

2.1 Einleitung

In Gesprächen über den christlichen Glauben fallen immer wieder Äußerungen wie: «Der Glaube ist inkompatibel mit der Vernunft.», «Der Glaube beginnt dort, wo das Denken aufhört.», «Entweder jemand denkt rational oder er glaubt einfach.», «Die Bibel ist nicht zeitgemäß, sie entspricht nicht mehr dem heutigen naturwissenschaftlichen Weltbild.»

Wir treffen oft folgende Einstellung an: Glaube und Vernunft, Glauben und Denken, Glaube und Wissenschaft stellen unvereinbare Gegensätze dar – Begriffe wie *Urknall*, *Evolution*, *Schöpfung* führen zu Widersprüchen zwischen Naturwissenschaft und Glauben. Die Abläufe im ganzen Kosmos sind deterministisch durch feste, naturwissenschaftliche Gesetze bestimmt. Die naturwissenschaftlichen Erkenntnisse lassen sich mit einem Eingreifen Gottes in den Geschehensablauf nicht vereinbaren. Es kann nichts geschehen, was von unseren Erfahrungen abweicht. Der Ablauf der Menschheitsgeschichte wird durch den Menschen bestimmt.

Deutlich ausgedrückt hat dies der britische Zoologe und Biologe *Richard Dawkins* (* 1941) in seinem Buch *«Der Gotteswahn»*, wenn er sagt, dass religiöser Glaube ein Wahn ist, der von der modernen Naturwissenschaft widerlegt ist. Er sieht die Welt als Ergebnis eines sinn- und ziellosen Entwicklungsprozesses auf der Basis der Naturgesetze und des Zufalls und die Eigenschaften von Lebewesen als Ergebnis eines sinn- und ziellosen Prozesses der Evolution. Der Glaube ist ein blindes Akzeptieren von dogmatischen Lehraussagen, die man nicht hinterfragen darf. Ähnlich argumentiert der britische Chemiker und Atheist *Peter Atkins* (*1940), ein Kollege von *Dawkins*.

2.1.1 Der Homo-Mensura-Satz und der verborgene Zirkelschluss

Zu dieser Sicht trugen die stark vom griechisch-humanistischen Denken geprägte Aufklärung und die von *Charles Darwin* (1809–1882) begründete Evolutionstheorie bei. Diese lehrt, dass die Entstehung und Veränderung der Arten auf Zufall beruhen und Leben aus toter Materie durch Zufall entsteht. Da ist kein Platz mehr für einen Schöpfergott. Da fehlt auch jeglicher Bezug zu moralisch-ethischen Werten und zu einem Gott, der Ansprüche an den Menschen bezüglich solcher Werte hat, sowie jegliches Bewusstsein von Verantwortung des Menschen gegenüber einem Gott.

Diese Sicht basiert auf dem sogenannten ***Homo-Mensura-Satz***, den der Sophist *Protagoras* bereits im 5. Jahrhundert v. Chr. formuliert hatte: *«Der Mensch ist das Maß aller Dinge.»* Dieser Satz geht von der Vorstellung aus, dass der Mensch grundsätzlich mit seiner Vernunft, mit seinem Wissen und Können imstande ist, seine Probleme zu lösen und diese Welt zu erklären. Diese Vorstellung prägte besonders die Epoche Anfang des 20. Jahrhunderts. Damals führten die zahlreichen Möglichkeiten, die sich dem Menschen durch die Fortschritte in Wissenschaft und Technik eröffneten, zu einem verbreiteten Fortschrittsglauben.

Die Haltung hinter diesem Satz führt auch dazu, dass der Mensch selbst sein Gottesbild bestimmt, selbst entscheidet, wie seine Beziehung zu diesem Gott gelebt und seine Verantwortung ihm gegenüber wahrgenommen wird, dass der Mensch selbst über Gerechtigkeit und Ungerechtigkeit urteilt, sich zum Richter macht und den biblischen Gott wegen all der Ungerechtigkeit und all dem Leid in der Welt auf die Anklagebank setzt.

Der Homo-Mensura-Satz setzt die Existenz des Menschen mit seinem ganzen geistigen Potenzial voraus, um sich ein Bild von Gott und der Schöpfung zu machen. Damit liegt dem Satz der in Kapitel 1.3 im Zusammenhang mit dem Gottesbild von *Mahnig* erwähnte Zirkelschluss zugrunde, falls der Mensch als ein Schöpfungswerk Gottes verstanden wird.

2.1.2 Die Beziehung zwischen Wissenschaft und Theologie in der Geschichte

Die Beziehung zwischen Wissenschaft und Theologie hing im Verlaufe der Geschichte entscheidend davon ab, wie weit beim Wissenschaftsverständnis und bei der Interpretation der Bibel dem Problembereich P123 Rechnung getragen wurde. Lange Zeit war diese Beziehung von einem überholten naturwissenschaftlichen Denken und einem diffusen Verständnis gewisser Inhalte der Bibel geprägt.

In der Scholastik (800–1400) wurde versucht, die Glaubenswahrheiten vernünftig zu begründen und Einwände gegen den christlichen Glauben mit rationalen Argumenten zu beseitigen. Ab dem 14. Jahrhundert erwies sich diese von der Scholastik angestrebte Synthese von Glauben und Vernunft infolge der neuen wissenschaftlichen Erkenntnisse als immer schwieriger. Durch das veränderte Wissenschaftsverständnis erhielten Beobachtungen und Erfahrungen Vorrang und dies hatte zur Folge, dass neben Deduktion auch Induktion als wissenschaftliche Methode zugelassen wurde.

Seit der Aufklärung wurde auch die Bibel im Lichte des veränderten Weltbildes immer kritischer betrachtet. Wegbereiter der Bibelkritik in der Frühzeit der Aufklärung war der Gymnasiallehrer *Hermann Samuel Reimarus* (1694–1768). Für ihn war historisch nur möglich, was naturwissenschaftlich möglich und erklärbar war. Als absolute Hintergrundannahme diente ihm das naturwissenschaftliche Weltbild seiner Zeit.

Die Entmythologisierung des Neuen Testaments, wie sie vom Theologen *Rudolf Bultmann* (1884–1976) begründet wurde, die bibelkritische Theologie, ist auch eine logische Folge des Weltbildes des 19. Jahrhunderts. Demnach kann nichts geschehen sein, was unseren Erfahrungen widerspricht – damit auch nicht die Wunder der Bibel. Der Theologe *Heinz Zahrnt* (1915–2003) [86] schreibt: *«Es gibt für uns nur noch eine Wirklichkeit, die uns umgibt und in der wir leben.»* Wie sich die Sicht von der Bibel seit

Mitte des 19. Jahrhunderts im Lichte der Wissenschaft entwickelt hat, wird in Kapitel 3 näher betrachtet.

Wir werden im nächsten Abschnitt 2.2 sehen, dass die Entwicklung der Naturwissenschaft und der Mathematik im 19. und 20. Jahrhundert zu einer Wandlung des mathematisch-naturwissenschaftlichen Denkens geführt hat, die das Verhältnis zwischen Wissenschaft und Theologie entscheidend beeinflusst hat. Diese Wandlung hat dazu beigetragen, Widersprüche zwischen Glauben und Naturwissenschaft zu klären. Ein Ausdruck dieser Wandlung ist die wachsende Zahl von Biografien gläubiger Naturwissenschaftler.

Für viele ***christliche Wissenschaftler*** ist die Welt, wie wir sie wahrnehmen, eine physikalische Realität und nicht nur ein *«Schatten»* dieser Realität im Sinne *Platons* oder eine «Illusion» oder ein *«Schein» («maya»)* dieser Realität im Sinne der indischen Philosophie. Sie waren und sind überzeugt, dass sich die Ordnung in der Natur nicht aus einem Chaos oder aus sich selbst heraus entwickelt hat, sondern dass sie von einem Gott gewirkt wurde. *Es ist der Glaube an eine schöpferische Ordnung in der Natur, die den Menschen veranlasst, Wissenschaft zu treiben.* Menschen werden kein Verständnis für Naturgesetze haben und nach solchen suchen, wenn sie überzeugt sind, dass die Natur direkt durch Götter, Geister und Dämonen beherrscht wird. So waren chinesische Mönche und hinduistische Weisen aufgrund ihrer Philosophie nicht motiviert, Wissenschaft zu treiben; sie strebten vielmehr nach innerer Glückseligkeit und danach, den ewigen Kreislauf des Lebens, Sterbens und Wiedergeborenwerdens zu durchbrechen und im Nirwana anzukommen. Es waren christliche Wissenschaftler, die die wissenschaftliche Entwicklung des 16. und 17. Jahrhunderts maßgeblich gefördert und so die westliche Wissenschaft entscheidend mitgeprägt haben. Als Beispiel sei auf den bedeutenden englischen Physiker, Mathematiker und Naturwissenschaftler *Isaak Newton* (1643–1727) hingewiesen. Er glaubte, dass das Sonnensystem nur durch göttliches Eingreifen zu seiner Ordnung kam.

2.1.3 Unterschiedliche Fragestellung von Naturwissenschaft und Theologie

Naturwissenschaft und Theologie stellen unterschiedliche Fragen an die Welt und liefern unterschiedliche Zugänge zur Wirklichkeit. Sie arbeiten mit unterschiedlichen Methoden und sie haben unterschiedliche Ziele. Die Naturwissenschaft interessiert sich mit ihrer empirischen Herangehensweise für Kausalitäten, während sich die Theologie eher mit der Zielgerichtetheit der fraglichen Phänomene befasst.

In den Naturwissenschaften versucht der Mensch sich ein Bild von der Wirklichkeit zu machen, indem er die Natur mithilfe von Messgeräten beobachtet und misst und dann die Ergebnisse mithilfe der Mathematik in Form von Gesetzen beschreibt. Er setzt dabei voraus, dass die aus den Ergebnissen abgeleitete Theorie allgemeingültig ist, d.h. für alle Phänomene Gültigkeit hat, die denjenigen entsprechen, die den Beobachtungen und Messungen zugrunde liegen. Damit wird die Allgemeingültigkeit der Naturgesetze vorausgesetzt. Sie lässt sich weder durch die Erfahrung noch durch wissenschaftliche Forschung beweisen.

Die Theologie versucht mithilfe der Bibel die Welt zu deuten. Der Theologe und Philosoph *Anselm von Canterbury* (1033–1109) drückt es so aus: *«Theologie ist Glaube, der nach Einsicht sucht.»* Sie setzt dabei Gott als Schöpfer der Welt und als den voraus, der der Welt Heil bringt. Ihr geht es um die Frage «Wer ist Gott?», um die Frage nach Sinn und Bedeutung des menschlichen Daseins, um die Beziehung zwischen Gott und Mensch.

Während der Naturwissenschaftler danach fragt, ***wie*** das All entstanden ist, fragt der Theologe, ***warum*** und ***wozu*** es entstanden ist. Naturwissenschaft und Theologie können sich gegenseitig in befruchtender Weise ergänzen, sofern sie sich ihrer Grenzen bewusst sind und anerkennen, dass sie je nur einen Teil der Wirklichkeit erfassen, und sofern sie zum Dialog bereit sind.

2.1.4 Kompatibilität von Naturwissenschaft und Theologie

Unglücklicherweise reagieren Christen im Gespräch mit Menschen, die die Bibel oder den christlichen Glauben aufgrund vermeintlich wissenschaftlicher Argumente kritisch hinterfragen, häufig mit der Feststellung: *«Man muss Gott und der Bibel mehr vertrauen als menschlicher Erkenntnis und bei unterschiedlichen Sichten dem Wort Gottes den Vorrang geben.»* Dabei wird oft auf gewisse Bibelstellen hingewiesen – z. B. auf den (falsch interpretierten) *Vers: «Verlass dich auf den Herrn von ganzem Herzen, und verlass dich nicht auf deinen Verstand.»* (Spr 3.5 LU) Eine solche Reaktion finde ich für fragende Kritiker nicht sehr hilfreich. Meistens hängen ihre Fragen mit dem Problemkreis P123 zusammen und führen, wenn darauf aufmerksam gemacht wird, dazu, den eigenen Standpunkt zu hinterfragen.

Wir werden sehen, dass Glauben möglich ist, ohne dass das intellektuelle Gewissen vergewaltigt wird und wissenschaftliche Fakten ausgeblendet werden, dass es nicht nötig ist, der Interpretation der Bibel Gewalt anzutun und *«eine trügerische doppelte Buchführung zu betreiben, indem man das, was man glaubt, auf das eine und das, was man wissenschaftlich für wahr erkennt, auf das andere Konto schreibt»* [31]. Ich werde nachweisen, dass Vernunft und christlicher Glaube nicht nur kompatibel sind, sondern dass sie sich gegenseitig befruchten können, dadurch, dass die Vernunft zu einem tieferen Verständnis des Glaubens führt und der Glaube der Vernunft in ihrer Funktion hilft, gute Ziele zu erreichen und das Richtige zu tun.

2.2 Der Wandel des klassischen Weltbildes

Die Grundlage für die klassische Mathematik und Physik wurde in der antiken Welt der griechischen Naturforscher und Philosophen gelegt. Die von ihnen erarbeiteten Denkansätze bestimmen das Paradigma der Grundlegung einer wissenschaftlichen Disziplin schlechthin. Die um 300 v. Chr. entstandenen «Elemente» des griechischen Mathematikers und Philosophen *Euklid* wurden während 2000 Jahren als Lehrbuch der Geometrie benutzt. Dieses Werk konnte nur unter dem Einfluss des rationalistischen Geistes der griechischen Philosophie geschrieben werden, möglicherweise war *Euklid* sogar selbst Schüler an *Platons* Akademie.

Das ***geozentrische*** Weltbild, gemäß dem nach Annahme des griechischen Mathematikers und Astronomen *Aristoteles* Mond, Sonne, Planeten und Fixsterne sich mit konstanter Geschwindigkeit auf Kreisbahnen um die Erde als Mittelpunkt bewegen, war in Europa (und auch in China und in der islamischen Welt) für etwa 1800 Jahre die vorherrschende Auffassung. Zur Zeit der Renaissance wurde es durch das ***heliozentrische*** Weltbild abgelöst. Mit der Weltumsegelung von *Fernando de Magellan* (1480–1521) im 16. Jahrhundert waren die letzten Zweifel an der Kugelgestalt der Erde beseitigt. Die vom Astronomen *Johannes Kepler* (1571–1630) entdeckten Gesetze ermöglichten die mathematische Berechnung der Planetenbahnen.

Der größte Fortschritt für die Mathematisierung der Naturwissenschaft, vor allem der Physik und Astronomie, erfolgte im 17. Jahrhundert mit der Entdeckung des ***Gravitationsgesetzes*** durch *Newton* und der Erfindung der ***Infinitesimalrechnung*** durch *Newton* und den Philosophen und Mathematiker *Gottfried Wilhelm Leibniz* (1646–1716). In der Folge veränderte sich das Verhältnis des Menschen zur Natur grundlegend, indem sich seine Sichtweise der Natur von einer rein kontemplativen zunehmend in eine sachlich-praktische und utilitaristische wandelte. Dadurch wurde auch die Entwicklung der Technik entscheidend gefördert.

Die Entwicklung der Mathematik und Physik im 19. und 20. Jahrhundert führte zu einer Aufarbeitung der Grundlagen, zu einer Wandlung des physikalischen Weltbildes und zu einer Änderung in der Denkweise der Mathematiker und Physiker.

Die ***Unschärferelation*** in der Physik und der ***Unvollständigkeitssatz*** in der Mathematik sind eindrückliche Zeugen dieser Entwicklung!

2.2.1 Der Wandel in der Physik

Die von *Newton* begründete klassische Physik sieht das Weltall als unendlichen absoluten Raum, der durch die uns vertraute, anschauliche Geometrie beschrieben wird und der mit einer Materie gefüllt ist, deren Grundbausteine unzerstörbare und unveränderliche Atome sind (griechisch *atomos* «unteilbar»). Die aus diesen Atomen zusammengesetzte Welt hat eine vom ***Beobachter unabhängige und für ihn objektiv erkennbare Wirklichkeit***. Die Ereignisse in der Natur laufen gemäß den Gesetzen von Ursache und Wirkung (***Kausalität***) und der Vorbestimmung (***Determinismus***) ab, d. h.: Es gibt für jeden Vorgang eine Ursache in der Vergangenheit und das Verhalten eines physikalischen Systems kann bei einem bekannten Zustand zu einem bestimmten Zeitpunkt für jeden späteren Zeitpunkt vorhergesagt werden. In diesem mechanistischen Weltbild ist das Universum vergleichbar mit einer Maschine, die nach festen Gesetzen funktioniert. Aus Sicht der klassischen Physik ist die ***Zeit unabänderbar***, ***gleichförmig*** und ***kontinuierlich*** dahinfließend, unabhängig von dem zugrunde liegenden Bezugssystem.

Die Naturwissenschaftler des 19. Jahrhunderts waren überzeugt, dass die Naturgesetze die ganze Wirklichkeit vollständig beschreiben. Die vollständige Vorhersagbarkeit durch naturwissenschaftliche Gesetze ließ keinen Raum für Wunder, Gebetserhörungen und ein Eingreifen Gottes.

Im ersten Drittel des 20. Jahrhunderts gab es Erkenntnisse, die das naturwissenschaftliche Weltbild revolutionierten und offenbarten, dass die Realität unserer Welt komplizierter ist, als wir sie mit unseren fünf Sinnen auf den ersten Blick wahrnehmen und sie durch das klassische Weltbild wiedergegeben wird. Die revolutionären Erkenntnisse führten zu zwei neuen Theorien, der von *Albert Einstein* (1879–1955) entwickelten (*speziellen* und *allgemeinen*) ***Relativitätstheorie*** und der von *Max Planck* (1858–1947) begründeten und bis heute in ihrer Entwicklung nicht abgeschlossenen ***Quantenmechanik*** (auch ***Quantentheorie*** oder ***Quantenphysik*** genannt). Diese Theorien wurden entwickelt, um Widersprüche aufzulösen, die sich durch Abweichungen der Vorhersage durch die klassische Physik von den gemessenen Ergebnissen ergaben.

(Spezielle) Relativitätstheorie

Ende des 19. Jahrhunderts wurde experimentell festgestellt, dass die ***Geschwindigkeit des Lichtes***, im Widerspruch zu den Gesetzmäßigkeiten der klassischen Physik, ***konstant, d. h. unabhängig von der Geschwindigkeit des zugrunde gelegten Bezugssystems*** ist. Dieser Widerspruch ist theoretisch nur mit der Annahme erklärbar, dass es nicht, wie dies die klassische Physik lehrt, einen absoluten Raum und unabhängig davon eine absolute Zeit gibt, sondern dass weder Raum noch Zeit absolut sind – sie sind untrennbar miteinander verknüpft und abhängig vom jeweiligen Bezugssystem. Diese neue Sicht von Raum und Zeit wurde von Einstein Anfang des 20. Jahrhunderts in seiner (speziellen) Relativitätstheorie entwickelt. Wir leben nicht in einer ***3D-Welt mit einem dreidimensionalen Raum und einer absoluten von ihm unabhängigen Zeit***, sondern in einer ***4D-Welt***, dem sogenannten 4D-Raum-Zeit-Kontinuum, ***mit der Zeit als vierter Dimension***. Diese Tatsache führt zu seltsamen Phänomenen: Länge und Zeit sind vom Beobachter abhängig, sind relativ. Die Zeit im fahrenden Zug ist gegenüber der Zeit eines ruhenden Beobachters verlangsamt (Zeitdilatation) und die Länge des fahrenden Zuges ist verkürzt gegenüber der Eigenlänge des ruhenden Zuges (Längenkontraktion). Da die im Alltag auftretenden Geschwindigkeiten verschwindend klein sind im Vergleich zur Lichtgeschwindigkeit, sind die Effekte der Relativitätstheorie (auf

Raum, Zeit und Masse) im normalen Alltag so winzig, dass sie unser Leben nicht beeinflussen.

Quantenmechanik

Die deterministische Weltsicht der klassischen Physik wurde mit der Quantenmechanik aufgehoben, in ihr wurde der Indeterminismus, das Unvorhersagbare zu einem wichtigen Bestandteil. Die Quantenmechanik erlaubt grundsätzlich nur ***Wahrscheinlichkeitsaussagen*** über das Eintreten von Ereignissen in der atomaren und subatomaren Welt. Hier gibt es keine festen Naturgesetze mehr wie in unserer makroskopischen Welt, in der wir leben und denken. Die Kausalgesetze der alten klassischen Physik gelten nur in der Makrowelt.

In der Quantentheorie ergibt sich bei manchen Versuchen mit ein und demselben Untersuchungsobjekt ein Verhalten, wie Teilchen es zeigen, bei anderen Versuchen wiederum zeigt sich ein Verhalten, das einer Welle bzw. einem Feld gleichkommt. Danach sind die von der Quantenmechanik beschriebenen Objekte wie Licht und Materie ***weder Wellen oder Teilchen, sondern sowohl Welle als auch Teilchen (Teilchen-Welle-Dualismus)***. Weder das Teilchen- noch das Wellenbild allein sind dazu imstande, physikalische Phänomene zu beschreiben, sondern es braucht ein dualistisches Verständnis.

Die Quantenmechanik schließt die klassische Mechanik insofern mit ein, als deren Gesetze Sonderfälle der Quantenmechanik darstellen.

In Bezug auf den Alltag verhält es sich mit der Quantenmechanik ähnlich wie mit der Relativitätstheorie: Sie hat keinen wirklichen Einfluss auf unser Leben. Sie beschreibt ja ausschließlich Abläufe im Mikrokosmos der Physik und ihre Effekte müssen nur in seltenen Fällen – etwa bei elektronischen Bauteilen – berücksichtigt werden.

Radioaktivität

Ein dritter wichtiger Beitrag zum heutigen Weltbild der Physik lieferte die Entdeckung der natürlichen Radioaktivität. Die schwersten Atome des Periodensystems zerfallen von selbst, sind also radioaktiv, und senden beim Zerfall verschiedene Arten von Strahlung aus. Es hat sich gezeigt, dass der Zerfall der Kerne spontan und zu einem unvorhersagbaren Zeitpunkt erfolgt, d. h. der Zerfall kann nicht vorhergesagt werden, da er zufällig und ohne erkennbare Ursache stattfindet; er ist also weder kausal noch determiniert. Es kann nur eine Wahrscheinlichkeit dafür angegeben werden, dass ein Kern in einem bestimmten Zeitintervall zerfällt. Wir kennen keine Ursache dafür, weshalb er gerade in diesem Zeitintervall zerfällt, falls es dafür überhaupt eine Ursache geben sollte. Die ***Zufälligkeit*** oder ***Unvorhersagbarkeit*** ist zu einem festen Bestandteil der Physik geworden. Die fundamentalsten Naturprozesse sind unbestimmt, nicht festgelegt. Darin liegt ein fundamentaler Unterschied zum Denken und zum Weltbild des 19. Jahrhunderts, wo jedes Geschehen eine Ursache hat und nach bestimmten Gesetzen abläuft.

Heisenbergsche Unschärferelation

Ein weiterer radikaler Wandel des klassischen Weltbildes erfolgte im Jahre 1927 mit der durch den Physiker *Werner Heisenberg* (1901–1976) entdeckten ***Unschärferelation***. In der klassischen Physik sind Ort und Geschwindigkeit eines Teilchens, ob groß oder klein, genau bekannt und damit ist seine weitere Bahn genau berechenbar. Das Unschärferelation von *Heisenberg* besagt, dass Ort und Geschwindigkeit nicht gleichzeitig genau gemessen werden können, je genauer man das eine misst, desto ungenauer erhält man das andere. Misst man z. B. den genauen Ort eines Elektrons, dann kann man in diesem Augenblick nichts über die Geschwindigkeit des Elektrons aussagen.

Die Unschärferelation setzt das zu Beginn des vorigen Jahrhunderts formulierte Bohrsche Atommodell außer Kraft. Dieses besagt, dass die Atome aus einem Atomkern und Elektronen bestehen, die den Kern auf bestimmten Kreis- oder Ellipsenbahnen umrunden. Es geht davon aus, dass sich die Elektronen auf definierten Bahnen bewegen und damit jederzeit gleichzeitig einen genau festgelegten Ort und eine genau festgelegte Geschwindigkeit besitzen.

Elementarteilchen
Auch im Bereich der Elementarteilchen, d. h. der kleinsten bekannten Bausteine der Materie, haben sich die Grundlagen in der modernen Physik entscheidend geändert. Nach dem heutigen durch Experimente gesicherten Wissen gibt es 37 Elementarteilchen. Es gibt allerdings noch Materieanteile des Universums, die sogenannte Dunkle Materie, deren Aufbau nicht durch diese Teilchen beschrieben und erklärt werden kann.

2.2.2 Der Wandel in der Mathematik

Der Wandel des Denkens in der Mathematik im 19. und 20. Jahrhundert ist gekennzeichnet durch die Abkehr von metaphysischen Konzepten und eine Folge davon, dass dem Problembereich P123 vermehrt Rechnung getragen wurde. Dies führte dazu, dass die Grundbegriffe präzise definiert und Widersprüche und unbegründete Hypothesen beseitigt wurden. Dadurch wurde die Mathematik auf eine solide Grundlage gestellt.

In den *«Elementen»* von *Euklid* waren geometrische Grundbegriffe unzureichend definiert, da sie durch keineswegs bekanntere umschrieben wurden. So wurden z. B. der Punkt definiert als etwas, das *«keinen Teil hat»*, und die Gerade als *«kürzeste Verbindung zweier Punkte»*. Zudem wurden in den «Beweisen» anschauliche Elemente hineingeschmuggelt, die nicht aus den gegebenen Grundlagen beweisbar waren.

In der modernen Mathematik werden Grundbegriffe und Grundstrukturen grundsätzlich nicht dadurch definiert, dass festgelegt wird *«was sie sind»*, sondern *«wie sie sich verhalten»* gemäß den zugrunde gelegten Axiomen und (Spiel-)Regeln; es wird ihnen also weniger ein ontologischer als vielmehr ein semantischer Realismus zuerkannt. Die Gültigkeit dieser Axiome kann nicht bewiesen werden; sie dürfen sich nicht widersprechen. Wie «sinnvoll» sie sind, zeigt sich in der Nützlichkeit der abgeleiteten Theorien.

So werden z. B. in der modernen Mathematik die geometrischen Grundbegriffe Punkt und Gerade «implizit» mithilfe eines Axiomensystems definiert, indem sie durch ihre Beziehung zueinander gegeben sind. Es wird nicht gesagt, was sie «eigentlich sind», von Bedeutung ist nicht ihr anschauliches Substrat, sondern die Art und Weise, wie sie gemäß den Axiomen verknüpft sind und in welcher Relation sie zueinander stehen – dass es z. B. genau eine Gerade gibt, die zwei vorgegebene Punkte enthält oder dass es zu zwei (nicht parallelen) Geraden genau einen Punkt gibt, der auf beiden liegt. Punkt und Gerade haben eine ***relationale Realität***. Dieser Sachverhalt steht in Analogie zum Teilchen-Welle-Dualismus des Lichts in der Physik. Die Frage ist nicht, was das Licht «eigentlich ist», sondern «wie es sich verhält». Entscheidend ist nicht das «Sein», sondern die relationale Perspektive.

Damit hat sich die Mathematik des Inhaltlichen entledigt und ist zur *Wissenschaft der formalen Systeme* [12] mutiert. Wir haben zwar weiterhin unsere anschaulichen Vorstellungen davon, was Punkte und Geraden sind, aber das ist nicht mehr Gegenstand der Mathematik. Diese umfasst all das, was als logisch widerspruchsfreie Struktur denkmöglich ist.

Dieser Wandel führte auch zur Entdeckung neuer Geometrien des Raumes. Nach klassischer Vorstellung ist der dreidimensionale Raum um uns etwas Absolutes und denknotwendig – mit der aus der Schule bekannten euklidischen Geometrie. Andere Geometrien waren nicht denkbar. Dies war auch die Sicht des Philosophen der Aufklärung *Immanuel Kant* (1724–1804) und seiner Anhänger. Erst um 1825 wurden ***nicht-euklidische Geometrien*** entdeckt. In ihnen gilt z. B. das Parallelenaxiom der euklidischen Geometrie nicht, wonach in der Ebene durch einen Punkt zu einer gegebenen Geraden genau eine Parallele existiert. Welche Geometrie in unserem physikalischen Raum, in dem wir leben, gilt, ist eine Frage der Konvention und damit letztlich eine Glaubensfrage.

Der Mathematiker *David Hilbert* (1862–1943) präsentierte am internationalen Mathematikerkongress 1900 eine breit gefächerte Liste von ungelösten mathematischen Problemen als Herausforderung für die Mathematik des 20. Jahrhunderts. Dabei drückte er die Überzeugung von der Lösbarkeit eines jeden mathematischen Problems aus: *«Du kannst die Lösung durch reines Denken finden; denn in der Mathematik gibt es kein Ignorabimus.»* Mit dieser Aussage wandte sich *Hilbert* gegen die Haltung des Physiologen *Emil Heinrich du Bois-Reymond* (1818–1896). Dieser drückte mit dem Ausspruch [15] *«ignoramus et ignorabimus»* (lat. «Wir wissen es nicht und wir werden es niemals wissen.») seine Skepsis gegenüber den Erklärungsansprüchen der Naturwissenschaft aus. Der erkenntnistheoretische Optimismus *Hilberts* wurde 1931 mit der Entdeckung des ***Unvollständigkeitssatzes*** durch den Mathematiker *Kurt Gödel* (1906–78) infrage gestellt. *Gödel* bewies, dass es in hinreichend starken widerspruchsfreien Systemen (wie der Arithmetik) immer unbeweisbare Aussagen gibt und dass solche Systeme nicht ihre Widerspruchsfreiheit beweisen können.

Man mag einwenden, dass die moderne Mathematik nicht ganz frei ist von metaphysischen Elementen, da die Axiome ja auch von gewissen Evidenzannahmen ausgehen. Aber dazu meint der Philosoph *Wolfgang Stegmüller* (1923–91) [71] treffend: *«Man kann nicht vollkommen ‹voraussetzungslos› ein positives Resultat gewinnen. Man muss bereits an etwas glauben, um etwas anderes rechtfertigen zu können.»*

2.2.3 Die Bedeutung dieses Wandels für die Theologie

Die Revolution im mathematisch-naturwissenschaftlichen Denken drang trotz der erkenntnistheoretischen Konsequenzen nur beschränkt in das Bewusstsein der Öffentlichkeit und auch der Philosophie und Theologie ein. In diesen Bereichen dominiert weitgehend noch die klassische Denkweise und wird generell dem Problemkreis P123 zu wenig Rechnung getragen. In den folgenden Kapiteln werden wir uns näher mit den dadurch bedingten Auswirkungen in der Theologie beschäftigen, insbesondere auf unser Verständnis in Bezug auf Gott, die Bibel, den Glauben, die Schöpfung, die Evolution, die Wahrheit, den Sinn des Lebens, das Böse und das Leid. Wir werden sehen, dass es in der Bibel nicht in erster Linie um detaillierte Beschreibungen der Begriffe und eindeutige Antworten auf Fragen geht, sondern vielmehr um Hilfestellungen für ein gelingendes Leben und unseren Umgang mit den Problemen in dieser Welt. Wir sehen hier eine gewisse Analogie zu der oben erwähnten relationalen Realität im Gegensatz zu einer ontologischen Realität von Begriffen in der Mathematik und Physik – wie Punkt, Gerade und Licht.

Ich versuche auch aufzuzeigen,

- dass sich mit dem Wandel des klassischen Weltbildes der vermeintliche Widerspruch zwischen Glaube und Naturwissenschaft, der auch dem Entmythologisierungsprozess der Bibel durch *Bultmann* und seine Schule zugrunde liegt, als weitgehend unbegründet erweist,
- dass, sich auch in der Theologie Widersprüche, die bei Beschränkung auf den menschlichen 3D-Denkrahmen auftreten, bei Einbezug der göttlichen Dimension auflösen können,
- dass ein dem Teilchen-Welle-Dualismus in der Physik ähnlicher Dualismus in der Theologie auftritt, nämlich beim göttlichen Heilsplan in Bezug auf die Gnade Gottes und den freien Willen des Menschen – und generell bei der Frage, wie das Handeln Gottes und das Handeln des Menschen zusammenhängen.

2.3 Grenzen der Naturwissenschaft und Grenzüberschreitungen in Bezug auf die Theologie

Die unterschiedlichen Zielsetzungen und Aufgabenbereiche von Naturwissenschaft und Theologie bestimmen auch deren Grenzen. Die Beziehung zwischen Theologie und Naturwissenschaft hängt davon ab, wie weit sie diese Grenzen respektieren und sich gegenseitig als komplementär sehen. Die Hauptursache für Konflikte zwischen Naturwissenschaft und Theologie liegt in den gegenseitigen ***Grenzüberschreitungen***. Wir werden uns in diesem Abschnitt mit Grenzüberschreitungen der Naturwissenschaft in Bezug auf die Theologie befassen. Auf die umgekehrte Problematik der Grenzüberschreitungen der Theologie in Bezug auf die Naturwissenschaft werden wir im Abschnitt 3.5 näher eingehen.

Grenzüberschreitungen der Naturwissenschaft haben ihren Ursprung meistens im Problembereich P123 und ergeben sich oft dadurch, dass naturwissenschaftliche Methoden und Kriterien auf Phänomene angewendet werden, die solchen Methoden und Kriterien nicht zugänglich sind. Der *Philosoph Ludwig Wittgenstein* (1889–1951) [80] bringt es auf den Punkt, wenn er sagt, dass die Täuschung der Moderne in der Vorstellung besteht, die Naturgesetze *erklärten* uns die Welt, während sie in Wirklichkeit nur strukturelle Regelmäßigkeiten *beschreiben*.

Die Naturwissenschaft bedient sich der Grundbegriffe (wie Raum, Zeit, Energie, Masse, Feinabstimmung der Naturkonstanten) und Gesetzmäßigkeiten, um Wirkungen in einer beobachteten Realität zu beschreiben. Für sie sind z. B. die Planetenbahnen eine Folge der Gravitationsgesetze. Diese Grundbegriffe und Gesetze werden als gegeben vorausgesetzt, ihre Herkunft zu erklären ist nicht Aufgabe der Naturwissenschaft. Es sei in diesem Zusammenhang an das in 1.5 erwähnte Zitat von *Pauli* über die Grenzen der Naturwissenschaft in Bezug auf Herkunftsfragen erinnert. Fragen wie «*Woher kommen Energie und*

Ladung und die Elementarteilchen Quarks?» lassen sich nicht mit Mitteln der Physik beantworten. Es ist möglich, dass neue Erkenntnisse zu einer tieferen Erklärungsebene führen werden. Die Naturwissenschaft wird jedoch nie eine letzte Erklärungsebene liefern und die Frage nach der letzten Ursache, dem Warum und dem Sinn des Ganzen beantworten können. Der Physiker, Mathematiker und Astronom *Pierre-Simon Laplace* (1749–1828) prognostizierte, dass man das Universum irgendwann vollständig durch Naturgesetze determinieren und dann, ausgehend von seinem Momentanzustand, seine Vergangenheit wie seine Zukunft vollständig beschreiben könne. Er ließ jedoch die Frage nach der Herkunft der Grundbegriffe und Gesetzmäßigkeiten und der genauen Beschaffenheit des Anfangszustandes offen.

Grenzen sind nach heutigem Erkenntnisstand der Naturwissenschaft auch gesetzt, wenn es um die ***Erklärung abstrakter Begriffe*** geht, wie z. B. *Denken*, *Willen*, *Liebe*, *Bewusstsein*, *Gewissen*, *Angst*, *Freude*. Diese als das Zusammenwirken elektrischer und chemischer Aktivitäten zu erklären, ist eine weltanschauliche und nicht eine naturwissenschaftliche Aussage. Selbst wenn eines Tages eine solche Erklärung gefunden werden könnte, bliebe die Frage nach der Herkunft der Grundbegriffe und der implizierten Gesetze im Rahmen der Naturwissenschaft unbeantwortet.

Der Zoologe und Nobelpreisträger *Peter Medawar* (1915–1987) [55] sagte: *«Ein Naturwissenschaftler kann sich und seinen Beruf nicht schneller unglaubwürdig machen, als vollmundig zu verkünden, die Naturwissenschaft kenne (oder kenne demnächst) die Antwort auf sämtliche Fragen, die es sich zu stellen lohne und zu behaupten, Fragen, die keine naturwissenschaftliche Antwort zulassen, seien eigentlich Nicht-Fragen oder ‹Pseudofragen›, die nur von Einfaltspinseln gestellt würden und für deren Beantwortung man naiv sein müsse»* und weiter: *«… dass die Naturwissenschaften Grenzen haben, wird daran deutlich, dass sie nicht imstande sind, Grundfragen des menschlichen Lebens zu beantworten, die mit den ersten und letzten Dingen zu tun haben, z. B. Fragen wie: ‹Wie hat alles angefangen?›, ‹Welchen Sinn hat das Leben?›»*

Der amerikanische Genetiker und Direktor der National Institues of Health *Francis Collins* (* 1950) [11] erklärte: *«Die Wissenschaft ist unfähig, Fragen zu beantworten wie: ‹Warum entstand das Universum?›, ‹Was ist die Bedeutung des menschlichen Daseins?›, ‹Was passiert nach unserem Tod?›»*

Der Physiker und Nobelpreisträger *Richard Feynman* (1918–1988) [19] schreibt: *«Die Naturwissenschaften lehren nicht auf direktem Weg, was gut und was schlecht ist.»* und *«Die moralischen Normen liegen außerhalb des Geltungsbereichs der Wissenschaft.»*

Wie weit der Mensch durch Vorantreiben der Wissenschaft eine «heile» Welt schaffen kann, scheint fraglich. *Einstein* [17] drückte zwar die Hoffnung aus: *«Je weiter die geistige Entwicklung der Menschheit fortschreitet, desto mehr wird sich erweisen – davon bin ich überzeugt –, dass wir die wahre Frömmigkeit nicht in Lebensangst, Todesfurcht und blindem Glauben, sondern nur durch das Streben nach rationaler Erkenntnis erreichen.»* Nach der Erfahrung aus Jahrtausenden und 2 Weltkriegen mit über 17 Mio. und 60 Mio. Toten in der ersten Hälfte des 20. Jahrhunderts sowie aufgrund der Anzahl Kriege und bewaffneter Konflikte im 21. Jahrhundert scheint sich diese Hoffnung zunehmend als Illusion zu erweisen.

Grenzüberschreitungen der Naturwissenschaft in Bezug auf die Theologie sind letztlich eine Folge des Homo-Mensura-Satzes. Sie betreffen häufig die in der Bibel erwähnten ***Wunder***.

Wunder sind Ereignisse, die sich nicht mit den anerkannten Naturgesetzen und der üblichen Erfahrung in Einklang bringen lassen. Christen verleugnen die Naturgesetze und die Bedeutung der Erfahrung nicht, aber sie halten das Universum nicht für ein geschlossenes System aus Ursachen und Wirkungen, das ausschließlich durch die Naturgesetze und bisherigen Erfahrungen bestimmt ist. Sie glauben, dass durch das Einwirken seines Schöpfers Ausnahmen zur Erfahrung und zur Allgemeingültigkeit der Naturgesetze möglich sind. Sie widersprechen damit nicht den Naturgesetzen und den bisherigen Erfahrungen, aber sie widersprechen der Überzeugung, dass die Naturgesetze allgemeingültig sind und die bisherigen Erfahrungen die folgenden Erfahrungen bestimmen. Die Allgemeingültigkeit der Naturgesetze ist nicht eine Folge der Naturgesetze, sondern eine weltanschauliche Sicht, sozusagen eine Glaubensüberzeugung.

Der Philosoph und Literaturwissenschaftler *C. S. Lewis* (1898–1963) [44] hat versucht, mit folgendem Beispiel den Haupteinwand der Naturwissenschaft gegen Wunder, nämlich dass sie Naturgesetze brechen, zu entkräften: Wenn man am Montag und am Dienstag je 6 Pfennige in eine Schublade legt, dann erfordern die Gesetze der Arithmetik, dass man am Mittwoch – wenn alles andere gleich bleibt – 12 Pfennige vorfindet. Wenn man jedoch nur 2 vorfindet, weil ein Dieb die Schublade ausgeraubt hat, dann wird man nicht folgern, dass entweder die Gesetze der Arithmetik gebrochen sind oder aber aufgrund der Gültigkeit dieser Gesetze Diebe nicht existieren oder nicht eingreifen können.

In analoger Weise kann man sagen, dass zwar die Naturgesetze das Geschehen in der Natur voraussagen, falls kein externer Eingriff – z. B. durch Gott – erfolgt, aber einen solchen Eingriff und damit auch Wunder nicht ausschließen. Bei Erweiterung des den Naturgesetzen zugrunde liegenden Weltbildes durch eine «göttliche Dimension» können neue Gesetzmäßigkeiten gelten, die Phänomene ermöglichen, die sich nicht durch die bestehenden Naturgesetze innerhalb des menschlichen 3D-Denkrahmens erklären lassen. Die Situation ist vergleichbar mit der in 2.2.1 betrachteten Problematik im Zusammenhang mit der experimentell festgestellten Konstanz der Lichtgeschwindigkeit: Die Lösung ergab sich mit dem Übergang vom klassischen 3D- zum 4D-Weltbild der Relativitätstheorie.

Eines der größten Wunder in der Bibel ist die Auferstehung Jesu Christi. Die Naturwissenschaft schließt nicht aus, dass Tote auferweckt werden, und die Christen sehen die Auferstehung Jesu Christi nicht als Folge der Naturgesetze, sondern als

Folge des übernatürlichen Eingreifens Gottes. Es ist denkbar, dass sie dann eingeordnet werden kann, wenn anstelle der natürlichen Verwesung des Körpers eines Toten eine neue Art der Verwandlung in einen neuen Leib entdeckt wird.

Bei den obigen Betrachtungen zum Thema Wunder geht es nicht um die Logik, sondern um den zugrunde gelegten Denkrahmen. Wunder sind nicht Ereignisse, die der gültigen Logik widersprechen.

Viele renommierte Naturwissenschaftler haben sich zu Themen der Theologie geäußert und dabei die Grenzen der Naturwissenschaft missachtet. Aus meiner Sicht liegen solchen Äußerungen oft mangelnde Bibelkenntnis und mangelndes Bibelverständnis zugrunde. Weil es sich um die Meinungen berühmter Wissenschaftler handelt, werden sie für wissenschaftlich begründet gehalten. Als Beispiele seien Meinungen und Aussagen von *Stephen Hawking, Bertrand Russell, Wolf Singer* und *Ben Moore* angeführt:

Nach dem Physiker und Astrophysiker *Stephen Hawking* (1942–2018) ist ein Gott zur Erklärung der Entstehung des Universums nicht nötig. In dem Buch *«Der große Entwurf»* [30] vertritt er die Vorstellung, dass das Universum dank des Gravitationsgesetzes aus dem Nichts entstanden ist und dass das Licht, nachdem es entzündet war, das Universum in Gang gesetzt hat. Mit dieser Vorstellung setzt er die Existenz des Gravitationsgesetzes und des Lichtes voraus, ohne deren Herkunft zu klären. Zudem bleibt ungeklärt, wie die Entstehung des Universums durch das Licht und die Gravitationsgesetze konkret abgelaufen ist. Des Weiteren sieht sich diese Vorstellung mit dem in 5.1 näher erläuterten Zirkelschluss konfrontiert, dass sie von einem denkenden Menschen stammt, der ja selbst schon Teil dieses Universums und damit ein Produkt ihres Entstehungsprozesses ist.

Hawking begründet die Tatsache, dass *Galilei, Descartes, Kepler, Newton* die Naturgesetze als Werk des im Alten Testament vorgestellten Gottes betrachten, damit, dass *«Gott einfach als Verkörperung der Naturgesetze definiert wird»*. Der Gott der Bibel lässt sich jedoch von seinem Wesen und seinem vielfältigen Wirken her – auch gerade in seiner Funktion als Schöpfer – nicht auf eine Menge von Naturgesetzen reduzieren.

In der Vorstellung *Hawkings* ist Gott Platzhalter für menschliche Unwissenheit, ein Lückenbüßer, der mit zunehmender naturwissenschaftlicher Erkenntnis überflüssig wird.

Der Philosoph, Mathematiker und Logiker *Bertrand Russell* (1872–1970) hat die Existenz eines Gottes mit der Begründung abgelehnt, dass Gott der Ursprung aller Dinge sein müsste und selber keinen Ursprung haben könnte – und dass damit ein Widerspruch vorliege. Bei dieser Argumentation wird offensichtlich Gott selber als eines der Dinge betrachtet, von denen er der Ursprung sein müsste. Der dabei auftretende Widerspruch steht in Analogie zu einer der ersten Paradoxien (1899) in der sogenannten naiven Mengenlehre, nämlich dem inkonsistenten Begriff der *Menge aller Mengen*. Die Inkonsistenz dieses Begriffes lässt sich in der Logik sehr leicht nachweisen. Die Begründung *Russells* für die Nichtexistenz Gottes erstaunt, da *Russell* schon früh (1902) einen analogen inkonsistenten Begriff der Mengenlehre gefunden hatte, nämlich den der *«Menge aller Mengen, die sich nicht selbst als Element enthalten»*. *Russell* löste dieses Paradoxon durch seine Typentheorie. Das dieser zugrunde liegende Prinzip führt auch zur Auflösung des Widerspruchs in *Russels* Begründung zur Ablehnung der Existenz Gottes.

Russell veröffentlichte zwischen 1910 und 1913 zusammen mit dem britischen Philosophen und Mathematiker *Alfred North Whitehead* (1861–1947) ein Werk in drei Bänden über die Grundlagen der Mathematik, in dem versucht wurde, alle mathematischen Wahrheiten aus einem wohl definierten Satz von Axiomen und Schlussregeln herzuleiten. Beachtlich ist die unterschiedliche Sicht der beiden Autoren in Bezug auf die Bedeutung eines Gottes für die Welt. Während nach *Russell* die Wissenschaft im Atheismus wurzelt, greift *Whitehead* für seine Kosmologie auf ein biblisches Gottesbild zurück.

Die Problematik in der *Russellschen* Begründung der Nichtexistenz Gottes steckt auch hinter der Frage, die der Astrophysiker *Ben Moore* (* 1966) dem ehemaligen Pfarrer des Fraumünsters (Zürich) *Niklaus Peter* (* 1956) [61] stellte: *«Das Universum zu erschaffen muss schwierig gewesen sein, aber aus dem Nichts einen Gott zu erschaffen, der dann das Universum erschuf, war sicherlich noch schwieriger. Ist Gott das Huhn oder das Ei?»*

In derselben Kolumne äußert sich *Moore* kritisch zur Haltung der Bibel zur Sklaverei: *«Es wird gutgeheißen, Sklaven zu kaufen und zu schlagen.»* Offenbar geht er von den oft misslichen Zuständen der Sklaverei im Verlauf der Geschichte aus und unterstellt der Bibel eine Anerkennung derselben. Dabei verkennt er jedoch die Realität und Absicht im biblischen Kontext. Die Bibel enthält mehrere Stellen, die die Rechte für die Sklaven festlegen und Achtung gegenüber den Sklaven und Fremdlingen fordern (z. B. 2. Mo 21.2–6, 3. Mo 25.47–49, 5. Mo 15.12–18) – und sich dadurch entschieden abheben von der in der damaligen Zeit verbreiteten ausbeuterischen Realität der Sklaverei. Der Vers 2. Mo 21.5 erwähnt die Situation, dass ein Sklave gar nicht frei gelassen werden wollte, weil der Sklavenstand soziale und wirtschaftliche Sicherheit vermittelte. Im Verlauf der Geschichte haben immer wieder Menschen aus christlicher Überzeugung Schritte zur Überwindung der Sklaverei unternommen (siehe 6.4).

Bei den folgenden Grenzüberschreitungen ist der christliche Glaube nicht direkt angesprochen, die Ausführungen heben sich jedoch klar vom Menschenbild der Bibel und des christlichen Glaubens ab – einem Menschenbild, das den Menschen als Ebenbild Gottes bezeichnet und ihm eine vom Tier klar abgehobene Position zuordnet, in der er Verantwortung trägt und durch sein Handeln Schuld auf sich laden kann:

Ein Beispiel einer Grenzüberschreitung lieferte der in der Welt der Naturwissenschaft hoch angesehene Hirnforscher *Wolf Sin-*

ger (* 1943) anlässlich der 50. Geburtstagsfeier der Bundeskanzlerin *Angela Merkel* im Foyer der CDU-Zentrale mit dem Vortrag *«Das Gehirn, ein komplexes System ohne Dirigenten. Konsequenzen für unser Selbstbild»* [65].

Singer schließt aus der Tatsache, dass *«es mehr Masse vom Gleichen, aber keine neuen Strukturen gibt»*, dass es nur *«einen graduellen Unterschied»* zwischen Schnecken- und Menschenhirn gibt. Diese Aussage ist jedoch wenig aussagekräftig, solange nicht näher geklärt ist, was in diesem Zusammenhang unter *«gradueller Unterschied»* zu verstehen ist. Wie weit werden nur anatomische und physiologische oder auch geistige Aspekte berücksichtigt – wie z. B. die Fähigkeit des menschlichen Geistes zur Antizipation, zur Konzeption, zu vielfältiger Kommunikation – und dazu, kausale Zusammenhänge zu erkennen, Werkzeuge zu erschaffen und nach ethisch-moralischen Prinzipien zu handeln.

Weiter sagt *Singer*, dass der Mensch irrt, wenn er meint, er sei *frei*, weil alles, was er denkt, fühlt, macht von Neuronen gesteuert wird, die durchs Gehirn schwirren und machen, was sie wollen. Man kann nichts für das, was passiert. *Singer* lässt die Tatsache außer Betracht, dass der Zusammenhang zwischen menschlichem Denken, Willen, Entscheiden und Handeln einerseits und der Bewegung der Neuronen andererseits nach heutigem Wissensstand völlig ungeklärt ist. Damit ist auch die Behauptung *Singers* ohne Aussagekraft, wonach es nach heutiger Erkenntnis *«völlig anders ist»*, als dies durch die Aussage *«Cogito, ergo sum» («Ich denke, also bin ich.»)* des Philosophen, Mathematikers und Naturwissenschaftlers *René Descartes* (1596–1650) ausgedrückt wird. Gleiches gilt für seine Aussage, *«dass wir uns begreifen müssen als Teil eines evolutionären Prozesses, den wir nicht lenken können. Wir müssen Irrtum als Notwendigkeit verstehen. Es kann keine übergeordnete Intelligenz geben.»*.

Ähnlich einzuordnen sind auch die Ausführungen des Philosophen und Autors *Michael Schmidt-Salomon* (* 1967) in seinem Buch *«Entspannt euch! Eine Philosophie der Gelassenheit»* [66]. Auch er vertritt die Sicht, dass der Mensch das Produkt zufälliger neuronaler Prozesse ist, auf die er keinen Einfluss hat. Der Gehirnzustand in einem bestimmten Moment ist durch den Bewegungszustand der Neuronen im Gehirn in diesem Moment bestimmt und jeder Gehirnzustand bestimmt den Folgezustand. *«Das ‹Ich› besteht aus einer eigenständigen Folge von neuronalen Zuständen und es hat keine eigenständige Existenz!»* Wir können bloß diejenigen sein, die wir unter den gegebenen Bedingungen sein müssen. Erfolge sind die Folge von Faktoren, die außerhalb unserer Kontrolle liegen. Moralisches Übel ist ursächliches Übel, wir sind ohne Fehler und ohne Schuld. Dieses Bewusstsein führt dazu, dass wir humorvoller, toleranter, freier sind und nicht mehr Angst haben zu versagen. Diese Sicht von *Schmidt-Salomon* hätte zur Folge, dass der Mensch keine Verantwortung hat und ohne Schuld ist, wenn er jemanden umbringt, und dass jegliche Form staatlicher Justiz im Grunde keine Berechtigung hat.

3. Die Bibel

3.1 Die Bedeutung der Bibel für den christlichen Glauben

Die Bibel ist die Heilige Schrift der zahlenmäßig größten Weltreligion, des Christentums. Gemäß Wikipedia ist die Bibel das meistgedruckte, am häufigsten übersetzte und am weitesten verbreitete Buch der Welt. Sie wurde wie kaum ein anderes Buch angegriffen und bekämpft und ist auch heute noch in über 30 Staaten verboten.

Das Christentum hat sich aus dem Judentum entwickelt. Dieses entstand vor etwa 4000 Jahren und ist die älteste unter den monotheistischen Religionen. Das Christentum und das Judentum sind Offenbarungsreligionen. Im Gegensatz zu den Naturreligionen konnten sie sich nicht auf regelmäßig wiederkehrende Abläufe in der Natur stützen, sondern sie waren darauf angewiesen, ihre Glaubensinhalte durch mündliche und schriftliche Überlieferung in Erinnerung zu behalten.

Die jüdischen und christlichen Schriften befassen sich mit geschichtlichen Ereignissen. Es handelt sich um Geschichtsreligionen. Doch geht es in der Bibel um weit mehr als um Geschichtsschreibung und um ein Festhalten von Ereignissen und Gotteserfahrungen. Sie gibt Offenbarung über Gottes Wesen und Charakter, sein Wirken in der Welt und seine Absichten mit der Welt, sie gibt Orientierung in heilswichtigen Fragen und Antworten auf Lebensfragen wie «*Wer bin ich?*», «*Woher komme ich?*», «*Welches ist der Sinn meines Lebens?*», «*Gibt es ein Leben nach dem Tod?*», sie geht auf die persönlichen, sozialen und religiösen Nöte des Menschen ein, sie ist die Quelle unseres Wissens über Gott und Jesus Christus. Diese Fragen kann der Mensch nicht mit seinem Verstand und seiner Vernunft beantworten und hier kann ihm auch nicht die Wissenschaft, Philosophie oder Psychologie weiterhelfen.

Die Bibel besteht aus zwei Teilen, dem Alten Testament (AT), den für das Judentum als normativ geltenden Schriften, und dem Neuen Testament (NT), das 27 Schriften des Urchristentums enthält.

Im Folgenden versuche ich den ***Kern der Botschaft der Bibel*** zu formulieren.

Die Bibel offenbart Gottes Wesen und Charakter, Gott als Schöpfer der Welt, seine Absichten mit ihr und sein Wirken an ihr. Sie zeigt, dass der Mensch dazu geschaffen ist, nicht nur an die Existenz Gottes zu glauben, sondern in einer Liebesbeziehung mit ihm zu leben.

Ihre zentrale Figur ist Jesus Christus. Sie bezeugt ihn als den Sohn Gottes, den im AT verheißenen Messias, Retter und Erlöser der Menschheit. Er lebte und wirkte in den Jahren 28–30 unserer Zeitrechnung und wurde in Jerusalem am Kreuz hingerichtet. Durch seinen Tod am Kreuz nahm er die Schuld der Menschen auf sich und stellte damit ihre Beziehung zu Gott wieder her. Die Rechtfertigung erfolgt durch Gottes Gnade und nicht aufgrund moralischer Anstrengung oder frommer Leistung.

Das NT verkündet Jesu Auferstehung und Himmelfahrt. Gott hat die Macht übernommen und übt sie seither als König durch seinen Gesalbten Jesus aus. Die Agenda seines Reiches ist die Bergpredigt (Mt 5.1–7.29); Ethik und Moral sind durch Gottes Normen bestimmt und von Liebe, Friede, Freude, Vertrauen, Vergebung und Versöhnung geprägt. Die durch Jesus erfahrene innere Veränderung motiviert und befähigt seine Nachfolger, im Sinne der Bergpredigt und ihrer Werte ihr Leben zu gestalten und in der Welt zu wirken.

Die Nachfolger Jesu leben mit der Zukunftshoffnung, dass er eines Tages wiederkommen wird, um seine Herrschaft in

Vollkommenheit aufzurichten, und dass sie in einem neuen, verwandelten Körper in einer Welt ohne Schmerz, Leid und Tränen leben werden.

Zur Vereinfachung wird diese Kernbotschaft im Folgende mit dem Akronym ***KBB*** bezeichnet. Sie stellt die Grundlage und das Grundbekenntnis des christlichen Glaubens dar. Sie zeigt deutlich, dass Jesus Christus eine zentrale Stellung im Glauben der Christen einnimmt. Dies betont auch der Apostel Paulus an verschiedenen Stellen, u. a. in eindrücklicher Weise in den Versen Phil 3.6–11. Jesus ist die vollkommenste Offenbarung Gottes (Joh 12.45, 14.9) und der vollkommenste Ausdruck seines Wesens (Heb 3.1). Er ist das Mensch gewordene Wort Gottes (Joh 1.1) und der Schlüssel zum Verständnis der Bibel als geschriebenem Wort Gottes. Die Tatsache, dass die Bibel einerseits die Funktion und Bedeutung von Jesus aufzeigt und andererseits Jesus selbst die Auslegung der Bibel entscheidend beeinflusst, wird in der Theologie als hermeneutischer Zirkel bezeichnet.

Es geht bei der KBB nicht in erster Linie darum, sie zu glauben und ihr als Bekenntnis zuzustimmen, sondern vielmehr darum, sie zu leben. Christlicher Glaube ist weit mehr als ein Glaubensbekenntnis. Christen sind nicht einfach kopflastige Gläubige, sondern Nachfolger Jesu Christi; sie leben in einer engen Beziehung zu Gott und zu Jesus Christus. Es geht nicht in erster Linie darum, allgemein an die Existenz Gottes zu glauben, die Gesetze zu beachten und keine bösen Dinge zu tun, sondern die Gottesbeziehung zum höchsten Ziel zu machen und in ihr Sinn und Glück zu suchen.

In der Welt wird die Bibel kontrovers beurteilt – die Haltung reicht von radikaler Ablehnung über Gleichgültigkeit bis zu absoluter Verbindlichkeit. *Napoleon Bonaparte* (1769–1821) sagte: *«Die Menschen glauben alles, es darf nur nicht in der Bibel stehen.»*

Die Bibel hat das Denken und die Ethik der abendländischen Welt entscheidend geprägt und wesentlich zur Entwicklung der

Wissenschaft und der Bildung beigetragen. Der Philosoph *Allen David Bloom* (1930–1992) [7] hat eindrücklich dargelegt, wie die westliche Gesellschaft im Begriff ist, die Wurzeln zu verleugnen, die sie zu dem gemacht haben, was sie ist.

Die grundlegende Frage zur Bibel lautet: Ist sie eine Sammlung von menschlichen Weisheiten und Erkenntnissen und damit letztlich ein Konstrukt von Menschen oder enthält sie offenbartes Wort von Gott, das Menschen niedergeschrieben haben? Dieser Frage werde ich im folgenden Abschnitt nachgehen. Das Ergebnis begründet – wie schon im Vorwort erwähnt wurde – die Bedeutung der Bibel für den Inhalt der folgenden Kapitel.

3.2 Die Wahrheitsfrage

Für viele Menschen – unabhängig davon, ob sie die Existenz eines Gottes bejahen oder ablehnen – ist die Bibel kein Offenbarungsbuch, sondern ein Buch, das wie alle anderen Bücher der Weltliteratur von Menschen für Menschen geschrieben wurde. Sie wird infrage gestellt mit Argumenten wie «sie ist nicht zeitgemäß», «sie ist nicht historisch», «sie enthält Widersprüche», «sie steht im Widerspruch zur modernen Naturwissenschaft» ...

Da sich der christliche Glaube auf die Bibel stützt, ist die Frage nach der Wahrheit der Bibel von entscheidender Bedeutung. Es werden im Folgenden Gründe angegeben, die deutlich machen, dass die Bibel mit großer Wahrscheinlichkeit nicht einfach ein Konstrukt von Menschen ist, sondern dass durch sie Gott zu den Menschen spricht, dass also die Autoren der Bibel durch Gottes Geist inspiriert waren – entsprechend dem Vers 2. Tim 3.16: «*Alle Schrift ist von Gott eingegeben.*» Wir werden sehen, dass die Bibel zahlreiche Inhalte enthält, die so ***außerordentlich*** und ***einzigartig*** sind, dass es unwahrscheinlich ist, dass sie von einem Menschen erdacht worden sind. Es handelt sich oft um Inhalte, die den Wünschen und Sehnsüchten des Menschen völlig fremd sind und nicht in sein Weltbild und seinen Denkrahmen hineinpassen. Die Existenz vieler solcher Inhalte ist zwar kein Beweis (im Sinne der Mathematik) für die Wahrheit der Bibel, aber sie liefert einen starken Hinweis dafür, dass die Bibel Offenbarungen einer Quelle von außen enthält und göttlicher Inspiration entspringt. Jeder solche Inhalt liefert ein ***Wahrscheinlichkeitsindiz (WI)*** für die Wahrheit der Bibel. Die letzte Überzeugung von der Wahrheit der Bibel erfordert aber immer einen Glaubensschritt.

Selbst wenn jemand in der Bibel gewisse historische Angaben, erfüllte Prophetien, Ereignisse, Zahlenangaben … bezweifeln und als erfunden erachten sollte, so dürfte er doch durch das Vorhandensein solcher WIs nachdenklich gestimmt und dazu bewegt werden, dem Gott der Bibel ein Denken und Handeln zuzugestehen, das unseren Denkrahmen sprengt; er dürfte bewegt werden, für den Verstand herausfordernde Fakten der Bibel nicht von vornherein als unglaubwürdig abzulehnen. Vielleicht führt dies sogar dazu, dass er sich für den in der Bibel bezeugten Gott interessiert, ihn sogar als Gott akzeptiert und sich ihm zuwendet, auch dann, wenn er ihn in seinem Denken und Handeln nicht vollständig versteht. Es kann sein, dass er dabei die Erfahrung macht, dass die Bibel nicht einfach ein totes Buch aus einer anderen Zeit und einer anderen Kultur ist, von Menschen für Menschen geschrieben, sondern das lebendige Wort eines Gottes, das tiefe Lebensqualität vermittelt.

Viele Christen stützen die göttliche Inspiration der Bibel mit dem Hinweis auf den oben zitierten Vers aus dem zweiten Timotheusbrief. Diese Argumentation stellt allerdings insofern einen Zirkelschluss dar, als sie die göttliche Inspiration bereits für den Wahrheitsanspruch dieses Verses voraussetzt. Zweifelnde Menschen lassen sich daher kaum durch Hinweis auf diesen

Bibelvers zum Hinterfragen ihrer Haltung zur Bibel anregen und von der Wahrheit der Bibel überzeugen.

Im Folgenden werden einige solcher WIs aufgeführt.

3.2.1 Zur Entstehung der Bibel

Die Bibel ist einzigartig in Bezug auf ihre ***Entstehung***. Sie ist entstanden in einem lebendigen Prozess, in dem im Verlaufe der Zeit die mündliche Erzähltradition von schriftlichen Aufzeichnungen abgelöst wurde. Sie wurde in einem Zeitraum von über 1000 Jahren von über 40 Autoren in ganz unterschiedlichen Lebenssituationen verfasst.

Die mündlichen Überlieferungen wurden ab dem 9. Jahrhundert v. Chr. schriftlich festgehalten und dann ab dem 5. Jahrhundert v. Chr. zu größeren Schriftengruppen zusammengefügt, beginnend mit der Thora, den fünf Büchern Mose. Diese hebräischen heiligen Schriften bilden die Grundlage für das AT.

Der früheste Text des NT – der erste Brief des Paulus an die Gemeinde in Thessalonich – stammt aus dem Jahr 50 n. Chr. Heute wird mehrheitlich die Entstehungszeit der vier Evangelien auf die zweite Hälfte des 1. Jahrhunderts datiert und zwar die Evangelien von Markus, Matthäus, Lukas und Johannes auf die Zeit um 70, 80–90, 80–90 und 100 n. Chr. Es dauerte noch über 200 Jahre, ehe die frühe christliche Kirche entschieden hatte, welche Schriften als verbindlich gelten sollten. Gemäß dem Osterbrief des Bischofs Athanasius von Alexandria im Jahr 367 n. Chr. hatte sie spätestens bis zu diesem Zeitpunkt den Kanon des NT von 27 Schriften festgelegt und ihn neben dem AT als zweiten Teil der christlichen Bibel bestimmt.

Für die Wahrheit der Evangelien spricht folgende Tatsache: Sie beruhen auf mündlich überlieferten Berichten von noch lebenden Augenzeugen und diese hätten von Lesern befragt werden können. Verfälschte Berichte über Jesus hätten zu Protesten von Gegnern und Vertretern der Obrigkeit geführt. Ein weiteres WI liefert die Tatsache, dass in den Evangelien Frauen trotz ihres geringen Status in der damaligen Gesellschaft als Zeuginnen erwähnt sind.

3.2.2 Der Gott der Bibel

Ein wichtiges WI stellt der in der Bibel beschriebene Gott dar. Wir werden im nächsten Kapitel sehen, dass er nicht den Gottesvorstellungen der anderen Religionen entspricht – und auch nicht dem Bild, das sich die Schreiber der Bibel von ihrem Gott gewünscht oder ersehnt hätten. In diesem Abschnitt sei lediglich auf zwei Aspekte hingewiesen, die ganz besondere WIs darstellen, nämlich die Rechtfertigung des Menschen vor diesem Gott und die Beziehung dieses Gottes zum Volk der Juden und seine Geschichte mit diesem Volk.

Eine zentrale Botschaft der Bibel besagt, dass der Mensch nichts tun muss und nichts zu tun braucht, um sich für Gottes Liebe zu qualifizieren, und dass er seine Rechtfertigung vor Gott nicht durch gute Werke erreichen und sich sein Heil nicht selbst verschaffen kann. Die Rechtfertigung vor Gott und die Wiederherstellung der Beziehung des Menschen zu Gott beruhen auf dem Erlösungswerk von Jesus Christus, sie sind ein Gnadengeschenk Gottes (vgl. Röm 3.22–24, Eph 2.8–9). Diese Botschaft entspricht nicht der Vorstellung des natürlichen Menschen; der Mensch ist von Natur «Moralist». Er ist überzeugt, er müsse sich die Annahme und Anerkennung von Gott verdienen und er sei auch imstande, dies aus eigener Kraft zu erreichen. Gnade allein – unmöglich! Dagegen sträuben sich das sittliche Empfinden und der Stolz des Menschen. Darum sahen auch diejenigen Juden, die Jesus als den Messias und Erlöser anerkannten, in der Lehre des Paulus eine gefährliche Verirrung und Verzerrung und sie verlangten von den Christen, dass sie als «ganze»

Christen die sittlichen und religiösen Vorschriften des Judentums beachten (vgl. Gal 2.16–21, 4.1–11).

3.2.3 Das Hauptthema der Bibel: Jesus Christus

Die Beschreibung in der Bibel von Jesus Christus, seinem Leben, seiner Lehre, seinem Wirken, seinem Tod und seiner Auferstehung sprengt dermaßen den Rahmen unseres Denkens, unserer Erwartungen, Vorstellungen und Sehnsüchte und sie hebt sich dermaßen in ihrer geistlichen, ethischen und moralischen Ausrichtung von dem Denken und der Ausrichtung der Menschen der damaligen (und auch heutigen!) Zeit ab, dass es naheliegend ist, entsprechende in der Bibel erwähnte Ereignisse, die nicht ohne Weiteres in den menschlichen 3D-Denkrahmen eingeordnet werden können, als historische Fakten zu akzeptieren und nicht einfach als Erfindungen des menschlichen Geistes zu deuten.

Einzigartig an der Bibel ist, dass ihr Hauptthema nicht ein liturgisches Programm oder eine Reihe religiöser Verpflichtungen betrifft, sondern eine ***Person***: Jesus Christus. Er wird beschrieben als der einzig wahre Weg des Menschen zu Gott und die Antwort auf die großen Fragen, mit denen sich die Bibel beschäftigt. Das AT weist durch Bilder sowie durch direkte Verheißungen auf ihn hin. Das NT berichtet von der Erfüllung dieser Verheißungen (z. B. 2. Kor 1.20) und es zeigt die Bedeutung und die Folgen seines Kommens auf. Das zentrale Heilsereignis in Jesus Christus ergibt einen neuen Verstehenshorizont für das AT. Während im AT die entscheidende Offenbarung des Wesens Gottes durch seine Geschichte mit dem Volk der Juden und der Thora geschieht, offenbart sich Gott im NT in entscheidender Weise durch einen Menschen. Jesus sagte: *«Wer mich sieht, der sieht den Vater.»* (Joh 14.9b LU) und Paulus schreibt: *«Der Sohn ist das Ebenbild des unsichtbaren Gottes.»* (Kol 1.15a).

Die Person Jesus Christus mit ihrem Leben, ihrer Lehre und ihrem Wirken ist das stärkste WI für die Bibel. Die auf ihn bezogenen alttestamentlichen Prophezeiungen, seine Geburt, sein Leben, sein Tod, seine Auferstehung, die Ankündigung seiner Wiederkunft, seine Lehre, seine Haltung, Ausrichtung und Prioritäten, sein Denken, Reden und Handeln entsprachen dermaßen nicht den Vorstellungen, Wünschen, Erwartungen des Menschen, dass sich die vier Evangelien der Bibel schwerlich einfach als Erfindung und Konstrukt von Menschen – als Dichtung von Menschen geschrieben für Menschen – erklären lassen und dass es höchst unwahrscheinlich ist, dass *«eine verwirrte und traurige Gemeinde sich zusammenreißt und aus dem hohlen Bauch heraus so einen Jesus erfindet»*, dass vielmehr hier *«ein in jeder Hinsicht glaubwürdiger Jude des ersten Jahrhunderts die Grenzen aller Erwartungen sprengte»* [82].

In seinem bekannten Buch *«A Short History of the World»* [77] macht der Oxforder Historiker und Schriftsteller *H. G. Wells* (1866–1946) in Bezug auf Jesus die Anmerkung: *«Here was a man. This could not have been invented.»*

Lewis [45] kam zur Überzeugung, dass die Behauptungen Jesu, er wäre Gott, er könne Sünden vergeben, er sei von Ewigkeit gewesen, er werde am Ende der Zeiten wiederkommen, um die Welt zu richten, einfach zu radikal und tiefgründig sind, um von einem gewöhnlichen Lehrer oder Religionsstifter gemacht worden zu sein.

Im Gegensatz zu Jesus ist kein anderer Religionsstifter – weder *Konfuzius*, *Laotse*, *Buddha* noch *Mohammed* – durch Prophezeiungen angekündigt worden.

Die ***Ankunft*** Jesu in der Welt und seine Geburt werden in der Bibel so beschrieben, wie kaum ein Dichter die Ankunft und Geburt eines irdischen Herrschers beschreiben würde und wie sie die Juden nicht erwartet hatten, in großer Einfachheit und Bescheidenheit und völlig unbeachtet von der Öffentlichkeit, mit einer jungen Mutter im Elend und ohne fremde Hilfe. Die ersten Zeugen der Geburt Jesu waren Hirten, einfache und in der Gesellschaft verachtete Leute, die als nicht sehr vertrauenswürdig galten und von irdischen Gerichten nicht als Zeugen zugelassen waren. Mit Pharisäern als vertrauenswürdigen Zeugen wäre wahrscheinlich die gesellschaftliche Anerkennung Jesu größer gewesen. Es fällt auf, dass später das Weihnachtsgeschehen in Liedern oft poetisch idealisiert wurde – mit Ausdrücken wie *«holder Knabe im lockigen Haar»*, *«reinliche Windeln»*, *«redliche Hirten»*. Der ganze irdische Rahmen bei der Ankunft Jesu in der Welt war so, dass das Reich eines solchen Herrschers menschlich gesehen keine Zukunft hatte. Umso erstaunlicher ist die Tatsache, dass nach 2000 Jahren das Christentum trotz intensiver Verfolgung nicht ausgelöscht, sondern zur größten Religion wurde und seine Verbreitung heute sogar noch zunimmt.

Das ***Leben*** Jesu hebt sich radikal ab vom Lebensstil der damaligen Gesellschaft und seine ***Lehre*** unterscheidet sich grundlegend von jener anderer Religionsstifter. Sein Wirken in Wort und Tat war einzigartig. Er redete und handelte, wie nie ein Mensch seiner Zeit geredet und gehandelt hätte. Leben und Lehre Jesus entsprachen in keiner Weise den Vorstellungen und Erwartungen der Menschen jener Zeit oder des jüdischen Volkes. Die Ethik seiner Lehre entspricht den Grundsätzen der Bergpredigt und unterscheidet sich radikal von der in der damaligen Zeit vorherrschenden Ethik, die weitgehend durch die griechischen Philosophen *Sokrates*, *Platon* und *Aristoteles* geprägt war. Die Antworten Jesu auf die an ihn gerichteten Fragen enthielten meistens revolutionär Neues, dem jüdischen Denken völlig Fremdes und es ist unwahrscheinlich, dass ein jüdischer Autor jener Zeit solche Antworten erfunden hätte. Jesu Verurteilung und Hinrichtung sowie das Geschehen nach seinem Tode entsprachen in keiner Weise den Vorstellungen und Erwartungen des jüdischen Volkes und der engsten Anhänger von Jesus in Bezug auf den Messias.

In seiner ***Lehre*** vertrat er einen Absolutheitsanspruch, den die Gesellschaft als arrogant empfand und der in keiner Geistesrichtung oder Religion eine Parallele hat. Er sagte: *«Ich* ***bin*** *der Gesalbte, der Sohn Gottes, der Weg, die Wahrheit, das Leben, das Licht der Welt, die Tür.», «Ich werde am Ende der Zeiten wiederkommen als Richter.», «Ich und der Vater sind eins.», «Wer mich sieht, sieht den Vater.», «Niemand kommt zum Vater denn durch mich.»* (Verse aus dem Johannesevangelium), *«Wer den Sohn hat, der hat das Leben, wer den Sohn nicht hat, der hat das Leben nicht.»* (1. Joh 5.12 LU). Es wäre undenkbar, dass *Sokrates* oder *Mohammed* sagen würden: *«Ich bin der Sohn des Zeus.»* bzw. *«Ich bin der Sohn von Allah* Jeder Religionsstifter und Philosoph würde sagen: *«Ich* ***zeige*** *euch den Weg, die Wahrheit, den Weg zum Leben, das Licht der Welt, die Tür.»* Jesus war nicht ein religiöser Lehrer oder Anführer, er predigte nicht eine Religion, er rückte nicht seine Lehre, sondern seine Person, sich selbst, ins Zentrum.

Die einzige Alternative zur Annahme einer übernatürlichen Quelle als Ursprung solcher Aussagen besteht darin, Jesus als verrückt und von Wahnvorstellungen besessen zu betrachten. *Lewis* [45] sagt treffend: *«Ich möchte jedermann vor dem wirklich läppischen Einwand bewahren, er sei zwar bereit, Jesus als großen Morallehrer anzuerkennen, aber nicht seinen Anspruch, Gott zu sein. Denn gerade das können wir nicht sagen. Ein Mensch, der solche Dinge sagen würde, wie Jesus sie gesagt hat, wäre kein großer Morallehrer. Er wäre entweder ein Irrer – oder der Satan in Person. Wir müssen uns deshalb entscheiden: Entweder war dieser Mensch Gottes Sohn oder er war ein Narr oder Schlimmeres. Wir können ihn als Geisteskranken einsperren, wir können ihn verachten oder als Dämon töten. Oder wir können ihm zu Füßen fallen und ihn Herr und Gott nennen. Aber wir können ihn nicht mit gönnerhafter Herablassung als einen großen Lehrer der Menschheit bezeichnen. Das war nie seine Absicht; diese Möglichkeit hat er uns nicht offengelassen.»*

Das Buch der Offenbarung zeigt mit eindrücklicher Deutlichkeit die zentrale Bedeutung von Jesus Christus für die ***Zukunft*** der Menschheit. Es weist darauf hin, dass die Menschheit keinen Prozess der «Selbstveredelung» im Sinne von *Einstein* (siehe 2.3) durchlaufen und dadurch von sich aus eine «heile», von

Gerechtigkeit und Frieden geprägte Welt schaffen wird, sondern dass dies nur unter Einbezug von Jesus Christus geschehen wird – durch die Hinwendung zu Jesus Christus und die Annahme seines Heilswerkes.

Auf die zentrale Bedeutung der Auferstehung Jesu Christi als WI gehe ich im nächsten Abschnitt ein.

3.2.4 Die Auferstehung

Die ***Auferstehung*** ist der Grundstein des christlichen Glaubens. Oft wird argumentiert, dass nach dem heutigen naturwissenschaftlichen Weltbild Jesus nicht von den Toten auferstanden sein konnte. *Bultmann* versteht die biblischen Geschichten von der leiblichen Auferstehung und vom leeren Grab nicht historisch. Sie seien von den ersten Christen erfunden worden, um zu verhindern, dass die «Sache» mit Jesus mit seinem Tod erledigt ist. *Bultmann* meint weiter, dass die Suche nach solchen historischen Fakten Sicherheit vermitteln soll und damit ein Zeichen mangelnden Vertrauens ist. Ich kann mich dieser Sicht nicht anschließen. M. E. hat sie es dem modernen Christen keineswegs leichter gemacht zu glauben. Die Begründung *Bultmanns* zur Leugnung der leiblichen Auferstehung Jesu hält dem Problembereich P123 nicht stand. Zum einen entspricht sie nicht mehr dem modernen naturwissenschaftlichen Weltbild, gemäß dem Energie niemals verloren geht, sondern stets umgewandelt wird. Dadurch ist durchaus denkbar, dass der irdische Leib in eine andere Form der Leiblichkeit übergehen kann. Zum anderen kann eine solche Umwandlung bei Einbezug der göttlichen Dimension grundsätzlich nicht ausgeschlossen werden. Innerhalb des göttlichen 4D-Denkrahmens muss der neue Körper nicht mehr den Gesetzmäßigkeiten unseres naturwissenschaftlichen Weltbildes innerhalb des 3D-Denkrahmens genügen; er ist nicht mehr denselben Begrenzungen unterworfen wie der irdische Körper vor der Auferstehung und es ist dann nicht ausgeschlossen, dass er übernatürlich durch eine Wand oder geschlossene Türen geht – wie dies vom auferstandenen Jesus berichtet wird (Joh 20.26). Paulus spricht von diesem neuen Leib als von einem geistlichen Leib bzw. von einem Körper, der durch Gottes Geist erneuert ist (1. Kor 15.44 nach LU bzw. NGÜ).

Im Folgenden werden verschiedene Argumente angegeben, die für die Historizität der Auferstehung sprechen; angesichts dieser Fakten legt die Auferstehung jenen eine Beweislast auf, die sie ablehnen.

1. Das leere Grab und die Auferstehung sind an verschiedenen Stellen der Bibel bezeugt und wurden von den Juden nie geleugnet, dies, obwohl für die Juden wie für die gesamte antike Welt die Auferstehung nicht unmittelbar auf den Tod folgte – zwischen Tod und Auferstehung gab es stets eine längere Zwischenphase. In den damaligen Weltanschauungen, außer bei der jüdischen, war eine körperliche Auferstehung undenkbar; bei den Griechen war sie unerwünscht, da der Geist als gut und die materielle Welt als schlecht und verdorben galten. Bei den Juden leugneten einige jegliches Leben nach dem Tod, andere hatten die heidnische Sicht einer unkörperlichen Zukunft der Seele und die meisten glaubten, dass die Toten am Jüngsten Tag auferstehen werden.
2. Das Judentum erwartete nicht die Auferstehung des angekündigten Messias, da ihnen schon die Vorstellung, dass er sterben würde, fremd war.
3. Paulus hat in dem 20–25 Jahre nach dem Tod Jesu geschriebenen ersten Brief an die Korinther auf Augenzeugen des leeren Grabes und die Auferstehung hingewiesen (1. Kor 15.3–8), die zur Zeit der Abfassung des Briefes noch lebten und hätten befragt werden können. Paulus hätte daher nie von der Auferstehung schreiben können, wenn diese nicht stattgefunden hätte.

4. Einer der stärksten Beweise für die leibliche Auferstehung Jesu Christi ist die *innere Veränderung* der Jünger Jesu und der ersten Christen sowie das Wachstum der frühen Gemeinde. Die Jünger sahen in Jesus vor seinem Tod den verheißenen Messias und ihre Messias-Hoffnung bestand darin, dass er Israel von den Römern befreien und wiederherstellen würde. Mit dem Tod Jesu am Kreuz wurden sie in dieser Hoffnung enttäuscht. Für sie galt er nach seinem Tod und vor seiner Auferstehung als ein weiterer der vielen gescheiterten Messias-Anwärter. Diese Enttäuschung kommt auch deutlich im Gespräch der Emmausjünger mit Jesus zum Ausdruck: *«Und wir aber hofften, er sei es, der Israel erlösen werde!»* (Lk 24.21a LU) Die Leidenschaftlichkeit und Leidensbereitschaft der Jünger Jesu und der ersten Christen legen daher nahe, dass sie eine wirkliche Begegnung mit dem auferstandenen Herrn hatten und dass die Auferstehungserfahrung nicht bloß in einer Vision oder Halluzination bestanden hatte. Als Beispiele seien die Brüder Jesu und der Jünger Petrus erwähnt. Zu Lebzeiten Jesu glaubten die Brüder Jesu nicht an ihn (Joh 7.5), ja sie glaubten sogar, er habe den Verstand verloren (Mk 3.21). Nach der Auferstehung waren sie beteiligt beim Gebet der Jünger (Apg 1.14) und missionarisch tätig (1. Kor 9.5). Petrus, der Jesus nach seiner Gefangennahme verleugnet hatte, bezeugte nach der Auferstehung Jesu mutig das Evangelium vor dem Hohen Rat und in der Pfingstpredigt.

3.2.5 Die Moral, Ethik und Sozialkritik

Die Bibel ist einzigartig in ihrer ***moralischen***, ***ethischen*** und ***sozial-kritischen*** *Ausrichtung.* Sie unterscheidet sich diesbezüglich von den religiösen Schriften der nicht-jüdischen und nichtchristlichen Religionen und weitgehend von den Vorstellungen und dem Normalempfinden des Menschen. Diese Einzigartigkeit kommt auch darin zum Ausdruck, dass die Bibel dazu aufruft, unsere Feinde zu lieben, diejenigen zu segnen, die uns verfluchen, denen Gutes zu tun, die uns hassen, für jene zu beten, die uns Böses tun (Lk 6.27–28), den anderen höher zu achten als sich selbst (Phil 2.3).

Während die nicht-jüdischen und nicht-christlichen Religionen der Lösung sozialer Probleme wenig Beachtung schenkten, setzten sich die jüdischen und christlichen Religionen für die Randgruppen, die Ausgestoßenen, Sklaven, Armen und Kranken ein.

In einer Zeit, da die Sklaverei zur Weltordnung gehörte, erwähnte die Thora, dass eine Stimme zu Mose in der Wüste sprach (2. Mo 6.5–7): *«Ich habe das Stöhnen der hebräischen Zwangsarbeiter gehört, ich befreie euch von der Zwangsarbeit für die Ägypter.»*

Die Bibel enthält prophetische Schriften aus dem 8. Jahrhundert v. Chr., die die sozialen Unterschiede anprangern und die dazu aufrufen, sich für die Armen einzusetzen. Vor allem die Propheten *Amos*, *Hosea*, *Micha* und *Jesaja* übten Kritik an den bestehenden sozialen und kulturellen Zuständen (Amos 5.21–24, Hosea 6.6, Micha 3.8+6.8, Jes 58.6–8); die durch Gottes Erwählung und durch den Bundesbeschluss erfahrene Gnade sollten das jüdische Volk zu einem großzügigen Verhalten gegenüber den sozial Benachteiligten motivieren.

Die soziale Frage war ein wesentlicher Teil der Botschaft Jesu. In dem mit ihm neu angebrochenen Reich hatten Werte wie Barmherzigkeit, Mitgefühl, gegenseitige Liebe und sogar Feindesliebe, Achtung, Wertschätzung, Verantwortung eine zentrale Bedeutung. Die Lehre Jesu stand in krassem Gegensatz zu den Verhältnissen der damaligen Gesellschaft und den Lehren der damaligen Philosophen. Seine Botschaft hat die Weltgeschichte in den vergangenen 2000 Jahren stark geprägt. Das Engagement für Gerechtigkeit und Frieden, die Abschaffung der Klassen-, Geschlechter- und Rassenschranken, die Gründung von Spitälern und Waisenhäusern gingen letztlich auf die radikale Botschaft der Nächstenliebe zurück.

Die im NT erwähnte Stellung der Frau in der Gesellschaft war für die damalige Kultur, einschließlich der jüdischen, revolutionär.

Wenn der Astrophysiker *Moore* [61] meint: *«Die Lehren der Bibel sind erschreckend: ... Homosexuelle, Ehebrecher ... sollten zu Tode gesteinigt werden ... Frauen sollten schweigen und sind das Eigentum der Männer»* und dann dem ehemaligen Pfarrer *Peter* die Frage stellt: *«Denken Sie nicht, dass die Bibel wegen Anstiftung zu Gewalt und Diskriminierung verboten gehört, statt unseren Kindern solche Sitten beizubringen?»*, so unterliegt seine Argumentation offensichtlich dem Problembereich P123. Hier muss bedacht werden, dass die entsprechenden Aussagen der Bibel sich an ein Volk richten, das zunächst eine besondere Gnade von Gott empfangen hatte: Es wurde aus brutaler Gefangenschaft befreit und erhielt ein Gesetz mit Geboten, in denen nicht nur das menschliche Leben, sondern auch der Besitz des Menschen, die Beziehung zwischen den Menschen und die Armen geschützt waren – dies war für die damalige Zeit beachtlich. Die Menschen durften nur auf Anordnung Gottes, aber nicht auf eigene Initiative hin – wie z. B. durch Blutrache – andere Menschen umbringen. Die von *Moore* angeprangerten Praktiken waren von Gott her angeordnet und betrafen Situationen, in denen Gottes Gebote missachtet worden waren. Diese Gebote spiegeln etwas von Gottes ursprünglichem Willen für die Schöpfung wider und die von Gott angeordneten Konsequenzen betonen die Bedeutung der Schöpfungsordnung, indem sie aufzeigten, dass der Mensch diese nicht ohne negative Folgen missachten kann.

3.2.6 Die Prophezeiungen

Eindrückliche WIs für die Bibel liefern die zahlreichen erfüllten Prophezeiungen, von deren späterem Eintreffen die Autoren nichts wissen konnten.

In Bezug auf die biblische Prophetie gibt es zwei extreme, einander entgegengesetzte Haltungen, nämlich einerseits der Bibel jegliche göttlich inspirierte Prophezeiungen abzusprechen und andererseits in künstlicher Weise Aussagen der Bibel als Prophezeiungen und geschehene Ereignisse als Erfüllung biblischer Prophezeiungen zu deuten.

Vertreter der ersten Haltung argumentieren häufig, dass die in der Bibel erwähnten Ereignisse, die als Erfüllung biblischer Prophezeiungen gedeutet werden, sich nicht durch außerbiblische Quellen nachweisen lassen. Im Hinblick auf die zahlreichen nicht auf Prophetie bezogenen WIs dürften sie jedoch Grund genug haben, sich nicht von vornherein der biblischen Prophetie zu verschließen.

Vertreter der zweiten Haltung deuten z. B. oft fälschlicherweise den Vers Ps 22.1 *«Mein Gott, mein Gott, warum hast du mich verlassen?»*, den Jesus am Kreuz zitierte, als eine Prophetie auf Jesus hin. Ebenso wenig kann der Vers Obadja 1.4 (LU) *«Wenn du auch in die Höhe führest wie ein Adler und machtest dein Nest zwischen den Sternen, dennoch will ich dich von dort herunterstürzen, spricht der Herr»* als Vorhersage für die Raumfahrt unserer Zeit mit den Satelliten und Spaceshuttles interpretiert werden [23].

Für einige Aussagen des AT scheint es naheliegend, sie auf bestimmte historische Ereignisse und im gesamten biblischen und heilsgeschichtlichen Kontext auf das Volk Israel und Jesus Christus hinzudeuten:

So hat sich die im ***Traum des Propheten Daniel*** enthaltene Prophetie aus der Zeit um 570 v. Chr. (vgl. Dan 2) offensichtlich im Verlaufe der Geschichte erfüllt: Die ersten vier Reiche entsprechen dem Persischen, Babylonischen, Griechischen und Römischen Reich – mit der Teilung des Letzteren ca. 1000 Jahre später in ein Ost- und ein Westreich – und auf sie folgt als das ewige und unzerstörbare Reich das von Jesus Christus aufgerichtete Reich Gottes.

Viele Theologen sehen in der ***Rückkehr der Juden*** aus verschiedenen Ländern nach Israel und der ***Gründung des Staates Israel*** im Jahr 1948 die Erfüllung alttestamentlicher Prophetien. Die um 600 v. Chr. erfolgten Prophezeiungen in Jer 31.10 und Hes 36.24 weisen m. E. mit den Ausdrücken *«von den Enden der Erde»* und *«aus allen Völkern»* deutlich auf dieses Ereignis hin – und nicht auf die Rückkehr der Juden aus dem Exil in Babylon. Die Anhänger der sogenannten ***Erfüllungs***- oder ***Ersatztheologie*** beziehen dagegen die entsprechenden Stellen nicht auf das Volk der Juden, sondern auf die neutestamentliche Gemeinde Jesu: Sie habe Israel als Verheißungsträger abgelöst.

Die Erhaltung des jüdischen Volkes als Ethnie und die Gründung des Staates Israel nach fast 2000-jähriger Zerstreuung und brutaler Verfolgung sowie die Entwicklung des Staates Israel nach seiner Gründung sind allerdings so außerordentlich, dass sie schwerlich rein menschlich zu erklären sind und dass es darum durchaus Sinn macht, den Aussagen in der Bibel über die Sammlung der Juden (z. B. in Hes 36.28 und Jes 43.6) in dem ihnen von Gott versprochenen Land nicht von vornherein jegliche prophetische Bedeutung abzusprechen. Wir werden in Kapitel 7 näher darauf eingehen.

Einige Prophezeiungen des AT beziehen sich offensichtlich auf ***Jesus Christus***. So wird z. B. im Kapitel Jes 53 Folgendes über den kommenden Messias prophezeit: Er wird stellvertretend leiden (4–5), im Grab eines Reichen begraben (9), für die Sünder sterben und ihre Sünden tragen (12) und bei der Anklage stumm bleiben (7). In Micha 5.1 wird vorausgesagt, dass Jesus in Bethlehem geboren wird. Dass diese Verse nicht erst nach Eintreffen der Prophezeiung eingefügt wurden, zeigt u. a. der Fund der Jesaja-Rollen in Qumran im Jahr 1947. Diese wurden mit der C14-Methode auf ca. 200 v. Chr. datiert.

Auch das NT enthält Prophezeiungen. So sagte z. B. Jesus die Zerstörung Jerusalems durch die Römer (70 n. Chr.) voraus (Lk 21.20–24). Je nach Datierung des Lukasevangeliums wird allerdings diese Prophezeiung von einigen Bibelwissenschaftlern als eine nachträgliche Einfügung gedeutet.

3.2.7 Das Volk Israel

Die in der Bibel beschriebene Beziehung Gottes zum Volk ***Israel*** und die Geschichte dieses Volkes sind eindrückliche WIs für die Bibel. Die Geschichte beginnt mit der ***Erwählung*** Israels zu seinem Volk durch den Ruf Gottes an Abraham, seine Heimat zu verlassen und in das Land der Verheißung – das *Gelobte Land* – zu ziehen (1. Mo 12.1–3) und sie reicht über 3500 Jahre bis in die Gegenwart. Wir werden uns im letzten Kapitel eingehender mit dem Volk Israel befassen.

Erwähnenswert ist ein Gespräch des Königs *Friedrich des Großen* von Preußen (1712–1786) mit seinem General *Zieten*, einem überzeugten Christen. Der skeptische König forderte seinen General auf, ihm einen Beweis dafür zu nennen, dass es Gott gibt. Zieten antwortete: *«Majestät, die Juden!»*

3.2.8 Authentizität der biblischen Personen

Die Bibel erweist sich auch darin als einzigartig, dass sie ***authentisch*** und ohne Beschönigung über ihre Hauptakteure berichtet und deren Schwächen und Fehler offen aufdeckt, wie z. B. bei den Glaubensvätern Abraham, Isaak, Jakob oder beim König David. Sie sieht sie generell als *«Sünder, die des Ruhmes, den sie vor Gott haben sollen, ermangeln»* (Röm 3.23 LU) und nicht als Helden und Heilige. Sie unterscheidet sich damit in der literarischen Gestaltung von der Epik, den Legenden und Mythen der Griechen, Römer und Inder. Diese handeln von Helden, wie z. B. Achilles und Odysseus, von Aristokraten und Weisen.

3.2.9 Außerbiblische Quellen

Es existieren außerbiblische Quellen, die die Existenz Jesu, sein besonderes Wirken, seinen Tod am Kreuz und seine Auferstehung bezeugen, z. B.:

Der römische Historiker *Tacitus* (ca. 58 – ca. 120) schreibt in seinen kaiserkritischen Annalen im Zusammenhang mit dem Brand von Rom im Jahr 64 n. Chr., dass *Nero* den Verdacht, dass er selbst die Brandlegung befohlen habe, auf die «Chrestianer» (Christen) abzuwälzen versucht habe und dass *«der Urheber dieses Namens Christus ist, der unter der Regierung des Tiberius vom Prokurator Pontius Pilatus hingerichtet worden war»* [75].

Der römische Schriftsteller *Sueton* (ca. 70 – ca. 120) erwähnt in seinen Kaiserbiografien, dass der Kaiser Claudius im Jahr 49 in einem Edikt die Juden, welche *«von einem gewissen Chrestos aufgehetzt wurden und fortwährend Unruhe stifteten»*, aus Rom auswies. [73]

Der römisch-jüdische Geschichtsschreiber *Flavius Josephus* (37 – ca. 100) schrieb: *«Um diese Zeit lebte Jesus, ein weiser Mann, wenn man ihn überhaupt einen Menschen nennen darf. Er vollbrachte nämlich ganz unglaubliche Taten und war der Lehrer aller Menschen, die mit Freuden die Wahrheit aufnahmen. So zog er viele Juden und auch viele Heiden an sich. Dieser war der Christus. Und obgleich ihn Pilatus auf Betreiben der Vornehmsten unseres Volkes zum Kreuzestod verurteilte, wurden doch seine früheren Anhänger ihm nicht untreu. Denn er erschien ihnen am dritten Tage wieder lebend, wie gottgesandte Propheten dies und tausend andere wunderbare Dinge von ihm vorhergesagt hatten. Und bis auf den heutigen Tag besteht das Volk der Christen, die sich nach ihm nennen, fort.»* [34]

3.2.10 Persönliche Erfahrungen

Für Menschen, die durch die Bibel den Zugang zu Gott und Jesus gefunden haben, zählen persönliche Glaubenserfahrungen, die nicht ohne Weiteres rational erklärt werden können, zweifellos zu den eindrücklichsten WIs. Es gibt zahlreiche Zeugnisse von Menschen, die tief in Alkohol- und Drogenprobleme und Kriminalität verstrickt waren, und die durch eine Begegnung mit Gott oder Jesus oder durch eine Berührung mit der Botschaft der Bibel, in kurzer Zeit von ihren Süchten und von Kriminalität befreit wurden. Ich denke dabei z. B. an *Werner Woiwode* [81], *Lorenz Schwarz* [68], *Andreas Straubhaar* [72], *Ruedi Szabo* [74] oder an die zahlreichen Zeugnisse von Moslems, die sich Jesus zugewandt haben, nachdem er ihnen im Traum erschienen war.

Ein eindrückliches Zeugnis ist die Autobiografie *«Überrascht von Freude»* von *Lewis*, in der er seinen Weg vom bekennenden Atheisten zum überzeugten Christen beschreibt.

Der Mathematiker und Philosoph *Blaise Pascal* (1622–1662) hatte in der Nacht vom 23. auf den 24. November 1652 ein Gotteserlebnis, das seinen Glauben radikal prägte. Er schrieb dieses Erlebnis auf ein Blatt Papier, das, eingenäht in das Futter seines Mantels, erst nach seinem Tod gefunden wurde. In diesem berühmt gewordenen sogenannten *«Mémorial»* [95] drückt er u. a. aus, dass Gott nicht über das Denken in philosophischen Gottesbeweisen zu finden ist: *«Feuer, Gott Abrahams, Gott Isaaks, Gott Jakobs, nicht der Philosophen und Gelehrten. Gewissheit, Gewissheit, Empfinden: Freude, Friede. Der Gott Jesu Christi … Freude, Freude, Freude, Freudentränen. … Jesus Christus! Jesus Christus! … Er ist allein auf den Wegen zu bewahren, die im Evangelium gelehrt werden. … Ewige Freude für einen Tag der Mühe auf Erden. … Amen.»*

Ich hatte mit 19 Jahren eine solche Erfahrung machen dürfen. Während des Lesens des Büchleins *«Friede mit Gott»* des Evangelisten *Billy Graham* (1918–2018) wurde ich plötzlich von einer überwältigenden Freude erfüllt. Sie war begleitet von einer tiefen Liebe zu den Mitmenschen, von einem großen Hunger nach biblischem Wort und einer starken Resonanz beim Lesen gewisser Bibelstellen. Diese intensive Freude dauerte über mehrere Monate an.

3.3 Die Bibel als von Gott bezeugtes Wort

Wir haben im vorigen Abschnitt 3.2 zahlreiche Gründe angegeben, die nahelegen, dass die Bibel nicht einfach als reines Konstrukt von Menschen, sondern vielmehr als eine Offenbarung Gottes und als ein Erzeugnis von Autoren zu betrachten ist, die von Gottes Geist inspiriert waren. Darauf weisen auch mehrere Bibelstellen hin. In den Büchern der Propheten findet sich häufig die *Wendung «Das Wort des Herrn geschah/erging»*, im NT steht in 2. Pe 1.21 (NGÜ) *«Keine Prophetie hat je ihren Ursprung im Willen eines Menschen gehabt»* und in 2. Tim 3.16 *«Die ganze Heilige Schrift ist von Gott eingehaucht/eingegeben»*. Das Wort *inspiriert* kommt in der Bibel nur an dieser Stelle vor. Die Bibel meint mit den Begriffen *Gottes Wort* oder *Wort des Herrn* nie sich selbst; es ist daher theologisch korrekter zu sagen, dass die Bibel Gottes Wort *enthält* oder *bezeugt*. Als *«Fleisch/Mensch gewordenes Wort»* (Joh 1.14) verkörpert Jesus Christus im tiefsten Sinne Gottes Wort.

Die Christen orientieren sich in Lehre und Glauben an der Bibel und haben die Absicht, durch sie Gottes Willen für ihr Leben zu erkennen. Sie wollen *bibeltreu* sein in dem Sinne, dass sie die Bibel das sagen lassen, was Gott durch sie sagen will.

Die Sicht, dass die Bibel durch Gottes Geist inspiriert ist, konfrontiert uns mit folgenden fünf mit P123 zusammenhängenden ***Problembereichen***.

1. Wie ist die göttliche Inspiration zu verstehen? Die Bibel selbst gibt nirgends einen Hinweis auf eine göttliche Verbalinspiration in dem Sinne, dass Gott selbst den Menschen jedes Wort vorgegeben hat. Das Besondere an Gottes Wort ist ja gerade, dass es nicht frei ist von menschlich-geschichtlichen Eigenarten, sondern uns im Menschenwort das Wort Gottes übermittelt. Die Bibel erwähnt unterschiedliche Weisen, wie Gott zu den Propheten gesprochen hat. So heißt es etwa in Hosea 1.1 (LU) *«Das Wort des Herrn ist geschehen zu*

Hosea ...» oder in Amos 1.1 (NeÜ) «*... Amos empfing die Botschaft in Form von Visionen ...*».

2. Mit der göttlichen Inspiration lassen wir zu, dass die Bibel Inhalte enthält, die wir nicht in unseren menschlichen 3D-Denkrahmen einordnen können und die den Sitten und der Kultur der jeweiligen Zeit fremd sind. Es geht hierbei nicht darum, solche Inhalte einfach blind zu glauben und geschichtliche und naturwissenschaftliche Fakten außer Acht zu lassen, sondern vielmehr darum, eine in der Naturwissenschaft übliche Vorgehensweise zu befolgen: Wenn etwas nicht in das bestehende Paradigma passt, dann wird ein Paradigmenwechsel angestrebt und versucht, eine umfassendere Theorie zu entwickeln, in die es eingeordnet werden kann.
3. Es ist denkbar, dass es Inhalte der göttlichen Dimension gibt, die grundsätzlich nicht innerhalb des menschlichen 3D-Denkrahmens in unserer Sprache übermittelt werden können. Darauf weisen auch die Bibelverse Jes 40.13 + 55.8-9, Jer 31.37, Röm 11.34 hin. Wir sollten stets bedenken, dass «*Gottes Gedanken höher sind als unsere Gedanken*» (vgl. Jes 55.8–9 LU) und demütig anerkennen, dass Gott sich selbst in seiner Dimension und die tiefste Wirklichkeit der Schöpfung, des Himmelreichs, der neuen Erde und des neuen Himmels uns Menschen nicht erschöpfend und nur unter Verwendung von Bildern und Gleichnissen zugänglich machen kann. Solche Bilder und Gleichnisse dürfen nicht durch wörtliche Interpretation in unseren 3D-Denkrahmen hineingepresst werden, indem wir Gottes Offenbarung auf unseren Denkrahmen und unsere sprachlichen Möglichkeiten beschränken. Dadurch würden wir Gefahr laufen, Gottes Wort misszuverstehen und der eigentlichen Intention Gottes nicht gerecht zu werden. *Blaise Pascal* weist in folgendem Zitat auf diese Gefahr hin: *«Die Vernunft verkleinert große Dinge bis auf ihr eigenes Maß.»* Diese Gefahr betrifft u. a. die Schöpfung aus dem Nichts, die Auferstehung, Himmelfahrt und Wiederkunft Jesu.
   Die Bibel selbst erwähnt Situationen, bei denen Menschen durch eine wörtliche Interpretation Gottes Botschaft miss-

verstanden haben. Als z. B. Jesus im Gespräch mit dem Pharisäer *Nikodemus* die «*Wiedergeburt*» als Voraussetzung nannte, um ins Reich Gottes zu kommen, verstand ihn Nikodemus nicht, da er die Wiedergeburt als eine zweite natürliche Geburt interpretierte (Joh 3.1–12). Ähnlich erging es der Samaritanerin, als Jesus von «*lebendigem Wasser*» sprach (Joh 4.7–15), oder den Juden mit der Aussage Jesu über das «*Essen seines Leibes*» und «*Trinken seines Blutes*» (Joh 6.53). Die Ankündigung, dass die Menschen den Menschensohn «*auf den Wolken vom Himmel*» werden kommen sehen (Mt 24.30b), ist ein Hinweis auf die sichtbare Gegenwart Jesu; in der Dimension des Reiches Gottes sind hier nicht der astronomische Himmel (englisch sky) und die Wolken der physikalischen Atmosphäre gemeint.

4. Die Schreiber der Bibel richten zwar ihre Botschaft meist an Menschen ihrer Zeit in einer diesen verständlichen Sprache unter Beachtung ihrer Kultur und ihres Weltbildes, aber Gott wendet sich mit der Bibel an die Menschen aller Zeiten, Kulturen und Sprachen. Das erfordert, dass die Texte aus dem Kontext der Zeit des Autors und nicht des Lesers interpretiert werden und dass geprüft wird, welche Kernbotschaft der Text übermitteln will. So sind allgemeine Prinzipien mit einer geistlichen Intention von ihren kulturbedingten Anwendungen zu unterscheiden. Dies betrifft z. B. den Bruderkuss, die Fußwaschung und die Kopfbedeckung. Ähnliches gilt in Bezug auf Aussagen, die das Weltbild betreffen. Wenn z. B. in Jes 40.22 vom «*Kreis der Erde*» die Rede ist, so handelt es sich nicht um eine Aussage über die wahre Gestalt der Erde, sondern vielmehr um eine Wahrnehmung und Erkenntnis der Menschen der damaligen Zeit innerhalb des damals herrschenden Weltbildes. Dies entspricht der hebräischen Denkweise: Es geht um die subjektive Wahrnehmung der Realität, und nicht – entsprechend der griechisch-analytischen Denkweise – um die strukturelle Einordnung dieser Realität in das Universum. Die jüdische Welt der biblischen Zeiten ist komplex und vom heutigen Menschen her schwer

zu verstehen. Dies gilt insbesondere auch für das Verhalten von Jesus und seinen Anhängern und die von ihnen geäußerten Ideen und verwendeten Begriffe.

5. Bei den Ausdrücken «*Wort Gottes*» und «*Gott sprach*» sollte der Unterschied zwischen der hebräischen und der griechischen Denkweise berücksichtigt werden. Das hebräische «*dabar*» für «*Wort*» heißt zugleich Wort, Tat und Sache. Es «*macht sichtbar und wirksam, was in den Dingen verborgen ist, was sie enthalten, nämlich ihre dynamische tiefste Wirklichkeit, das, wozu sie ins Dasein gerufen sind. ... Das Wort Gottes ist kein Buch, keine Schriftsammlung, es ist ‹Same› (Mt 13.19), etwas, das Leben in sich birgt (5. Mo 32.47) ...*» [5]. So haben auch die Berichte in der Bibel nicht einfach den Zweck, Tatsachen und Fakten wiederzugeben im Sinn einer möglichst genauen Reportage, sondern sie wollen vielmehr eine tiefere Wirklichkeit für unser Leben aufzeigen. Dies kommt auch in den Versen Heb 4.12–13 (NGÜ) zum Ausdruck: «*Denn eines müssen wir wissen: Gottes Wort ist lebendig und voller Kraft. Das schärfste beidseitig geschliffene Schwert ist nicht so scharf wie dieses Wort, das Seele und Geist und Mark und Bein durchdringt und sich als Richter unserer geheimsten Wünsche und Gedanken erweist. Kein Geschöpf ist vor Gott verborgen; alles liegt offen und ungeschützt vor den Augen dessen da, dem wir Rechenschaft geben müssen.*»

Bei der Auslegung der Bibel wird oft diesen fünf Problembereichen zu wenig Beachtung geschenkt. Aussagen wie «*Bei der Betrachtung der Bibel ist alles von Bedeutung: die spezielle Wortwahl ... Wer diese Einzelheiten beachtet, wird in der Bibel eine einheitliche, in sich geschlossene Lehre vorfinden, die eine Wirklichkeitsbeschreibung und -deutung für den Menschen und die Welt beinhaltet, die zeitlos und nicht mehr korrekturbedürftig ist.*» [24] setzen voraus, dass Gott alle in der Bibel angesprochenen Bereiche uns in unserer Sprache und in unserem 3D-Denkrahmen zugänglich machen kann. Sie werden damit dem 4D-Denkrahmen und den göttlichen Wirkungsmöglichkeiten nicht gerecht. Auf die Konsequenzen dieser Sicht für die Schöpfung aus dem Nichts werde ich in Kapitel 5 näher eingehen. *Roger Liebi* (* 1958) [50] schließt aus dem Vers 2. Tim 3.16a (NGÜ) «*Alles, was in der Schrift steht, ist von Gottes Geist eingegeben*», dass «*die Bibel Gottes direkte Rede in schriftlich fixierter Form ist*» und dann weiter, dass sie auch «*vollkommen und irrtumsfrei ist, wenn sie über die Natur und die Geschichte spricht*». Auch hier wird davon ausgegangen, dass die Bibel verbal von Gott inspiriert und mit unserem Sprachverständnis innerhalb des menschlichen 3D-Denkrahmens auszulegen ist.

3.4 Konkrete Bibelauslegung

3.4.1 Grundsätzliches zur Bibelauslegung

In 3.2 wurden zahlreiche WIs für die Wahrheit der Bibel aufgeführt und in 3.3 wurde der allgemeine Rahmen für die Interpretation der Bibel als von Gott bezeugtes Wort festgelegt. Zusammen mit der in 3.1. formulierten KBB ist damit der Rahmen für die konkrete Bibelauslegung und für jede Art der Bibelkritik gegeben. Jeder Bibelauslegung und Bibelkritik liegt ein durch einen bestimmten Denkrahmen bestimmtes Vorverständnis zugrunde. Bei der Frage nach dem Sinn und der Intention eines biblischen Textes muss der unterschiedliche Denkrahmen von Verfasser und Ausleger berücksichtigt werden. Gläubige, die die Bibel als Grundlage für ihren Glauben anerkennen und ein bestimmtes Auslegungsparadigma – wie z. B. den Fundamentalismus, die historisch-kritische Theologie oder die gemäßigte Bibelkritik – zugrunde legen, nehmen für sich in Anspruch, ***bibeltreu*** zu sein. Dieser Begriff ergibt jedoch erst dann einen Sinn, wenn dieses Paradigma sauber definiert ist. Ähnliches gilt für Begriffe wie *wörtlich, vollkommen, fehlerfrei, widerspruchsfrei, absolute Autorität*.

In aller Demut werden wir immer wieder anerkennen müssen, dass unser Wissen Stückwerk ist (1. Kor 13.9) und wir trotz des gemeinsamen Willens zur Bibeltreue zu unterschiedlichen Ergebnissen kommen können. Ich bin überzeugt, dass der in den Christen gegenwärtige Heilige Geist sie bei der Bibelauslegung leitet und ihnen bei allen Unterschiedlichkeiten im Bibelverständnis eine fruchtbare Konvergenz in den Punkten schenkt, die für die Offenbarung von Gottes Absicht und für ein effizientes Wirken in der Welt wesentlich sind.

In Kapitel 2 wurde aufzuzeigen versucht, dass Glaube und Wissenschaft durchaus kompatibel sind und die Bibel wissenschaftlicher Erforschung standhält. Ich bin mit dem Theologen und Religionspädagogen *Siegfried Zimmer* (* 1947) [87] überzeugt, dass sie *«keinen frommen Schutz braucht und sich immer wieder durch die Qualität ihres Inhaltes und die Kraft des Heiligen Geistes durchsetzen wird, wann und wo es Gott gefällt»*.

Die entscheidende Frage bei der Bibelauslegung ist: «Was will uns Gott durch die Botschaft, die der Verfasser in unserem 3D-Denkrahmen und in unserer Sprache übermittelt, sagen?» Es geht darum, die Bibel nicht in einer falschen Art ***wörtlich***, sondern sie ***beim Worte*** zu nehmen, sodass wir Gott durch sie uns sein Wort sagen lassen. Paulus warnt vor falscher Buchstäblichkeit: *«Gott hat uns tüchtig gemacht zu Dienern des neuen Bundes, nicht des Buchstabens, sondern des Geistes. Denn der Buchstabe tötet, aber der Geist macht lebendig.»* (2. Kor 3.6 LU) Da gilt es z. B. auch zu entscheiden, ob bildhafte Sprache verwendet wird oder nicht, ob eine Aussage wörtlich oder symbolisch zu verstehen ist und welche Deutung der KBB entspricht. Aus der KBB geht hervor, dass die Bibel in wünschenswerter Deutlichkeit für konkrete Situationen Wegweisung gibt und die wesentlichen und heilsentscheidenden Fragen des Menschen behandelt – alles, was er wissen muss, um *«… verantwortungsbewusst zu handeln, sich nach Gottes Willen zu richten und so zu leben, dass Gott geehrt wird»* (Tit 2.12b NGÜ).

Das ***Buch der Offenbarung*** spricht vorwiegend in Bildern, die oft schwierig auszulegen sind. Was soll man wörtlich verstehen, was symbolisch? Diese Frage stellt sich z. B. hinsichtlich des 1000-jährigen Reiches.

Dem Gott, der «über allem steht», der allmächtig, allwissend und dem nichts verborgen ist, können wir in einer Haltung tiefer Ehrfurcht in aller Ehrlichkeit mit unseren Fragen und Zweifeln begegnen und dabei darauf vertrauen, dass er uns durch den Heiligen Geist hilfreiche und weiterführende Offenbarung schenken und uns helfen wird, uns vorzutasten zu dem, was er uns durch sein Wort sagen will. Ein Bibelverständnis, das vor allem auf ***Bekenntnissen*** und ***Dogmen*** beruht, kommt zwar einem generellen Sicherheitsbedürfnis des Menschen entgegen: Der Mensch erlebt Sicherheit, wenn bis in alle Einzelheiten vorgegeben ist, wie die Bibel zu verstehen ist und was er zu glauben und zu tun hat. Es hilft allerdings einem Gläubigen, der Fragen und Zweifel in Bezug auf Ungereimtheiten in der Schrift hat, kaum weiter.

Die Bibel ***definiert Begriffe nicht immer so eindeutig*** und hat auf Fragen nicht immer eine so eindeutige Antwort, wie wir uns dies wünschen. Gott mutet uns zu, die damit verbundene Spannung auszuhalten. Wir sollten zulassen, dass Unsicherheiten und Widersprüche auftreten können, die sich nicht beheben und auflösen lassen. Die Tatsache, dass nicht immer alle Einzelheiten übereinstimmen, ist ein Zeichen der Echtheit, da anderenfalls Grund zur Annahme bestünde, dass der Text frisiert ist. Die Bibel ist kein technisches Handbuch, welches wir gleichsam in den Griff bekommen können, sie ist vielmehr das weit über dem Menschen stehende Wort des lebendigen Gottes, von dem es heißt: *«Wie unerschöpflich ist Gottes Reichtum! Wie tief ist seine Weisheit, wie unermesslich sein Wissen! Wie unergründlich sind seine Entscheidungen, wie unerforschlich seine Wege! Hat jemals ein Mensch die Gedanken des Herrn ergründet? Ist je einer sein Berater gewesen?»* (Röm 11.33–34 NGÜ).

Es gibt Themen, die biblisch gesehen nicht eindeutig zu beurteilen oder theologisch nicht relevant sind, Dinge, die von der Bibel her nicht eindeutig geboten oder verboten, sondern offengelassen werden und bei denen Zurückhaltung geboten ist im Anordnen bestimmter Verhaltensweisen. Die Kirchenväter sprachen in diesem Zusammenhang von *«adiaphora»* (griechisch *«nicht Unterschiedenes», «Mitteldinge»*). M. E. gehören z. B. Themen wie die Wiederheirat nach einer Scheidung oder die Impf- und Zertifikatspflicht in der Corona-Situation dazu.

Die Bibel ist sehr zurückhaltend mit konkreten Angaben zu verschiedenen Begriffen des christlichen Glaubens. Wir hatten oben schon die Begriffe *«Wiedergeburt», «lebendiges Wasser», «Essen des Leibes und Trinken des Blutes Jesu»* erwähnt. Diese Zurückhaltung zeigt sich auch deutlich bei Prophezeiungen, die die *neue Erde*, den *neuen Himmel*, das *Gericht* und die *Hölle* betreffen. Die diesbezüglichen Beschreibungen – besonders in der Offenbarung – sind oft symbolischer Art und lassen einen weiten Interpretationsspielraum zu. Versuche, solche Beschreibungen innerhalb des menschlichen 3D-Denkrahmens auszuloten und in ihn einzuordnen und Fragen wie z. B. die Frage nach der Kompatibilität eines Gottes der Liebe mit der Hölle – innerhalb dieses Denkrahmens – zu beantworten, führen oft zu Spekulationen, die der göttlichen Dimension nicht gerecht werden und die eigentliche Intention Gottes verfehlen. Auf die Frage, wie ein Gott der Liebe und die Hölle zusammenpassen, werde ich in 6.6.3 näher eingehen.

Für das Verständnis der im hebräischen Umfeld entstandenen Bibel in unserer weitgehend von der griechisch-analytischen Denkweise geprägten Gesellschaft und Kultur ist es unerlässlich, bei der Bibelauslegung die Unterschiede in der ***griechisch-analytischen*** und ***der hebräisch-ganzheitlichen Denkweise*** zu berücksichtigen. Auf diese Unterschiede wurde bereits in 1.4 hingewiesen. Wir dürfen die in hebräischer Sprache abgefassten Texte nicht ohne Weiteres mit dem Filter der weitgehend durch die griechisch-analytische Denkweise geprägten deutschen Sprachkultur lesen und interpretieren. Dies wurde bereits in 3.3 am hebräischen Wort *«dabar»* (deutsch «Wort») ersichtlich.

Im hebräischen Denken meinen z. B. die anthropologischen Begriffe *Geist, Fleisch, Seele* jeweils den ganzen Menschen, wenn auch unter einem bestimmten Aspekt. Im griechischen Denken sind *Geist*, *Seele* und *Leib* verschiedene Teile des Menschen. Deshalb kann dort der Leib als Kerker der Seele verstanden werden und der Tod als Befreiung aus diesem Kerker. Wichtig für das Verständnis von Seele im AT und NT ist, dass damit nicht im Sinne eines Dualismus von Leib (soma) und Seele ein Teil des Menschen gemeint ist, sondern immer der ganze Mensch. Der Mensch *hat* nicht *psyche*, sondern er *ist psyche*, eine «*lebendige Seele*» (1. Kor 15.45 ELB). Das Wort *Seele* in der Bibel entspricht damit auch nicht der in der Gesellschaft und Christenheit verbreiteten Vorstellung von der Seele als dem unsterblichen Teil des Menschen.

Zimmer [88] weist ferner darauf hin, dass das biblische Hebräisch keinen eigentlichen Begriff für unser Wort «*Strafe*» kennt. Nach der Vorstellung des AT entfaltet eine Tat selbst ihre Konsequenzen in positiver und negativer Hinsicht. Das hebräische Wort im Vers Jes 53.3, das *Martin Luther* (1483–1546) mit «*Strafe*» übersetzt, wäre korrekter mit «*Tatfolge*» zu übersetzen.

In der christlichen Literatur wird der hebräisch-ganzheitlichen Denkkultur häufig nicht genügend Rechnung getragen. Z. B. liefert *Werner Gitt* (* 1937) in seinem Buch «*So steht's geschrieben*» [23] eine detaillierte, weitgehend griechisch-analytisch und nicht hebräisch geprägte Analyse der Bibel in Bezug auf verschiedene Wirklichkeitsbereiche.

Bei jeder Bibelauslegung ist das ***Verhältnis von AT und NT*** zu berücksichtigen; dies gilt insbesondere auch bei Fragen, die mit der neutestamentlichen Erfüllung alttestamentlicher Prophetien zusammenhängen. Die zahlreichen in den Evangelien erwähnten Hinweise von Jesus auf das AT zeigen, dass Jesus das AT anerkannt hat. Das AT und NT bilden nicht einen Gegensatz und stehen nicht im Widerspruch zueinander, sondern sie sind Ausdruck der Entwicklung im Heilsgeschehen. So bedeutet z. B. die Tatsache, dass Jesus das vollkommene Opfer ist (Heb 9.14), keine Abwertung des Opferdienstes im AT; sie stellt vielmehr eine Weiterführung, Vertiefung und Vollendung desselben dar, gemäß den Worten Jesu: «*Ihr sollt nicht meinen, dass ich gekom-*

men bin, das Gesetz oder die Propheten aufzulösen; ich bin nicht gekommen aufzulösen, sondern zu erfüllen» (Mt 5.17 LU). Durch das vollkommene Opfer Jesu wird dem sündigen Menschen die vollkommene Rechtfertigung vor Gott zuteil und er lebt hinfort mit Gott in einer Vater-Kind-Beziehung. Er hat eine neue Beziehung zu den Gesetzen des AT. Diese, wie z. B. die 10 Gebote, behalten ihre Gütigkeit, aber der wiedergeborene Mensch erfüllt sie nicht, weil Gott dies geboten hat, sondern als ein vor Gott gerechtfertigtes, von ihm geliebtes und angenommenes Kind, als eine *«neue Schöpfung»* (2. Kor 5.17). Dies kommt in dem Roman *«Die Hütte – Ein Wochenende mit Gott»* [85] treffend in der Antwort zum Ausdruck, die Sarayu, die Repräsentantin des Heiligen Geistes, der Hauptperson Mack auf die Frage gibt, weshalb Gott den Menschen die Gebote gegeben hat: *«Wir wollten, dass ihr den Versuch aufgebt, aus eigener Kraft rechtschaffen sein zu wollen. Die Gebote waren ein Spiegel, der euch zeigen sollte, wie schmutzig euer Gesicht wird, wenn ihr ein unabhängiges Leben führt ... Könnt ihr euer Gesicht mit demselben Spiegel säubern, der euch zeigt, wie schmutzig ihr seid? Regeln und Gebote kennen kein Erbarmen und keine Gnade, sie verzeihen keine Fehler ... Jesus hat die Last des Gesetzes von euren Schultern genommen. Das Gesetz hat jetzt keine Macht mehr über euch. Jesus ist zugleich das Versprechen und die Erfüllung ... In Jesus unterliegst du keinem Gesetz ... Wer versucht den Gesetzen gemäß zu leben, erklärt damit gleichzeitig seine Unabhängigkeit von uns. Es ist ein Versuch, Macht und Kontrolle zu behalten.»*

Abschließend sollen anhand von drei Beispielen Herausforderungen aufgezeigt werden, die sich für die Bibelauslegung im Zusammenhang mit den Betrachtungen dieses Unterabschnittes stellen können.

Den ***Schöpfungsbericht*** in 1. Mo 1 versteht ein Teil der Christen wörtlich innerhalb des 3D-Denkrahmens, ein anderer Teil, darunter viele Christen, die fest an die Inspiration der Bibel glauben, im Sinne einer symbolhaften Beschreibung der Entstehung des Universums, die der Tatsache Rechnung trägt, dass eine Schöpfung aus dem Nichts nicht erschöpfend in unserem Denkrahmen wiedergegeben werden kann. Wir werden uns in Kapitel 5 näher mit dem biblischen Schöpfungsbericht beschäftigen.

Der Bericht in 1. Mo 9 von der ***Sintflut*** und der ***Arche*** wird teils historisch, teils als Metapher für Gottes Bewahrung in der Bedrohtheit verstanden. Erwähnenswert ist, dass in verschiedenen Kulturen Erinnerungen an eine große Flut existieren. Aus Babylonien ist ein Bericht erhalten, der dem biblischen gleicht. Der grundlegende Unterschied in moralischer und theologischer Hinsicht deutet darauf hin, dass der Verfasser von 1. Mo 9 seine Informationen nicht einfach dem babylonischen Bericht entnommen hat. Es gibt also durchaus ernsthafte Gründe, den biblischen Bericht zur Arche Noah historisch und nicht einfach metaphorisch zu deuten. Andererseits konnte keine der zahlreichen Ararat-Expeditionen ein belastbares Relikt der Arche bergen. Das Fehlen des materiellen Nachweises für ein reales Urbild der großen Flut oder der Existenz der Arche lässt die eigentliche theologische Wahrheit der Sintflut unberührt. Diese Wahrheit ist weder mit Spaten zu ergraben noch mit Computern simulierbar. Sie besteht in der Gewissheit, dass sich Gott zuletzt doch immer wieder seiner gestrauchelten Geschöpfe erbarmt, dass sie trotz aller kreatürlichen Bedrohtheit in seiner rettenden Hand geborgen sind und auf eine zweite Chance hoffen dürfen. Das ist die tröstliche Botschaft des Regenbogens, der nach dem Strafgericht den neuen Himmel überspannt.

Über den Bericht von der ***Auferweckung des Lazarus*** (Joh 11) urteilt der deutsche Theologe *Hermann Strathmann* (1888–1966), dass es sich hierbei gar nicht um eine buchstäblich zu nehmende geschichtliche Begebenheit handelt, sondern um eine symbolische Erzählung, die den Glauben an die Lebensmacht des Christus predigt, der auch dort noch helfen kann, wo alles hoffnungslos gestorben ist. Diese Deutung lässt sich allerdings nicht mit dem Bericht vom späteren Auftreten des Lazarus (Joh 12.2) in Einklang bringen.

Keine Methode der Bibelauslegung kann dem Reichtum der biblischen Texte ganz gerecht werden und für sich den Anspruch erheben, die endgültig-gültige Bibelinterpretation anbieten zu können. Der für den christlichen Glauben und die Interpretation der Bibel zulässige Denkrahmen wurde im Verlaufe der Geschichte immer wieder verändert und als Folge wurden neue Methoden und Zugänge vorgeschlagen, um Aspekte der biblischen Texte tiefer zu erfassen. Ich gehe nun näher auf jene zwei Methoden ein, die in den folgenden Kapiteln wiederholt eine Rolle spielen werden: den Fundamentalismus und die historisch-kritische Methode.

3.4.2 Der Fundamentalismus

Der ***Fundamentalismus*** geht davon aus, dass die Bibel *verbalinspiriert*, *irrtums-* und *widerspruchsfrei* ist, und zwar auch in Bezug auf ihre *geschichtlichen* und *naturwissenschaftlichen* Aussagen. Für ihn sind die biblischen Texte, die nicht eindeutig poetisch sind, historische Berichte über Ereignisse, die genau so geschehen sind, wie sie in der Bibel stehen. Hierbei wird ein Denkrahmen zugrunde gelegt, der auf dem aktuellen naturwissenschaftlichen Kenntnisstand beruht und gesellschaftliche und kulturelle Gegebenheiten der jeweiligen Zeitepoche weitgehend außer Acht lässt. Der Fundamentalismus geht auch von der Voraussetzung aus, dass Gott uns Menschen seine Realität, insbesondere auch die Erschaffung der Welt, in unserem 3D-Denkrahmen und in unserer Sprache zugänglich machen kann. Dazu wird nötigenfalls versucht, biblische Ungereimtheiten durch komplizierte Konstrukte aufzulösen oder zurechtzubiegen. Jede Deutung der Bibel, die das dem Fundamentalismus zugrunde liegende Paradigma nicht respektiert, wird als nicht bibeltreu zurückgewiesen und im Extremfall mit dem Argument kurzgeschlossen, dass für Gott dank seiner Allmacht alles möglich ist, dass Gottes Gedanken höher sind als unsere Gedanken und wir Menschen Gottes Wirken nicht immer begreifen können. Offensichtlich kann mit diesem Argument alles verteidigt werden, was man verteidigen möchte.

Für den Fundamentalismus ist die Bibel *vollkommen*, ein Buch, das kaum Fragen offenlässt. Als Beispiel sei die Begründung des Christlichen Gemeinde-Dienstes (CGD) für seinen Austritt aus der Deutschen Evangelischen Allianz (DEA) zitiert: *«Wir glauben an die göttliche Inspiration und Autorität, Unfehlbarkeit und lrrtumslosigkeit der gesamten Heiligen Schrift in allen Fragen des Glaubens und Lebens sowie in allen Bereichen, die Geschichte, Natur und Geographie betreffen. Jede Form von Bibelkritik, auch sogenannte ‹gemäßigte› Bibelkritik, lehnen wir ab.»*

Zimmer [87] kritisiert an der fundamentalistischen Theologie, dass sie keinen Unterschied macht zwischen dem Rang Gottes und Jesu Christi und dem Rang der Bibel. Er hält fest, dass *«die Bibel die einzige theologisch qualifizierte Quelle für das christliche Gottesverständnis ist»*, betont aber, *«dass man zwischen dieser Quelle und dem, der diese Quelle bezeugt, kategorial unterscheiden muss»*. Er unterscheidet im geistlichen Bereich drei Autoritätsebenen: zuoberst die Ebene Gottes, ihr untergeordnet die Ebene der Heiligen Schrift und dieser untergeordnet die Ebene der Kirche. Nach *Zimmer* werden beim fundamentalen Bibelverständnis Gott und die Heilige Schrift auf die gleiche Autoritätsebene gestellt.

M. E. geht es jedoch hier grundsätzlich nicht um eine Frage des Ranges, sondern um eine Frage des Deutungsparadigmas, nämlich um die Frage, wie die Inhalte der Bibel zu deuten sind, die durch Gottes Geist inspiriert sind und dem Menschen innerhalb seines Denkrahmens und in seiner Sprache übermittelt werden. Der Fundamentalismus anerkennt durchaus, dass die Bibel Gott nicht erschöpfend wiedergibt, dass sie nur eine Teiloffenbarung des in der KBB beschriebenen Gottes enthält und selbst Teil einer Schöpfung dieses Gottes ist, dass sie lediglich die Informationsquelle ist, um zu Erkenntnis über Gott und die Schöpfung zu kommen. Er gesteht diesem Gott Eigenschaften zu, die über die biblischen Inhalte hinausgehen und nicht mit ihnen im Widerspruch stehen. Gott bleibt auch für den Fundamentalismus der verborgene Gott, wie er u. a. in den im vorigen Abschnitt zitierten Versen Röm 11.33–36 beschrieben ist.

Die mit dem fundamentalen Bibelverständnis verbundene Problematik wird insbesondere in Kapitel 5 im Zusammenhang mit dem Thema Schöpfung und Evolution von Bedeutung sein.

3.4.3 Die historisch-kritische Methode

Die ***historisch-kritische Methode*** ist heutzutage in der evangelischen und in der katholischen Kirche weitgehend als grundlegende Methode der Bibelauslegung anerkannt. Sie wurde im 18. und 19. Jahrhundert von evangelischen Theologen in Deutschland entwickelt. Sie ist bestrebt, den biblischen Text in seinem historischen Kontext zu verstehen und auszulegen. Sie will den geschichtlichen Hintergrund eines Textes und seine Bedeutung unabhängig von späteren Auslegungen erfassen und die Absicht des damaligen Schreibers erkennen. Es geht also nicht um Kritik im Sinne einer Bewertung der Texte.

Wie jede Methode zur Bibelauslegung geht auch die historisch-kritische Methode von einem bestimmten Denkrahmen aus. Das von ihr benutzte historisch-kritische Instrumentarium benutzt ein heute weitgehend überholtes Weltbild. Man hat ihr auch Historismus vorgeworfen und darauf hingewiesen, dass wer die Wahrheit nur historisch sucht, nicht zwingend zum Verstehen gelangt.

So schreibt der frühere anglikanische Bischof und jetzige Professor für das NT an der Universität von St. Andrews in Schottland *Nicholas Thomas Wright* (* 1947) [82]: *«Ich habe zunehmend den Verdacht, dass ein Gutteil der ‹Methoden›, die innerhalb der professionellen Bibelwissenschaft in den letzten 200 Jahren entwickelt wurden, selbst Produkt einer Weltanschauung sind, die nicht wirklich offen dafür ist, den echten Jesus zu entdecken. Die Weltanschauung des nachaufklärerischen Europa und Amerika war oft genug entschlossen, in Jesus einen religiösen Lehrer und Anführer zu sehen, der eine persönliche Spiritualität und Ethik und eine himmlische Hoffnung vertrat. Es gab keinerlei Intention, ihn als jemanden* *zu betrachten, der behauptet hat, er habe die Macht in der Welt; man kann sogar sagen, dass die ‹Methoden› der angeblichen historischen Forschung entwickelt wurden, ob nun zufällig oder absichtlich, um diese Möglichkeit ein für alle Mal auszuschließen.»*

Die historisch-kritische Jesus-Forschung durchlief bei ihrem Versuch, die Frage nach dem historischen Jesus zu beantworten, verschiedene Phasen. In der ersten von 1750–1900 dauernden und als ***Old Quest*** bezeichneten Phase war historisch nur akzeptiert, was von den Naturwissenschaften her möglich und erklärbar war. Damit wurde auch der eschatologische Inhalt der Botschaft von Jesus abgelehnt. So waren z. B. für den Gymnasiallehrer *Reimarus* Jesus ein am Kreuz der Römer gescheiterter Messias-Anwärter, das leere Grab die Folge eines Leichendiebstahls und die Auferstehung eine Erfindung der Jünger. Diese Phase endete mit dem Ersten Weltkrieg, da dieser den Fortschrittsglauben des 19. Jahrhunderts – eine Prämisse der Jesus-Forschung des Old Quest – erschütterte und den auf den Aussagen von Jesus beruhenden Endzeiterwartungen Auftrieb verlieh.

Die nächste als ***New Quest*** bezeichnete Phase wurde wesentlich von *Bultmann* und seinem Programm der Entmythologisierung mitbestimmt. Er lehnte die mythologischen Dogmen, die nicht ins klassische Weltbild passen, ab und versuchte, den davon unabhängigen Kern der christlichen Verkündigung herauszuarbeiten. Dazu entwickelte er das Verfahren der existenzialen Interpretation, bei dem die neutestamentlichen Aussagen in ihrem Bezug zur Existenz des Menschen interpretiert werden. Danach ist für den Glauben nicht der historische Jesus, sondern sein Gekommensein für den Menschen wichtig. Dazu bemerkte *Martin Brüske* (* 1964) [8]: *«Das größte Problem in der Theologie Bultmanns liegt nicht primär im Nicht-Wissen über den historischen Jesus. Diese Enthaltsamkeit ist aus dem Zeitkontext sehr gut verständlich. Vielmehr liegt es im mitgeschleppten Weltbild des 19. Jahrhunderts, das bei Bultmann letztlich zum Verlust von Kosmos, Geschichte und Sakrament führt. Es bleibt am Ende nur eine* *existenzialphilosophisch gewendete, fast ausdehnungslose, reine Innerlichkeit – ein radikaler Weltverlust.»*

In einer dritten als ***Third Quest*** (seit etwa 1980) bezeichneten Phase wurde ein synchrones Verständnis der Texte angestrebt. Jesu Auftreten wurde aus historischer Perspektive erklärt. Dazu wurden neben historischen Literaturanalysen außerbiblische Erkenntnisse aus der Kulturgeschichte, der Archäologie etc. sowie die Wirkungsgeschichte biblischer Texte miteinbezogen. Diese ist bemüht, *«möglichst alle Wirkungen einzubeziehen, die von einem Text oder einem biblischen Buch ausgegangen sind und die sehr mannigfaltig sein können. Sie betreffen nicht nur Exegese und Theologie, sondern auch gemeindliche und kirchliche Praxis, Liturgie, Kirchengeschichte und -politik, Literatur und Kunst»* [27].

Die historisch-kritische Methode stellt sich grundsätzlich die Frage, ob ein biblischer Bericht – wie z. B. der Schöpfungsbericht oder das Hiob-Buch – ein ***historisches Ereignis*** beschreibt oder ob es sich um einen ***Mythos*** handelt. Dabei ist ein Mythos zu unterscheiden von einem Märchen, einer Sage oder einer Legende. Der Mythos beschreibt Wesentliches in einem plausiblen, anschaulichen Kontext, er bringt existenzielle Fragen (bez. Leben, Schöpfung, Tod, Liebe, Mann und Frau, Mensch und Gott) auf den Punkt und versucht Antworten zu finden. Wenn ein biblischer Bericht als nicht historisch, sondern als Mythos erachtet wird, so heißt das nicht, dass er vom Autor frei erfunden worden ist. Ein Autor kann eine tiefe Gotteserfahrung unter Leitung des Heiligen Geistes in eine Erzählung kleiden, die eine Offenbarung über Gott, sein Wesen und sein Wirken oder einen Auftrag für die Menschen vermittelt. Diese Offenbarung oder dieser Auftrag kann eine tiefe geistliche Wahrheit in symbolischer Form enthalten. In einem gewissen Sinn ist der Mythos wahrheitsfähiger als ein historischer Bericht, da er nicht mit kontingenten Zufälligkeiten behaftet ist; er erzählt etwas Notwendiges und etwas von bleibender Aktualität, Geschichte hingegen etwas Zufälliges, er weist auf Grundprobleme und -spannungen in unserem Leben hin, die sich oft nicht innerhalb unseres menschlichen 3D-Denkrahmens beschreiben und lösen lassen, und liefert Lösungsansätze innerhalb des göttlichen 4D-Denkrahmens.

Als Beispiel gehe ich hier auf die Frage näher ein, ob die Gestalt ***Hiob*** historisch ist oder nicht. Mit der entsprechenden Frage in Bezug auf Adam und Eva werden wir uns in Kapitel 5 befassen.

Aufgrund der vagen Beschreibungen und des poetischen Charakters wird das Buch Hiob von der modernen Bibelwissenschaft literarisch – im Sinne eines Mythos – und nicht historisch verstanden. *Zimmer* [89] weist darauf hin, dass die fehlende zeitliche Einordnung, die auftretenden Zahlen und die pausenlose Abfolge der Unglücksereignisse eine literarische Bedeutung des Buches nahelegen, und dass hier ein von Gott inspirierter Autor mit einer eigenen tiefen Leid- und Gotteserfahrung eine Botschaft übermittelt, die für viele Leidenden zu einer wertvollen Hilfe wird. Dies leuchtet ein, schließt aber in letzter Konsequenz nicht aus, dass ein historischer Bericht vorliegt, in dem die Ereignisse in geraffter Form geschildert werden. Letztlich scheint mir für die Lebenshilfe, die dem Leser durch das Buch zuteilwird, die zugrunde liegende Sicht nicht so entscheidend zu sein; in beiden Fällen ist es Gott, der in seiner Gnade auf den Menschen eingeht, seine Klagen ernst nimmt und sich auch gerade im Leid um ihn kümmert.

Der Denkrahmen spielt auch eine Rolle bei der Frage nach der ***Autorschaft*** eines biblischen Textes. So wird z. B. diese Frage für die Pastoralbriefe, d. h. für den 1. und 2. Timotheusbrief und den Titusbrief, je nach Vorverständnis unterschiedlich beantwortet. In den drei Briefen wird zwar Paulus als Autor angegeben, aber viele Neutestamentler nehmen an, dass sie nicht von Paulus selbst, sondern nach seinem Tod von einem seiner Schüler verfasst worden sind; andere sehen Paulus als gemeinsamen Verfasser. Die Analyse der Argumente zeigt, dass die beiden Gruppen entgegengesetzt argumentieren. Die erste Gruppe deutet paulinisch klingende Aussagen als bewusste Nachahmung späterer Autoren und verweist auf die Unterschiede gegenüber den früheren Paulusbriefen. Die zweite Gruppe legt Ähnlichkeiten mit diesen zugunsten der Autorschaft des Paulus und Unterschiede als gegen einen anderen Autor gerichtet aus, da dieser – um jeglichen falschen Verdacht abzuwenden – solche möglichst vermieden hätte.

Umstritten ist auch die Autorschaft der fünf Bücher Mose – bei den Juden unter dem Begriff *Thora* bekannt. Das erste Buch Mose nennt selbst keinen Autor.

Nach jüdischer und christlicher Tradition sind alle fünf Bücher von Mose verfasst – bis auf das Kapitel 5. Mose 34 mit der Beschreibung von Mose Tod und Begräbnis, das später von Josua als Anhang hinzugefügt wurde. Die im zweiten bis fünften Buch beschriebene Zeitepoche hat Mose als Augenzeuge erlebt. Der Inhalt des ersten Buches beruht auf direkten Offenbarungen Gottes (wie z. B. der Schöpfungsbericht) oder der Weitergabe durch Erzählungen früherer Generationen.

Die moderne Bibelwissenschaft geht von einer mehrstufigen Entstehungsgeschichte aus mit verschiedenen Quellen, Überarbeitungen und Redaktionen. Danach stammen die Texte spätestens aus der Zeit des Königtums in Israel (ab ca. 1000 v. Chr.), die Endredaktion wird auf frühestens 400 v. Chr. datiert. Manche christlichen Gruppen lehnen die historisch-kritische Methode ab und glauben an eine Verfasserschaft des Mose und datieren damit den Text auf wesentlich früher.

3.4.4 Zur Definition biblischer Grundbegriffe

Es ist bezeichnend, dass die Bibel nicht versucht, zentrale Begriffe wie *Wahrheit*, *Liebe*, *Friede*, *Freude*, *Weisheit*, *Freiheit*, *Gnade*, *Gerechtigkeit*, *Leben*, *Sinn des Lebens* durch philosophische und analytische Betrachtungen zu definieren und ihre «dynamische tiefste Wirklichkeit» zu erschließen, sondern dass sie diese Begriffe direkt an die Person von Jesus Christus koppelt. In ihm wird das Eigentliche und Wesentliche dieser Begriffe sichtbar, wirksam und lebendig, durch ihn und in ihm sind sie sozusagen definiert. Dies kommt eindrücklich in verschiedenen Versen des NT zum Ausdruck, so z. B. in den Selbstaussagen Jesu *«Ich bin der Weg, die Wahrheit, und das Leben»* (Joh 14.6a NGÜ), *«Ich bin das Brot des Lebens»* (Joh 6.35a NGÜ) und *«Nur wenn euch der Sohn frei macht, so seid ihr wirklich frei»* (Joh 8.36 NGÜ), dann aber auch in den Versen *«Ja, Christus selbst ist unser Friede»* (Eph 2.14a NGÜ), *«In ihm sind alle Schätze der Weisheit und der Erkenntnis verborgen»* (Kol 2.3 NGÜ), *«... Gott hat in Christus seine Weisheit sichtbar werden lassen ... Denn Christus ist unsere Gerechtigkeit, ...»* (1. Kor 1.30 NGÜ).

Die Koppelung dieser Begriffe an Jesus hat zur Folge, dass sie nicht durch Befolgen einer Lehre und Einhalten bestimmter Regeln im täglichen Leben umgesetzt werden, sondern durch eine enge Verbindung mit ihm und eine enge Beziehung zu ihm. Menschen finden Frieden und Freude, Sinn und Erfüllung für ihr Leben allein über ihre Beziehung zu Jesus Christus, da, wo er in ihnen regiert, d. h. da, wo sie die Herrschaft über ihr Leben ihm übergeben haben. Friede und Freude haben damit ihren Anfang im Herzen der Menschen und wirken sich dann in der Familie, in der Nachbarschaft, am Arbeitsplatz aus.

Durch die direkte Koppelung dieser Begriffe an Jesus vermeidet die Bibel Zirkelschlüsse, die oft bei vermeintlichen «Definitionen» auftreten. So lässt sich etwa der Begriff *Wahrheit* sinnvoll nur definieren, wenn bereits eine Werteskala bekannt ist, die durch eine «umfassendere», absolute Wahrheit bestimmt ist, d. h. man müsste die Wahrheit im Grunde schon kennen, bevor man sie definieren kann. In ähnlicher Weise setzt die Definition des Begriffes *Sinn des Lebens* eine umfassende Kenntnis aller Faktoren voraus, die das Leben eines Menschen in der Vergangenheit, Gegenwart und Zukunft beeinflussen; eine solche Kenntnis kann nicht vom Menschen selbst, sondern allein von einer übergeordneten Quelle kommen.

3.5 Grenzüberschreitungen der Theologie in Bezug auf die Naturwissenschaft

In der Bibel geht es um Gottes ***heilsgeschichtliche*** Absicht mit dem Menschen. Sie ist primär ein Buch des Glaubens und Lebens. Sie enthält aber auch Inhalte mit ***naturwissenschaftlichem*** Bezug. Diese lassen sich angesichts der hohen Komplexität unserer Welt nicht immer in unserem 3D-Denkrahmen und Weltbild in einer für den Menschen verständlichen Weise wiedergeben. Zudem werden sie uns in der Bibel von einem Autor in seinem Denkrahmen und Weltbild und in einer für seine Zeit verständlichen Sprache vermittelt und entsprechen oft nicht mehr den Erkenntnissen der modernen Naturwissenschaft. Dies schmälert in keiner Weise die Aussagekraft und Bedeutung der Bibel hinsichtlich ihrer eigentlichen Intention in Bezug auf solche Inhalte. Die Grundbotschaft der Bibel, das, was Gott den Menschen mit der Bibel weitergeben will, ist zeitlos und unabhängig von dem jeweiligen Weltbild und den jeweiligen naturwissenschaftlichen Erkenntnissen.

Die Theologie überschreitet ihre Grenzen, wenn sie die Bibel in den Rang eines naturwissenschaftlichen Lehrbuches erhebt, indem sie naturwissenschaftliche Aussagen der Bibel verabsolutiert und über moderne Erkenntnisse stellt oder durch gesuchte Konstruktionen eine «künstliche» Synthese herzustellen versucht. Sie verkennt dadurch die eigentliche Intention der Bibel und sie sendet ein falsches Signal: Gegenüber der Bibel skeptisch eingestellte Menschen werden naturwissenschaftliche Aussagen der Bibel als falsch und als bedeutungslos für den Menschen erachten und als Folge die Bibel als Ganzes ablehnen.

Durch ein solches Überschreiten ihrer Grenzen verkennt die Theologie auch den Urauftrag Gottes an den Menschen: *«Machet euch die Erde untertan.»* (in 1. Mo 1.28 LU). Dieser Auftrag macht deutlich, dass der Mensch dazu aufgerufen ist, Gottes Schöpfung zu erforschen, und dass es nicht Gottes Absicht ist, dem Menschen durch die Bibel naturwissenschaftliche Erkenntnisse zu liefern, die sich dieser mittels der ihm von Gott verliehenen geistigen Fähigkeiten im Verlaufe der Zeit selbst aneignen kann. So will auch der ***biblische Schöpfungsbericht*** dem Menschen nicht in erster Linie naturwissenschaftliche Erkenntnisse über den Schöpfungsvorgang vermitteln, sondern ihm bewusst machen, dass Gott der Schöpfer des Universums und insbesondere des Menschen ist, und ihn dadurch dazu bewegen, sich an den Schöpfungswerken zu freuen und dem Schöpfer gegenüber eine Haltung der Dankbarkeit, Ehrerbietung und Anbetung einzunehmen.

Im Verlaufe der Geschichte ist es leider immer wieder zu ***Grenzüberschreitungen in naturwissenschaftlichen Bereichen durch Kirchen und Vertreter des christlichen Glaubens*** gekommen. Einige Beispiele werden im Folgenden aufgeführt. Auf Grenzüberschreitungen der Theologie im Zusammenhang mit dem biblischen Schöpfungsbericht und modernen Weltentstehungstheorien werde ich in Kapitel 5 näher eingehen.

Die bereits in 2.1.2 erwähnte Scholastik strebte eine Synthese von Glauben und Vernunft an und versuchte, Glaubenswahrheiten und damit auch biblische naturwissenschaftliche Aussagen rational zu begründen.

Ein eindrückliches Beispiel liefert der im 17. Jahrhundert von der katholischen Kirche angestrengte Prozess gegen den Gelehrten und Astronomen *Galileo Galilei* (1564–1641). Unter Androhung der Todesstrafe wurde er gezwungen, dem heliozentrischen Weltbild des Astronomen *Nikolaus Kopernikus* (1473–1543) abzuschwören und das von der Kirche vertretene geozentrische Weltbild anzuerkennen. *Galilei* war aufgrund von Beobachtungen zu dem Schluss gekommen, dass die Sonne im Zentrum unseres Planetensystems steht und sich die Erde um sie dreht. Er hatte treffend gesagt: «*Die Absicht der Heiligen Schrift ist es, uns zu lehren, wie man zum Himmel geht und nicht, wie der Himmel geht.*» Er wurde erst im Jahre 1992 von der römisch-katholischen Kirche formal rehabilitiert.

Verschiedene christliche Autoren versuchen durch gesuchte Interpretationen von Bibelversen zu belegen, dass die Bibel Erkenntnisse der modernen Naturwissenschaften vorweggenommen habe.

Zahlreiche entsprechende Beispiele liefern *Jean Sloat Morton* [59] und *Roger Liebi* [50]. *Liebi* erwähnt 30 Entdeckungen oder Erkenntnisse in den Naturwissenschaften, *«die man in der Bibel schon längst, vor Jahrtausenden, nachlesen konnte»*. Seine Argumentationen halten jedoch in jenen Fällen, die nicht die Bereiche Gesundheit, Essen und Hygiene betreffen, einer sachlichen und wissenschaftlichen Prüfung nicht stand.

Morton und *Liebi* versuchen – wie übrigens auch *Gitt* in [26] – anhand verschiedener Bibelverse (u. a. Spr 8.27, Hiob 26.7+10, Jes 40.22, Mt 24.27) nachzuweisen, dass die Bibel schon früher auf die Kugelgestalt der Erde hingewiesen habe. Dazu übersetzen sie das hebräische Wort *«chug»* in Jes 40.22 mit *«Kugel»*. Die eigentliche Bedeutung von «chug» ist jedoch *«Kreis»*, *«Zirkel»* und diese wird auch in den meisten deutschen Bibelübersetzungen zugrunde gelegt. Diese Bedeutung passt auch gut zur weiteren Aussage des Verses (LU): *«... er spannt den Himmel aus wie einen Schleier und breitet ihn aus wie ein Zelt, in dem man wohnt ...»* Die Bibel geht in diesem Vers von der Vorstellung aus, die die Menschen der damaligen Zeit von der Gestalt der Erde hatten.

Liebi sieht in den Versen *«Wo ist der Weg zur Wohnung des Lichts?»* (Hiob 38.19a NeÜ) und *«Wo ist der Weg, auf dem das Licht sich teilt?»* (Hiob 38.24a NeÜ) eine Bestätigung für die Endlichkeit der Lichtgeschwindigkeit. Diese beiden Fragen weisen jedoch kaum auf die Existenz eines Weges hin, den das Licht mit endlicher Geschwindigkeit durchläuft.

Im Vers 2. Pe 3.10 heißt es, dass *«die Elemente vor Hitze schmelzen»* (LU) oder *«die Gestirne im Feuer verglühen»* (NGÜ) werden. Verglühen und schmelzen sind chemische Reaktionen, die nichts mit Kernspaltung und Kernfusion zu tun haben. Daher lässt sich die Feststellung *Liebis*, dass hier bereits die Kernspaltung und die Kernfusion erwähnt sind, die 1938 durch den Chemiker *Otto Hahn* (1879–1968) bzw. 1917 durch den Physiker *Ernest Rutherford* (1871–1937) entdeckt wurden, nicht rechtfertigen.

Im Abschnitt 3.2.6 wurde bereits auf die fragwürdige Interpretation von *Gitt* [23] des Verses Obadja 1.4 in Bezug auf die Raumfahrt unserer Zeit hingewiesen.

Der Vers 1. Mo 10.25, in dem von einer *«Teilung der Erde»* die Rede ist, wird oft als Hinweis auf die Kontinentalverschiebung gedeutet (siehe z. B. [50]). Diese hätte damit nicht vor Millionen von Jahren stattgefunden, sondern nach der Sintflut, die von christlichen Geschichtsschreibern aufgrund der alttestamentlichen Angaben meist zwischen ca. 2600 v. Chr. und 2300 v. Chr. datiert wird. In der NeÜ findet sich zu diesem Vers die Anmerkung: *«Das könnte man im Sinn einer Aufteilung der Erdoberfläche unter die Völker und Sippen verstehen, wie sie in 1. Mose 11 berichtet ist. Manche haben hier einen Hinweis auf den Beginn der Kontinentalverschiebung gesehen, was aber so lange nach der Flut (5. Generation) auch geologisch problematisch ist.»*

Eine fragwürdige Synthese von biblischen Aussagen mit dem aktuellen naturwissenschaftlichen Weltbild findet sich im Buch *«Die Physik des Himmels»* [21] mit dem Versuch, das geheimnisvolle Wesen Gottes, sein Wirken, Reden und Handeln, die Art und Weise, wie das Geistliche und Unsichtbare im Sichtbaren realisiert wird, im Rahmen der modernen Physik, speziell der Quantentheorie, zu deuten. In einem der Vorworte heißt es, dass *«... in diesem großartigen Buch eine Gruppe von Sehern hinter den Vorhang der Schöpfung späht und so das geheimnisvolle Wesen unseres Schöpfers offenbart»* und dass das Buch *«das ausgräbt, was der Apostel Paulus vor fast 2000 Jahren festhielt: ‹Denn Gottes unsichtbares Wesen – das ist seine ewige Kraft und Gottheit – wird seit der Schöpfung der Welt ersehen aus seinen Werken, wenn man sie wahrnimmt, ...› (Röm 1.20).»*

Die enorme Komplexität und scheinbare Absurdität der Quantenmechanik hat sie zu einem Tummelplatz für Vertreter verschiedener Lehren und Glaubensrichtungen gemacht. Die Argumentationen in [21] beruhen weitgehend auf zweifelhaften

Hypothesen und nicht klar definierten Begriffen und enthalten damit nicht stichhaltige Schlussweisen. Dies führt oft zu spekulativen und unverständlichen Aussagen. Das Buch geht von der Voraussetzung aus, dass Phänomene der göttlichen Dimension durch Begriffe und Gesetzmäßigkeiten innerhalb des menschlichen 3D-Denkrahmens erfasst werden können.

So wird z. B. das Wort *«schwebte»* im Vers 1. Mo 1.2 (LU) *«... und der Geist Gottes schwebte über dem Wasser»* mit den physikalischen Begriffen *Schwingung* und *Welle* in Verbindung gebracht: *«Licht-, Klang- und elektromagnetische Wellen, die durch die ‹göttliche Schwingung› ausgelöst wurden, versetzten die Teilchenmaterie des Universums in die Lage, eine spezifische physische Form anzunehmen.»* Weiter steht: *«Anscheinend ist es nicht nur so, dass sich im Zentrum der Schöpfung die Schwingung befindet, sondern dass derselbe schwingende Faden genau das sein könnte, was das Universum zusammenhält»* – eine Anleihe aus der heute keineswegs gesicherten Stringtheorie. Dies wird als eine physikalische Deutung des Verses Heb 1.3 (NGÜ) *«... Durch die Kraft seines Wortes trägt er (der Sohn) das ganze Universum ...»* dargestellt. Weiter: *«Ich glaube, dass der Faden oder die Schwingung im Zentrum aller Materie des Universums tatsächlich die Klangwelle des Wortes ist, das Gott über jedem geschaffenen Wesen bei seinem Eintritt in die Existenz ausgesprochen hat. Seine Stimme, die göttliche Schwingung, ist der Klebstoff, der die ganze Schöpfung zusammenhält»* – gemäß dem Vers Kol 1.17 (NL) *«Er war da, noch bevor alles andere begann, und er hält die ganze Schöpfung zusammen»*. Diese Aussagen sind wenig aussagekräftig; es ist nicht klar, was die Begriffe *«göttliche Schwingung»*, *«Zentrum der Schöpfung»*, *«die Schwingung im Zentrum aller Materie»* überhaupt bedeuten.

Um eine Synthese zwischen biblischen Inhalten und wissenschaftlichen Erkenntnissen herzustellen, wird oft versucht, Aussagen der Bibel mittels archäologischer Befunde zu «beweisen». So tauchen z. B. seit Jahrzehnten immer wieder Berichte mit angeblichen Hinweisen für die Existenz der *Arche Noah* (1. Mo 6–8) in der Berglandschaft des biblischen Berges Ararat im

Osten der Türkei auf. Der Hobbyarchäologe *Ron Wyatt* (1933–1999) wollte dort Ankersteine, Schiffsplanken und andere Gegenstände der Arche gefunden haben. Doch bisher fehlen wissenschaftlich unumstrittene Beweise, sodass als Fazit bleibt: *«Wir wissen es nicht!»* [94]

4. Der Gottesbegriff

4.1 Zur Problematik der Definition von Gott

Aussagen über Gott sind häufig nicht sehr aussagekräftig, weil unklar ist, was unter dem Begriff Gott verstanden wird. Bei unzureichender Definition von Gott sind Existenz- und Nichtexistenzaussagen über Gott wenig beweiskräftig. Allgemein wird mit dem Begriff Gott die Vorstellung verbunden, ***dass «Gott über allem – außer sich selbst – steht»***, diese dann aber in den Überlegungen nicht in voller Konsequenz einbezogen. Diese Vorstellung hat zur Folge, dass Gott sich uns Menschen letztlich nur durch Selbstoffenbarung – durch sein Reden, Wirken und Handeln – zu erkennen geben kann. Wenn nämlich Gott «über allem außer sich selbst steht», dann steht er auch über dem Geist, der Vernunft und dem Denken des Menschen und er kann damit nicht durch ein vom Menschen geschaffenes Gottesbild erfasst werden.

Jedes solche Gottesbild setzt die Existenz des Menschen mit seinem Geist, seiner Vernunft, seiner Denkfähigkeit und seiner Fähigkeit, alles Seiende beurteilen und einordnen zu können – und damit auch der Fähigkeit, sich ein Bild von Gott machen zu können – voraus. Dabei bleibt die Herkunft dieses Menschen ungeklärt. Bei einem Gott, der «über allem außer sich selbst steht», muss jedoch der Mensch mit seiner ganzen körperlichen und geistigen Ausstattung ein Schöpfungsprodukt dieses Gottes sein. Folglich stammt das Bild, das sich der Mensch von diesem Gott macht, letztlich von diesem selbst und ist daher in letzter Konsequenz eine ***Selbstoffenbarung Gottes***! Die hier angewandte Schlussweise ist im Grunde vorgezeichnet im *Gleichnis vom Ton und dem Töpfer* (Röm 9.20–21).

Das biblische Gebot *«Du darfst dir kein Götterbild machen!»* (2. Mo 20.4a NeÜ) warnt den Menschen vor dem Versuch, Gott in seinen Denkrahmen einzufangen und ihn innerhalb desselben umfassend zu erklären. Gott bleibt ein Geheimnis, unfassbar und unverfügbar für den Menschen.

Der Mensch geht jedoch im Allgemeinen von der Vorstellung aus, dass er selbst fähig ist, sich ein ***Bild von Gott*** zu machen. Sie hat ihre Wurzeln in der griechischen Philosophie und sie ist eine direkte Folge des Homo-Mensura-Satzes (siehe 2.1.1). Gemäß diesem Satz steht der Mensch mit seiner Vernunft im Zentrum; er bestimmt sein Gottesbild, er bestimmt, wie dieser Gott in der Welt wirkt, ob er ihr Schöpfer ist, ob er sie auch erhält und lenkend in sie eingreift; er bestimmt, ob er diesem Gott gegenüber verantwortlich ist und was Gott vom Menschen erwarten darf; er legt die Bedingungen für seine Rechtfertigung vor diesem Gott fest. Meist kreiert er sich einen Gott, der möglichst über ihn erhaben ist, in möglichst großer Distanz, weit weg, einen Gott, der oft für ihn eine Bedrohung darstellt und vor dem er in Angst lebt und den er durch vielfältige Eigenleistungen in Form von Opfern wohl zu stimmen versucht.

Für den Philosophen *Ludwig Feuerbach* (1804–1872) [18] ist Gott ein Produkt der Fantasie des Menschen, ein von der Fantasie des Menschen geschaffenes Spiegelbild menschlicher Wünsche und Hoffnungen, ein idealisiertes Ebenbild dessen, was der Mensch selbst sein möchte: *«Das Bewusstsein Gottes ist das Selbstbewusstsein des Menschen, die Erkenntnis Gottes die Selbsterkenntnis des Menschen.»* Zur Argumentation *Feuerbachs* bemerkte der Logiker *Eduard von Hartmann* (1842–1906), dass, wenn die Götter Wunschwesen sind, dann daraus gar nichts folgt für ihre Existenz oder Nichtexistenz!

Die Projektionstheorie *Feuerbachs* ist auch die Grundlage für die Religionskritik des Philosophen *Karl Marx* (1818–1883) und des Psychologen *Sigmund Freud* (1856–1939). Für *Marx* ist

Religion *«das Opium des Volkes»,* weil sie es dem Menschen verunmöglicht, seine Situation zu erkennen und etwas dagegen zu tun und durch sie ungerechte soziale Bedingungen produziert und stabilisiert werden. Diese Sicht widerspricht allerdings dem sozialen Engagement der Christen im Verlaufe der Jahrhunderte und der Tatsache, dass Menschenrechte wie Freiheit, Gleichheit und Solidarität christliche Wurzeln haben.

Im nächsten Abschnitt 4.2 werde ich die Argumente *Feuerbachs* für den Gott der Bibel entkräften, indem ich aufzeige, dass dieser Gott in keiner Weise einfach der Projektion der Wünsche und Sehnsüchte der menschlichen Natur auf eine illusionäre transzendente Ebene entspricht, sondern dass er sich im Gegenteil als ein Gott offenbart, der die Menschen immer wieder auf überraschende Weise herausfordert.

Die von der Vernunft selbst gewonnene Einsicht, dass ihre Erkenntnisfähigkeit Gott nicht zu erfassen vermag, findet sich im Wesentlichen schon beim römischen Philosophen *Plotin* († 270 n. Chr.). Nach ihm ist der Ureine, Göttliche, als Grund und Ursache alles Seienden jenseits allen Seins und Denkens. Der spätantike Kirchenvater *Augustinus* (354–430) hat diese Einsicht im Ausdruck *«docta ignorantia»* festgehalten und *N. von Kues* ihre radikalen Konsequenzen für die Theologie in seiner Schrift *«De docta ignorantia»* aufgezeigt. Sie wird auch in eindrücklicher Weise durch *Lewis* [46] zum Ausdruck gebracht: *«Gott ist der Quell, aus dem unser Verstand und Denkvermögen kommen. Wir können nicht im Recht und er im Unrecht sein, so wenig wie ein Strom höher steigen kann als seine Quelle. Wenn wir gegen ihn argumentieren, so argumentieren wir gegen die Kraft, der wir die Fähigkeit zum Argumentieren verdanken: Wir sägen den Ast ab, auf dem wir sitzen.»*

Diese Einsicht ist der Inhalt der sogenannten ***dialektischen Theologie***. Hauptvertreter waren namhafte Theologen wie *Karl Barth, Friedrich Gogarten, Emil Brunner, Rudolf Bultmann, Eduard Thurneysen, Georg Merz*. Sie verneint, dass der Mensch Gott erkennen und sich ihm ohne vorausgehende Offenbarung nähern kann. Diese Relativierung der Möglichkeit zur menschlichen

Gotteserkenntnis widerspricht dem theologischen Rationalismus, wie er vor allem der liberalen Theologie zugrunde liegt.

Karl Barth (1886–1968) wollte das Gottesbild von dem von Gott in die Welt gesandten Wort her entwerfen und warf Bultmann vor, die Glaubenslehre vom Menschen her zu entwerfen. Für *Bultmann* gab es nur eine Wirklichkeit, nämlich diejenige, die uns umgibt und in der wir leben; sie bestimmt das menschliche Verständnis und Vorverständnis. *Barth* sah darin eine Anpassung Gottes an den Menschen.

Der christliche Glauben anerkennt, dass Gott der ***Schöpfer der Welt*** ist und dass er den Menschen als sein Ebenbild geschaffen hat. Dies hat zur Folge, dass die Schöpfungswerke und insbesondere der Mensch eine Teiloffenbarung Gottes, seiner Größe und seines Wesens darstellen. Dies bringen verschiedene Bibelstellen deutlich zum Ausdruck, z. B. der Psalm 8 oder die Aussage von Paulus (Röm 1.20 NGÜ): *«Seit der Erschaffung der Welt sind seine Werke ein sichtbarer Hinweis auf ihn, den unsichtbaren Gott, auf seine ewige Macht und sein göttliches Wesen.»*

Nach *Barth* braucht Gott für seine Offenbarung allein das durch ihn offenbarte Wort und nicht zusätzlich die Natur. In Abweichung von *Barth* vertrat der Theologe *Emil Brunner* (1889–1966) die Ansicht, dass der sündige Mensch sehr wohl in der Lage ist, Gott in der Natur zu erkennen.

Der Reformator *Johannes Calvin* (1509–1564) unterscheidet zwischen der Erkenntnis Gottes als Schöpfer und der Erkenntnis Gottes als Erlöser. Zur ersten gelangt er durch Beobachtung der Welt und Nachdenken über sie, die zweite wird ihm durch göttliche Offenbarung zuteil.

Die Offenbarungstheologie mit dem damit verbundenen absoluten Wahrheitsanspruch – und damit auch die sich auf Offenbarungszeugnisse der Bibel stützenden Glaubensartikel des Katholizismus – wurde mit der ***Aufklärung*** infrage gestellt. Diese gesteht dem Menschen durchaus eine natürliche, in seinen geistigen oder moralischen Anlagen begründete Religiosität zu, die mit der Vernunft und der Wissenschaft vereinbar ist, und lehnt die Existenz Gottes sowie eine religiöse Beziehung des Menschen zu Gott nicht grundsätzlich ab.

Die Vorstellung eines «über allem außer sich selbst stehenden Gottes» schließt die Existenz mehrerer so definierter Götter aus: Bei der Existenz zweier solcher Götter müsste nämlich z. B. der zweite Gott gemäß seiner Definition über dem ersten stehen, im Widerspruch zu dessen Definition. Der Begriff Gott macht folglich nur Sinn, wenn er mit diesem ***Ausschließlichkeitsanspruch*** einhergeht. Diese Vorstellung schließt aber auch Götter aus, die lediglich für Teilbereiche zuständig sind – wie etwa die Götter Apollon (Gott des Lichts), Poseidon (Gott des Meeres) oder Mars (Gott des Krieges). Damit kommen ausschließlich die ***monotheistischen Religionen*** in Betracht.

Die Bedingung der Existenz eines ***einzigen Gottes***, der sich durch Selbstoffenbarung den Menschen zu erkennen gibt, erfüllen die vier monotheistischen Religionen Judentum, Christentum, Islam und Bahaitum mit ihren jeweiligen Heiligen Schriften – der hebräischen und christlichen Bibel, dem Koran und den heiligen Schriften der Bahai. Die in 3.2 nachgewiesene Einzigartigkeit der Bibel zusammen mit weiteren in 4.2 und 6.3 aufgeführten Fakten begründen die Einzigartigkeit des jüdischen und christlichen Gottes und des christlichen Glaubens und damit auch meine Überzeugung, dass dieser Gott der einzig wahre Gott und die christliche Religion die einzig wahre, weltverändernde und zukunftsweisende Religion ist. Ich bin mir bewusst, dass diese Überzeugung damit nicht streng mathematisch begründet ist und letztlich auf einem Glaubensschritt beruht und lediglich durch zahlreiche Wahrscheinlichkeitsindizes erhärtet wird. Mehr kann aus Gründen der Logik auch nicht erwartet werden, da eine Religion mit einem den menschlichen Denkrahmen sprengenden Gottesbegriff nicht durch einen mathematischen Beweis innerhalb dieses Denkrahmens als wahr nachgewiesen werden kann.

Dem Argument, dass Juden, Christen, Moslems und Bahai alle doch an den ***gleichen Gott*** glauben und es nur verschiedene Perspektiven gibt, diesen einen Gott zu beschreiben, liegt eine diffuse Vorstellung des Begriffes Gott zugrunde. Der Begriff Gott macht kaum Sinn, wenn er grundlegende gegenläufige und einander widersprechende Eigenschaften enthält. So kann etwa ein Gott, der die Beziehung zum Menschen sucht, ihm mit Liebe begegnet und sich danach sehnt, dass der Mensch seine Liebe erwidert, der einen Sohn hat und ihn als Opfer zur Erlösung der Menschen hingibt, der die Grundsätze der Bergpredigt vertritt, nicht zugleich ein totalitärer Gott sein, der Kindsopfer und Götzendienst bejaht.

Der Gott des Judentums und des Christentums unterscheidet sich von Allah in Bezug auf zentrale Aspekte wie die Schöpfung, die Einflussnahme auf das Weltgeschehen und auf das Leben des Menschen, die Rechtfertigung, das Gericht, die Ewigkeitsperspektive. Für die Christen und die messianischen Juden, d. h. die Menschen jüdischer Herkunft, die an Jesus Christus als ihren Messias glauben, ist Jesus die tiefste Gottesoffenbarung und zudem der Sohn Gottes. Letzteres gilt für Muslime als Gotteslästerung. Ausdruck der Unvereinbarkeit des Christentums und des Islam ist die Bedrohung, der Christen häufig in Ländern ausgesetzt sind, in denen der Islam an der Macht ist.

Das Bahaitum lehrt, dass allen Religionen der gleiche Gott zugrunde liegt. Im Mittelpunkt steht der Glaube an einen transzendenten Gott und die mystische Einheit aller Religionen; die Religionsstifter schöpfen alle aus derselben göttlichen Quelle. Aus der Sicht der Bahai sind Unterschiede zwischen den Religionen primär historisch bedingt und Ausdruck unterschiedlicher Bedürfnisse und kultureller Prägungen.

Zahlreich sind die ***nicht auf Offenbarung beruhenden Gottesbilder***, die sich der Mensch konstruiert hat. Solche Gottesbilder unterliegen zwangsläufig dem Problembereich P123. Zwei Beispiele aus der jüngsten Vergangenheit sollen dies bestätigen.

Zunächst zitiere ich aus einem Interview den Physiker und ehemaligen Pfarrer *Hans-Rudolf Stadelmann* (* 1943) [70]: «*Am Anfang stand ein Wahrscheinlichkeitsfeld, also eine rein geistige Größe, die in der Evolution zunehmend komplexere geistig-materielle Strukturen hervorbringt, letztlich auch das Leben und den menschlichen Geist. Dieser eine universelle, sowohl transzendente wie immanente schöpferische Geist, Ursprung, Weg und Ziel der Evolution, der sich in seiner Schöpfung zunehmend manifestiert, ist für mich Gott.*» *Stadelmann* verwendet seinen Geist, um dessen Herkunft zu erklären. Hierin sehe ich einen Zirkelschluss. Bei seiner Gottesdefinition bedient er sich nicht näher definierter Begriffe wie «*Wahrscheinlichkeitsfeld*» und «*transzendenter wie immanenter schöpferischer Geist*». Weiter folgert er, dass das auf ihnen aufgebaute Gottesbild «*im Rahmen unserer heutigen Weltsicht plausibel ist, im Gegensatz zum traditionellen antik-mythologischen Gottesbild*». Argumentationen und Konstruktionen mit solchen Begriffen bringen jedoch kaum mehr Klärung als mythologische und auf Offenbarung beruhende Gottesbilder. Die Interviewer kommentieren: «*Stadelmann schlägt eine Brücke zwischen Naturwissenschaft und Religion. Für ein zeitgemäßes Gottesbild ist er bereit, traditionelle biblische Vorstellungen des Allmächtigen zu opfern.*» Bringt das Aufgeben eines Gottesbildes, das den menschlichen Denkrahmen und den Rahmen der Naturwissenschaft sprengt, zugunsten eines Gottesbildes, das auf unklaren Aussagen beruht, Religion und Naturwissenschaft einander in sinnvoller Weise näher?

In 1.3 wurde erwähnt, dass aus der Sicht des katholischen Theologen *Mahnig* Gott etwas Relatives ist und sich jeder Mensch sein eigenes Gottesbild macht. Ein solches Gottesbild entspricht offensichtlich nicht der Vorstellung eines Gottes, der «über allem außer sich selbst steht»; es ist ein Konstrukt des menschlichen Geistes und bestimmt durch die Bedürfnisse des Menschen. Als Folge ergeben sich Gottesbilder, die von verschiedenen personenbezogenen Faktoren geprägt sind – z. B. von Erfahrungen mit Bezugspersonen und der Kirche oder von der Erkenntnis über verschiedene Religionen. Man muss sich fragen, wie hilfreich eine Theologie für das alltägliche Leben ist, bei der jeder Mensch sich sein eigenes Gottesbild nach seinen Bedürfnissen zimmert. Weiter sieht *Mahnig* in einem *transzendenten* und *immanenten Gott* einen Widerspruch. Ohne nähere Definition der Begriffe *transzendent* und *immanent* ist allerdings eine solche Aussage ohne Aussagekraft. Nach meinem Verständnis dieser Begriffe ist z. B. der Gott der Bibel sowohl transzendent im Sinne von erhaben über und nicht fassbar für den Menschen als auch immanent – heißt es doch: *«Ich lebe, doch nun nicht ich, sondern Christus lebt in mir.»* (Gal 2.20a LU) oder *«Wisst ihr nicht, dass ihr Gottes Tempel seid und der Geist Gottes in euch wohnt?»* (1. Kor 3.16 LU)

4.2 Die Einzigartigkeit des biblischen Gottesbildes

Der Gott der Bibel ist der Gott sowohl des Christentums wie des Judentums. Das biblische Gottesbild unterscheidet sich so radikal von den Gottesbildern aller anderen Religionen und es entspricht so sehr nicht den Vorstellungen, Sehnsüchten und Wünschen des Menschen, wie Gott sein könnte oder sollte, dass die Erkenntnis naheliegt, dass es nicht ein Konstrukt von Menschen ist. Er ist ein ***Gott der Offenbarung***. Der Offenbarungsansatz bedeutet nicht, dass der Verstand des Menschen ausgeschaltet, sondern dass er richtig eingeordnet und Gott eine Dimension zugestanden wird, die den menschlichen Denkrahmen übersteigt.

Er ist der ***Schöpfer*** der Welt ex nihilo. Dies bringt der knappe Satz *«Am Anfang schuf Gott Himmel und Erde.»* (1. Mo 1.1 LU) am Anfang der Bibel zum Ausdruck und noch deutlicher der Name, mit dem sich Gott Mose in der Wüste vorstellt: *«Ich bin, der ich bin.»* oder *«Ich bin der, der ich sein werde.»* (2. Mo 3.14). Er stellt sich mit diesen Worten vor als der Gott, der keine Ursache und keinen Ursprung hat, als ein Gott, der auf nichts zurückgreifen kann, für den nichts da ist, aus dem er hervorgehen könnte. Dass er der ureigene Ursprung allen Seins ist, drücken auch die beiden folgenden Verse aus dem NT aus: *«Gott ist es, von dem alles kommt, durch den alles besteht und in dem alles sein Ziel hat. Ihm gebührt die Ehre für immer und ewig. Amen!»* (Röm 11.36 NGÜ) und *«Jesus Christus war vor allem anderen da und alles besteht durch ihn.»* (Kol 1.17 NGÜ)

In Abschnitt 5.5 wird die Einzigartigkeit des biblischen Schöpfungsberichtes innerhalb der verschiedenen Schöpfungsberichte thematisiert.

Der biblische Gott überlässt die Welt nach ihrer Erschaffung nicht einfach sich selbst, sondern er zeigt ein tiefes Interesse an ihr, er geht einen Weg mit den Menschen und er hat ein Ziel für sie. Er ist ein persönlicher Gott, der die Beziehung zum Menschen sucht, sich um ihn sorgt, ihm nahe ist in seiner Zerbrochenheit (vgl. z. B. Ps 34.19), ihm seine Hilfe und Unterstützung zusagt für alle Lebenssituationen (vgl. z. B. Ps 46.2). Dies kommt eindrücklich auch in den verschiedenen ***hebräischen Gottesnamen*** und in der Geschichte dieses Gottes mit dem Volk Israel zum Ausdruck.

So stellt er sich z. B. dem Volk Israel während dessen Gefangenschaft in Ägypten als der Gott vor, der mit Abraham, Isaak und Jakob einen Weg gegangen ist (2. Mo 3.15), nach der Befreiung aus der Sklaverei mit *«Ich bin der Herr, dein Gott, der dich aus dem Land Ägypten, aus der Knechtschaft, geführt hat.»* (2. Mo 20.2 LU) und später als der, der *«barmherzig und gnädig und geduldig und von großer Gnade und Treue»* (2. Mo 34.6 LU) ist.

Hebräische Gottesnamen wie *Jahwe-Rapha* (Jahwe der Arzt), *Jahwe-Jireh* (der Gott, der sieht) oder *Jahwe-Roi* (Gott der Hirt mit Fürsorge und Führung) drücken Zuwendung zum Menschen aus. Sie findet ihren tiefsten Ausdruck in Jesus Christus als dem Erlöser des Universums und der Menschheit (vgl. 2. Kor 8.9).

Jesus Christus stellt die vollkommenste Offenbarung des biblischen Gottes dar. Jesus sagt (Joh 14.9b LU): *«Wer mich sieht, der sieht den Vater. Wie sprichst du dann: Zeige uns den Vater?»* und im Kolosserbrief (Kol 2.9 LU) steht: *«In Christus wohnt die ganze Fülle von Gottes Wesen leibhaftig.»* Die Bibel bezeugt ihn als den Mensch gewordenen Gott (Joh 1.14) und Sohn Gottes. In 3.2 wurde im Zusammenhang mit der Frage nach der Wahrheit der Bibel die Einzigartigkeit von Jesus Christus aufgezeigt. Sie ist das stärkste Indiz für die Einzigartigkeit des Gottes der Bibel in Bezug auf die Götter aller Religionen.

Der Gott der Bibel verlangt von den Menschen nicht, dass sie lieb, brav, nett sind und eine Reihe von Regeln erfüllen, sondern er ruft sie auf, ihn *«von ganzem Herzen, von ganzer Seele und mit all ihrer Kraft»* zu lieben (5. Mo 6.5 LU), in Demut und in Ehrfurcht vor ihm zu leben (2. Chr 7.14), ihm restlos zu vertrauen (Ps 37.5, 42.6, Spr 3.5-6), sich nicht zu fürchten und keine Angst zu haben (Ps 27.1, 46.3, Jes 41.10).

Die erwähnten Bibelstellen sind Ausdruck seiner ***Liebe***. Im 1. Johannesbrief (1. Joh 4.16 LU) heißt es: «... *Gott ist Liebe* ...» und im Buch des Jeremia (Jer 31.3b LU) lesen wir: *«Ich habe dich je und je geliebt, darum habe ich dich zu mir gezogen aus lauter Güte.» Lewis* (Beitrag in [46] zum 12. Januar) sagt: Gottes Liebe ist *«das verzehrende Feuer selbst, die Liebe, welche die Welten erschuf ... fürsorglich und ehrwürdig wie eines Vaters Liebe zu seinem Kind, eifersüchtig, unerbittlich ... Es übersteigt die Vernunft, erklären zu wollen, warum irgendein Geschöpf, geschweige denn ein Geschöpf wie wir, in des Schöpfers Augen einen so ungeheuren Wert haben könnte»*. Der Gott der Bibel unterscheidet sich damit in radikaler Weise von den heidnischen Göttern, die *herrisch, autoritär* und *einschüchternd* wirken, sich nicht für die Unterdrückten und Ausgebeuteten einsetzen und vor denen die Menschen in Angst leben und versuchen, sie mit Werken und Opfern gnädig zu stimmen.

Ein tiefer Ausdruck der Liebe Gottes ist sein Heilsweg für den Menschen – mit dem Ziel, die Beziehung des Menschen zu Gott wiederherzustellen. Er beinhaltet im Alten Bund den Opferdienst zur Vergebung der Schuld des Menschen und zu dessen Versöhnung mit Gott. Mit dem vollkommenen Opfer, das Jesus Christus durch seinen Tod am Kreuz erbrachte, wurde dieser Dienst vollendet. Er wollte deutlich machen, dass der Mensch nicht durch sein Verhalten und seine Leistung, sondern allein durch Gnade seine Rechtfertigung vor Gott erlangen kann und gerettet ist (Röm 3.23–24, Eph 2.8–9).

Der Gottesname *«Ich bin, der ich bin»* lässt auch etwas von der ***Unfassbarkeit***, ***Unbegrenztheit*** und ***Unverfügbarkeit*** Jahwes ahnen. Diese Eigenschaften Gottes fordern Gläubige immer wieder bei Fragen wie *«Warum?»* (Ps 10.1, 22.2) oder *«Wo ist nun dein Gott?»* (Ps 42.4, 79.10) heraus. Der Gott der Bibel bleibt, bei aller wundervollen Offenbarung, auch nach der größten Gottesoffenbarung in Jesus Christus, immer auch ein verborgener Gott. Er lässt sich nicht mit der Vernunft erfassen. Zu dieser Erkenntnis kam schon Hiob (Hiob 42.3b NL): *«Ich habe in Unkenntnis über Dinge geurteilt, die zu wunderbar für mich sind, ohne mir darüber im Klaren zu sein.»*

Der biblische Gott gibt dem Mensch ***Einblick in seine Pläne***. In den anderen Religionen bleiben die Pläne und Absichten der Götter dem Menschen verborgen. Zwar heißt es einerseits (Jes 55.8–9 NeÜ): *«›Meine Gedanken sind nicht wie eure Gedanken, und eure Wege nicht wie meine Wege!‹, spricht Jahwe. ‹Denn so hoch der Himmel über der Erde ist, so weit reichen meine Gedanken über alles hinaus, was ihr euch denkt, und meine Möglichkeiten über alles, was für euch machbar ist.›»*, aber anderseits gewährte Gott schon z. Z. des AT durch Propheten immer wieder Einblick in seine Pläne. So konnte Amos (Amos 3.7, NeÜ) sogar sagen: *«Denn Jahwe, der Herr, tut nichts, ohne seinen Dienern, den Propheten, das Geheimnis zu enthüllen.»* Im NT lesen wir (Eph 1.9a NGÜ): *«Gott hat uns seinen Plan wissen lassen, der bis dahin ein Geheimnis gewesen war.»*

Der Gott der Bibel ruft auch zur ***Verantwortung gegenüber den Mitmenschen*** auf, indem er dazu auffordert, den Nächsten zu lieben wie sich selbst (3. Mo 19.18), ja sogar Feindesliebe zu üben (Mt 5.44), den anderen in Demut höher zu achten als sich selbst (Phil 2.3), ihn zu trösten, wenn er Trost braucht, ihm in Not beizustehen, ihn im Glauben zu stärken, ihn durch Reden aufzuerbauen (Eph 4.29). Gott legt Wert auf die Gerechtigkeit unter den Menschen (vgl. z. B. Jer 58). Dies bezeugt u. a. die Einrichtung des Sabbatjahres (2. Mo 23.10–11) und des Jubel- oder Erlassjahres (3. Mo 25.8-55). In Bezug auf die Aspekte Verantwortung und Gerechtigkeit unterscheidet sich der Gott der Bibel entscheidend von den Göttern der anderen Religionen.

4.3 Beweise für die Existenz oder Nichtexistenz Gottes

Zu allen Zeiten haben Menschen versucht, ***die Existenz oder Nichtexistenz Gottes zu beweisen***. Da solche «Beweise» zwangsläufig innerhalb des menschlichen 3D-Denkrahmens stattfinden, setzen sie einen innerhalb dieses Denkrahmens definierten Gottesbegriff voraus. Sie gehen nämlich von gewissen Axiomen (Basissätzen) aus und leiten die Existenz oder Nichtexistenz Gottes aus ihnen nach logischen Regeln her. Damit müsste der Begriff *Gott* durch die Axiome erfasst werden können. Dies ist aber bei einem Gott, «der über allem außer sich selbst steht», nicht möglich. Infolge dieser *Grundproblematik* ist jeder Versuch, bei einem so definierten Gott dessen Existenz oder Nichtexistenz zu beweisen, von vornherein zum Scheitern verurteilt.

Häufig gehen vermeintliche «Gottesbeweise» von einem nicht präzise definierten Gottesbegriff aus und es wird dann erst im Verlauf der Beweisführung ersichtlich, was für eine Gottesdefinition zugrunde gelegt worden war.

Dawkins argumentiert im Buch «*Der Gotteswahn*», dass die Behauptung, dass Gott existiert, eine wissenschaftliche Hypothese ist und dass sie als solche einer rationalen Überprüfung standhalten muss. Diese Argumentation legt das Verifikationsprinzip zugrunde, wonach eine Aussage nur dann anerkannt wird, wenn sie im Rahmen anerkannter wissenschaftlicher Methoden mit Mitteln der Logik bewiesen oder empirisch durch Sinneserfahrungen nachgewiesen werden kann. Offensichtlich unterliegt die Argumentation *Dawkins* der eben dargelegten Grundproblematik. Darauf wird auch in Wikipedia unter dem Stichwort *«Gottesbeweis»* hingewiesen: *«Die Existenz Gottes lässt sich wissenschaftlich weder beweisen noch widerlegen. Gott ist daher genauso ein Gegenstand des Glaubens wie etwa die Reinkarnation.»*

Das stärkste Indiz für die Existenz des in der Bibel vorgestellten Gottes ist der in 3.2 geführte Nachweis für die Wahrheit der Bibel sowie seine in 4.2 aufgezeigte Einzigartigkeit im Vergleich zu den Göttern der anderen Religionen. Die Fokussierung auf die enge Verbindung des biblischen Gottes mit Jesus Christus liegt dem ***christologischen Gottesbeweis*** zugrunde.

Im Folgenden seien kurz vier klassische Gottesbeweise vorgestellt und im Lichte der erwähnten Grundproblematik beleuchtet.

1. Bei seinem ***ontologischen Gottesbeweis*** definiert *Anselm von Canterbury* – in Analogie zu unserer intuitiven Definition – Gott als den, *«über dem nichts Größeres gedacht werden kann»*. Damit ist jedoch lediglich ein Gottesbegriff definiert und logisch keineswegs die Existenz eines solchen Gottes nachgewiesen. Durch eine analoge Argumentation könnte man versucht sein zu zeigen, dass es eine größte natürliche Zahl gibt (nämlich 1), indem man argumentiert, dass zu jeder von 1 verschiedenen natürlichen Zahl n eine größere natürliche Zahl existiert (nämlich n^2).
2. Im ***kosmologischen Gottesbeweis*** folgert der Theologe und Philosoph *Thomas von Aquin* (1225–1274) aus den Prämissen, dass erstens das Universum existiert, zweitens alles, was es gibt, eine Ursache hat, und drittens eine unendliche, immer weiter zurückreichende Kette von Ursachen nicht möglich ist,

dass es eine erste Ursache geben muss, die ihre eigene Ursache ist. Diese nennt er Gott. Damit ist Gott *definiert* als *«der sich selbst Verursachende»*, aber nicht seine *Existenz* bewiesen.

3. Der ***teleologische Gottesbeweis*** schließt aus der empirischen Beobachtung, dass die Welt eine deutlich erkennbare sinnvolle Ordnung aufweist und in ihr Gesetze mit hoher mathematischer Präzision herrschen, auf die Existenz eines weisen Urhebers, der Gott genannt wird. So hatte z. B. *Kant* aufgrund der Ordnung des Universums in seinem Werk *«Kritik der reinen Vernunft»* einen *Schöpfergott* anerkannt. Bei diesem Beweis ist Gott *definiert* als *«Schöpfer des Universums mit seiner Ordnung»*, aber wiederum nicht seine Existenz bewiesen.
4. *Kant* hat als einzigen (nicht nur auf den Schöpfergott bezogenen) Gottesbeweis den ***moralischen Gottesbeweis*** gelten lassen. Gemäß diesem ergibt sich die Existenz Gottes aus der Existenz des Gewissens, der Moral und des menschlichen Verantwortungsbewusstseins. Nur durch Gott gibt es Gut und Böse und damit einen Maßstab für richtiges und falsches Handeln.

Ähnlich argumentiert *Lewis*. Er versucht mit Vernunftgründen die Existenz eines objektiven sittlichen Wissens und eines aus diesem folgenden allgemeinen Sittengesetzes zu beweisen und damit die Existenz einer Wirklichkeit, der dieses Gesetz entspringt. Diese Wirklichkeit kann nicht selber Bestandteil dieser Welt sein. In diesem Zusammenhang weist *Lewis* [45] darauf hin, dass die Begriffe *gekrümmte Linie* oder *dunkel* nur sinnvoll sind, wenn *gerade Linien* und *Licht* existieren.

Sowohl bei *Kant* wie bei *Lewis* ist Gott *definiert* als eine Art *«objektive sittliche Wirklichkeit»*, nicht aber dessen Existenz bewiesen.

Der Apostel Paulus (Röm 2.14–15a ELB) machte deutlich, dass das moralische Gesetz von Gott in unser Inneres hineingelegt wurde: *„Denn wenn Nationen, die kein Gesetz haben, von Natur die Dinge des Gesetzes ausüben, so sind diese, die kein Gesetz* *haben, sich selbst ein Gesetz. Sie beweisen, dass das Werk des Gesetzes in ihren Herzen geschrieben ist.»*

Trotz der zahlreichen Gründe, die die Existenz des biblischen Gottes nahelegen, erfordert die letzte Gewissheit einen Glaubensschritt. Erst wenn sich ein Mensch in vollem Vertrauen diesem Gott zuwendet und das in Anspruch nimmt, was in seinem Wort verheißen ist, wird er die Erfahrung machen, dass er es mit einem lebendigen Gott zu tun hat. Eine solche ***persönliche Gotteserfahrung*** ist wahrscheinlich der überzeugendste Beweis für die Existenz des biblischen Gottes. Die Autobiografie von *Lewis «Überrascht von Freude»* [49], die seinen Weg vom bekennenden Atheisten zum überzeugten Christen beschreibt, bestätigt dies in eindrücklicher Weise.

Ich werde mich nun mit einigen «Beweisen» für die ***Nichtexistenz Gottes*** befassen. Auch diese Beweise sind mit der oben erwähnten Grundproblematik konfrontiert. Ihre Schwachstellen werden oft nicht wahrgenommen, wenn die Beweise von berühmten Theologen oder Wissenschaftlern stammen – man vertraut deren Autorität und hält ihre Aussagen von vornherein für wissenschaftlich begründet.

Bereits in Abschnitt 2.3 wurde auf die Schwachstellen in den «Beweisen» für die Nichtexistenz Gottes von *Russell* und *Hawking* hingewiesen.

Der Problembereich P123 offenbart sich in der Argumentation der Berner Theologin *Ella de Groot*. Die gebürtige Niederländerin sagt [4]: *«Es gibt keinen Gott, keinen Allmächtigen im Himmel.»* Trotzdem sei sie ein tiefgläubiger Mensch: *«Glauben ist Beziehung. Ich glaube an das Leben, an den Gesamtsinn davon.»* Dann weiter: *«Der Begriff Gott hat mit Krankheiten, Unfällen, Krisen und Katastrophen nichts zu tun. Es ist ein mythischer Begriff, den der Mensch für seine Sinnstiftung braucht.»* Das Wort Gottes stehe für eine Art, die Welt zu verstehen. Nicht Gott spreche uns an, sondern wir würden von der Welt angesprochen. Das

Wort Gott bedeute für sie insbesondere auch *«ein Netzwerk von Beziehungen»*. Diese Aussagen sind wenig aussagekräftig. Die Begriffe *Gesamtsinn des Lebens* und *Sinnstiftung* sind – wie wir in 6.9.3 sehen werden – ohne Vorliegen einer dem Menschen übergeordneten Instanz, die den Über- und Durchblick hat über sein Leben sowie seine Vergangenheit und Zukunft, nicht sinnvoll definierbar. Die Behauptungen *de Groots* über Gott unterliegen offensichtlich einem Zirkelschluss: Sie werden per definitionem dem von ihr verwendeten Gottesbegriff zugrunde gelegt und sind somit keine logischen Folgerungen.

Allgemein bekannt ist der «Beweis» der Nichtexistenz eines *allmächtigen Gottes* aufgrund des ***Allmachtsparadoxons***: *«Kann Gott einen so schweren Stein erschaffen, dass er ihn selbst nicht heben kann?»* Hierbei liegt folgende Argumentationslinie zugrunde: Entweder vermag Gott einen solchen Stein nicht zu erschaffen oder er vermag einen erschaffenen Stein nicht zu heben; in beiden Fällen ist er nicht allmächtig. Diese Argumentation enthält einen logischen Widerspruch in Form einer inkonsistenten Definition des Begriffes *allmächtig*. Er wird verstanden im Sinne von *«zu allem fähig sein»*, wobei der Begriff *«alles»* auch die Möglichkeit einschließt, etwas erschaffen zu können, das die eigene Realisierbarkeit ausschließt. Ein in diesem Sinne allmächtiger Gott müsste auch imstande sein, die Aufgabe in 1.2 mit den beiden Puzzleteilen in der Ebene zu lösen. Bei einer logisch konsistenten Definition des Begriffes *allmächtig* muss ein allmächtiger Gott nur zu dem fähig sein, was logisch realisierbar ist.

Ein häufiges Argument zur Verneinung der Existenz eines *allmächtigen, allwissenden und guten Gottes* beruht auf der angeblichen Unvereinbarkeit eines solchen Gottes mit der Existenz des Bösen und mit der Existenz von Not, Elend, Leid, Krankheit und Ungerechtigkeit – kurz mit der Existenz des Übels in der Welt. Die Argumentationslinie ist dabei folgende: Da Gott allwissend ist, hat er Kenntnis vom Übel in der Welt, und da er allmächtig ist, vermöchte er es abzuwenden; da er es nicht tut, kann er nicht gut sein. Und wenn er allwissend und gut ist, dann kann er nicht allmächtig sein, da er das Übel nicht abzuwenden vermag. Bei dieser Schlussweise wird vorausgesetzt, dass das Attribut *«gut»* für Gott unvereinbar ist mit der Existenz des Übels in der Welt. Sie verneint die Möglichkeit, dass Gott in seiner Allwissenheit und Weisheit das Übel zu einem guten Zweck zugelassen und aus irgendeinem guten Grund diese Wahrheit noch nicht offengelegt hat, vielleicht deshalb, weil jede Erklärung den Denkrahmen des Menschen übersteigen würde. Die Existenz des Übels stellt keinen logischen Widerspruch zur Existenz Gottes dar, sie stellt höchstens Gottes Wesen und Handlungsweise infrage.

Genauer betrachtet verbirgt dieses «Nichtexistenzargument» ein starkes Indiz für die Existenz Gottes. Es setzt nämlich voraus, dass der Mensch eine Vorstellung davon hat, was gut und gerecht ist – und diese Erkenntnis kann letztlich nur von einer höheren Instanz stammen.

4.4 Der Gott der Bibel und das Böse, die Krankheit und das Leid in der Welt

Die ***Theodizee-Frage***, d. h. die Frage, warum ein gütiger, allwissender und allmächtiger Gott Leiden in der Schöpfung zulässt, obwohl er die Macht hätte, es zu verhindern, ist eine der größten Anfragen an den biblischen Gottesbegriff und eine der größten Herausforderungen für die Menschen, die an den in 4.2 als Gott der Liebe und Schöpfer des Universums vorgestellten Gott der Bibel glauben und mit ihm unterwegs sind. Wie ist es möglich, dass vor Gottes Augen Kinder sterben, Arme verhungern, Menschen leiden? Eine besonders herausfordernde Frage für jeden Gläubigen ist die Frage nach dem Leiden Unschuldiger. Die Realität des Leids dient auch als wichtiges Argument der Atheisten.

Der Mensch versucht von Natur aus, möglichst alles zu verstehen und zu erklären und von allem, was geschieht, die Ursache herauszufinden. Er tut sich schwer mit den Unberechenbarkeiten und mit einem Gott, der nicht durchschaubar und berechenbar ist. So versucht er auch auf obige Fragen eine Antwort zu finden und das Übel in der Welt in sein Gottesbild einzuordnen. Der Gott der Bibel entzieht sich jedoch diesem Konzept. Wir werden sehen, dass solche Versuche, Erklärungen und Antworten innerhalb des menschlichen 3D-Denkrahmens zu finden, mit dem Problemkreis P123 behaftet sind und zu keiner befriedigenden Lösung führen. Dies muss auch ***Hiob*** erkennen. Als er Gott über all dem Unglück, das ihn getroffen hat, nicht mehr versteht und anklagt, weist Gott ihn in eindrücklicher Weise auf die unterschiedliche Stellung von Gott und Mensch in Bezug auf den Schöpfungsakt hin. Darauf kapituliert Hiob; er erkennt Gott ganz neu in dem ihm widerfahrenen Leiden und dass Gottes Handeln nicht immer mit dem Verstand nachvollziehbar ist (Hiob 42.3b+5 LU): *«Ich habe ohne Einsicht geredet, was mir zu hoch ist und ich nicht verstehe. Ich hatte von dir nur vom Hörensagen vernommen; aber nun hat mein Auge dich gesehen.»*

Letztlich gehen all die menschlichen Antworten auf die Theodizee-Frage nicht über die Erkenntnis Hiobs hinaus. Dies gilt auch für die Argumentation des Philosophen *Leibniz*:

1. *Gott in seiner Weisheit lässt ihn die beste unter allen möglichen Welten herausfinden.*
2. *Gott in seiner Güte lässt ihn die beste Welt auswählen.*
3. *Gott in seiner Allmacht lässt ihn diese beste Welt hervorbringen.*

Zu dieser bestmöglichen Welt gehört auch das Böse und die Freiheit des Menschen – und damit auch die Möglichkeit, dass er sich für oder gegen das Böse und die Sünde entscheidet. Hierbei unterscheidet *Leibniz* zwei Arten von Ursachen: die *Form-Ursache*, d. h. Gott schafft zwar diese Möglichkeit, löst sie aber nicht aus, und die *Wirk-Ursache*, d. h. es ist der Mensch, der die Sünde und das Böse wirkt.

Die Problematik in der Argumentation von *Leibniz* besteht darin, dass sie einen Zirkelschluss enthält: Die Sünde, das Böse und die Gabe der Freiheit des Menschen sind per definitionem in den Begriff *«bestmögliche Welt»* hineingeschmuggelt worden und nicht eine Folge aus diesem Begriff. Er ist nicht sauber definiert, da keine absolute Werteskala für die Qualität der Welt vorliegt.

Der *Gnostizismus* sieht in der Widerspenstigkeit der Materie die Ursache des Bösen. Damit ist jedoch die Herkunft des Bösen nicht geklärt, sondern lediglich an die Frage nach der Herkunft der Materie und deren Widerspenstigkeit delegiert; diese erscheinen im Gnostizismus als etwas, das unabhängig von Gott von Anfang an in der Schöpfung einfach vorhanden ist.

In ähnlicher Weise erklären viele Christen die ***Herkunft des Bösen und des Teufels*** in einer Welt, von der es nach der Schöpfung heißt (1. Mose 1.31a LU): *«Gott sah an alles, was er gemacht hatte, und siehe, es war sehr gut.»*, als Folge des Verhaltens aus freiem Willen – wie Rebellion und Ungehorsam – von Wesen dieser perfekten Schöpfung. Dabei wird die Herkunft des Bösen auf Erden mit dem Sündenfall und die Herkunft des Teufels mit dem Fall eines Engels in Zusammenhang gebracht. *Gitt* [26] meint, dass, nachdem das erste Menschenpaar der Versuchung erlegen war, das Böse in diese Schöpfung Eingang gefunden hat, und er verweist für die Herkunft des Teufels auf die beiden Kapitel Jes 14 und Hes 28. Der Kontext dieser Bibelstellen zeigt allerdings, dass sie sich auf die Könige von Babel und Tyrus beziehen. Es fehlt das hebräische Wort *satanas* für Teufel. Dazu kommt, dass diese Deutung der Herkunft des Teufels die Existenz des Bösen bereits voraussetzen würde: Ein Engel könnte nur dann fallen und sich dem Bösen zuwenden, falls dieses bereits existieren würde. Die Herkunft des Teufels wäre damit also keineswegs geklärt.

Ebenso wenig lässt sich die Herkunft des Bösen mit dem Sündenfall des Menschen erklären. Rebellion und Ungehorsam sind nur möglich, wenn das Böse und die Fähigkeit von geschaffenen Wesen, durch einen Entscheid aus freiem Willen sich ihm zuzuwenden, schon vom Schöpfergott in die Schöpfung hineingelegt worden sind. Die Herkunft des Bösen und des Leids lassen sich nicht als Folge des Verhaltens von Menschen oder Engeln erklären.

Solche Erklärungsversuche greifen zu wenig tief; sie betrachten das Böse als etwas, das von Anfang an neben Gott existiert, ohne explizit von ihm erschaffen worden zu sein. Sie sind inkompatibel mit einem Gottesbegriff, bei dem Gott «über allem außer sich selbst steht» und die Schöpfung aus dem Nichts geschaffen hat und der Ursprung aller Dinge ist. Ein solcher Gottesbegriff schließt die nicht von Gott verursachte Existenz von irgendetwas außer Gott selbst aus.

In Bezug auf die Herkunft des Übels und des Teufels können wir Menschen nur demütig bekennen: Wir wissen es nicht. Weshalb das Übel gerade in dieser Form existiert und weshalb Gott es zulässt, das sind offene Fragen. Aus uns letztlich nicht verständlichen Gründen hat Gott das Leid in seine Schöpfung mit eingewoben.

Die Theodizee-Frage und Fragen nach der Herkunft und dem Warum des Bösen und des Leids in der Welt sind mit dem in 4.1 angedeuteten Zirkelschluss behaftet: Diese Fragen werden vom Menschen an Gott gerichtet und damit beurteilt ein Schöpfungswerk seinen Schöpfer. Es setzt ihn im Zusammenhang mit diesen Fragen häufig auf die Anklagebank und verurteilt ihn. Der Mensch übersieht dabei, dass bereits die Erkenntnis und das notwendige Wissen, um überhaupt solche Fragen stellen zu können, Schöpfungswerke Gottes sind.

Für Menschen, die aufgrund der offenen Theodizee-Frage den Gott der Bibel ablehnen, kann der Hinweis auf diesen Zirkelschluss dazu beitragen, ihre Haltung in einem neuen Licht zu überdenken.

Für die Bewältigung der Herausforderungen im Alltag ist nicht die Frage nach der Herkunft, der Ursache und dem Warum des Übels in der Welt entscheidend, sondern vielmehr die Frage nach dem richtigen Umgang mit ihm. Die Bibel hat zum Ziel, dem Menschen einen guten Umgang mit all dem Übel aufzuzeigen und ihm zu einem Leben von «optimaler Qualität» in der gefallenen Schöpfung zu verhelfen. Sie ruft ihn nicht dazu auf, Gott in allem zu verstehen, sondern dazu, ihn zu lieben und auch dann zu lieben, wenn er ihn nicht mehr versteht. Und vielleicht darf er ihn – ähnlich wie Hiob – gerade im Unverständlichen ganz neu erkennen.

Die Frage nach dem rechten Umgang mit dem Übel in der Welt wird uns im Abschnitt 6.5 noch näher beschäftigen.

5. Schöpfung und Evolution

5.1 Grundsätzliche Probleme

Alle Theorien über die Herkunft und Entwicklung der Welt und insbesondere des Menschen sind grundsätzlich mit folgenden mit P123 zusammenhängenden Problembereichen konfrontiert.

A Die Theorien sind von Menschen aufgestellt. Damit wird das Endprodukt der Entwicklung, der Mensch, mit seinem Gehirn, seinem Denkrahmen, seiner Denkfähigkeit und seinem Wissen schon vorausgesetzt, um seine Herkunft und seine Entwicklung zu erklären. Eine solche Vorgehensweise unterliegt offensichtlich einem Zirkelschluss, es sei denn, man nimmt an, dass der Mensch von einer ihm und der Welt übergeordneten Instanz (wie Designer, Schöpfer, Planer, Gott) erschaffen worden ist und dadurch von dieser das erforderliche Wissen zur Erklärung seiner Herkunft und Entwicklung erhalten hat.

B Selbst wenn man von der Frage nach der Herkunft des Menschen absieht und ihn mit seinem Gehirn, seinem Denkrahmen und seiner Denkfähigkeit als gegeben voraussetzt, stellt sich die Frage: Lässt sich die Entstehung der Welt aus dem Nichts diesem Menschen überhaupt innerhalb seines Denkrahmens in einer ihm verständlichen Sprache mittels Begriffen (wie Raum, Zeit, Materie und der ihm bekannten Gesetzmäßigkeiten) in einer Weise erklären, dass die Kriterien der Wissenschaft erfüllt sind, oder bleibt jeder Erklärungsversuch zur Entstehung der Welt und Herkunft des Menschen notwendigerweise gleichnishaft?

C Die in B genannten Entitäten Raum, Zeit, Materie und Gesetzmäßigkeiten sind selber schon Teil der Schöpfung und müssten zuerst überhaupt in Existenz kommen, bevor sie in einer Erklärung zur Entstehung der Welt verwendet werden.

D Die Theorien enthalten Begriffe, wie Zufall, abstammen, sich entwickeln aus, hervorgehen aus, auf einen gemeinsamen Vorfahren zurückführbar, die unzureichend definiert sind. Z. B. ist oft nicht klar, was die Aussage «B stammt von A ab» oder «B entwickelt sich aus A» genau bedeutet: Ohne nähere Angabe darüber, wie der Übergangsprozess von A nach B erfolgt, d. h. wie er mithilfe der gegebenen Grundbegriffe und Gesetzmäßigkeiten erklärt werden kann, ist eine solche Aussage nichts weiter als ein Ausdruck für eine zeitliche Abfolge; sie bedeutet nichts weiter, als dass B auf dem Zeitstrahl nach A anzusiedeln ist, so wie etwa die Zahl 7 in der Anordnung der natürlichen Zahlen nach 3 auftritt. Damit ist auch eine Aussage wie «Der Mensch stammt vom Affen ab.» weitgehend inhaltsleer.

Eine ähnliche Problematik ergibt sich in Bezug auf die Entstehung und Entwicklung von nicht materiellen Begriffen, wie z. B. der Denkfähigkeit und der schöpferischen Fähigkeit.

Der Problembereich A wird in eindrücklicher Weise schon im Buch Hiob aufgenommen. Als Hiob nach dem über ihn hereingebrochenen Unglück Gott nicht mehr versteht und nach dem Grund seiner Situation fragt, diskutiert Gott nicht lange über das Warum oder Wozu des Geschehenen, sondern er verweist einfach auf sein mächtiges Wirken in der Schöpfung und bei deren Entstehung: *«Wo warst du, als ich die Grundfesten der Erde legte? Sag es mir, sofern du Bescheid weisst! ...»* (Hiob 38.4ff NL) – und damit letztlich auf die Frage nach der Herkunft von Hiobs Fähigkeit zu erkennen und zu beurteilen. Auf Gottes Antwort hin verstummt Hiob und bekennt: *«Ich habe in Unkenntnis über Dinge geurteilt, die zu wunderbar für mich sind, ohne mir darüber im Klaren zu sein. Darum widerrufe ich, was ich gesagt habe, und bereue in Staub und Asche.»* (Hiob 42.3b+6 NL).

Da es nach A erforderlich ist, eine dem menschlichen 3D-Denkrahmen übergeordnete Quelle einzubeziehen, können die Theorien zum Thema Entstehung und Entwicklung der Welt nicht streng logisch wissenschaftlich begründet werden; sie anzuerkennen besteht letztlich in einem Akt des Glaubens.

Selbst wenn man die Problembereiche A und B ignoriert und nur C und D berücksichtigt, stellt man fest, dass die meisten Theorien, die wissenschaftliche Strenge beanspruchen, durchsetzt sind von unbewiesenen Hypothesen und unzureichenden Definitionen. Dies trifft insbesondere für den Begriff Urknall und die Evolutionstheorie zu.

Aufgrund von C und D sind folgende geradezu mystisch anmutenden Ausführungen von Atkins [1] ohne jegliche Aussagekraft: «Zuerst ist der Anfang. Am Anfang war das Nichts. Absolute Leere, nicht nur leerer Raum. Es gab keinen Raum und keine Zeit, denn es war vor der Zeit. Zufällig kam es zu einer Fluktuation und einer Gruppierung von Punkten, die aus dem Nichts kam und existent wurde, dank des von ihm gebildeten Musters, legte eine Zeit fest. Die zufällige Bildung eines Musters führte zur Entstehung der Zeit aus verschmolzenen Gegensätzen, einer Entstehung aus dem Nichts. Aus dem absoluten Nichts und ohne die geringste Intervention entwickelte sich rudimentäre Existenz ...»

Ich werde mich im Folgenden mit einigen Theorien zur Entstehung und Entwicklung der Welt beschäftigen und dabei den Problemkreis A ignorieren.

5.2 Der Urknall

Die plausibelste und anerkannteste unter den verschiedenen Theorien über den Anfang des Universums ist das Urknallmodell.

Als Urknall wird der Beginn des Universums bezeichnet, also der Anfangspunkt der Entstehung von Materie, Raum und Zeit. Der Begriff Urknall bezeichnet nicht eine Explosion im Raum, sondern die gemeinsame Entstehung von Materie, Raum und Zeit aus einer formalen Singularität, die sich durch Rückverfolgung der Zeit bis zu ihrem Nullpunkt ($t \rightarrow 0$) ergibt. Der Urknall stellt somit eine fiktive Extrapolationsgröße dar. Er liefert keinerlei Erkenntnisse über die Singularität selbst und ihre Ursache und lässt damit die Frage nach dem Ursprung der Welt offen. Das Modell wird bei Annäherung an die Singularität zunehmend spekulativ.

Es gibt in der heutigen Physik keine allgemein anerkannte Theorie des Urknalls selbst und des sehr frühen Universums. Für die Beschreibung des Zustandes kurz nach dem Urknall ist die Allgemeine Relativitätstheorie (ART) unzureichend. Die Theorien für die weitere Entwicklung des Universums basieren auf zwei Grundannahmen, nämlich dass die Naturgesetze universell sind, d. h., dass sich das Universum mit den heute gültigen Naturgesetzen beschreiben lässt, und dass im Universum alle Positionen und Richtungen gleichwertig sind, d. h. dass die über große Bereiche gemittelte Massendichte homogen ist und die bezüglich jedes Beobachtungspunktes gemittelten Geschwindigkeiten zentrale Richtung haben. Unter diesen Voraussetzungen lässt sich die Entwicklung des Universums mittels der ART beschreiben.

Wenn man die Singularität als den Beginn der Welt ($t = 0$) betrachtet, so entspricht der heutige Zeitpunkt t dem Alter der Welt ($t = t_{Welt}$). Unter Voraussetzung der beiden Grundannahmen und Hinzunahme weiterer vereinfachender Annahmen ergibt sich aus der ART der Wert $t_{Welt} \approx 14$ Mia. Jahre. Aufgrund des spekulativen Charakters des Modells bei Annäherung an die Singularität und der getroffenen Annahmen ist dieser Wert unsicher. So heißt es etwa in [20]: *«Die Zeitspanne t_{Welt} charakterisiert vor allem die zeitliche Begrenzung unserer heutigen Erkenntnis.»*

Der Begriff Urknall lässt die Frage nach der Herkunft von Raum, Zeit, Materie und den heute bekannten Gesetzmäßigkeiten offen. Dieser Erklärungsnotstand kann in einer Theorie zur Entstehung der Welt aus dem Nichts nur vermieden werden, falls eine Schöpfungsquelle herangezogen wird, die über diesen Grundentitäten steht und deren Entstehung verursacht hat.

5.3 Evolution versus Schöpfung

Der Evolutionstheorie (ET) liegt die Vorstellung zugrunde, dass alle heute lebenden Organismen (Bakterien, Pilze, Pflanzen, Tiere) miteinander abstammungsverwandt sind, d. h. sie stammen von einfacher gebauten Vorläufern und letztlich von einem einzelligen Urahn ab. Alle Lebewesen sind in einem gemeinsamen Stammbaum des Lebens verbunden. Dieses erste Lebewesen entstand durch Selbstorganisationsprozesse aus anorganischen Stoffen. Die heutige Mannigfaltigkeit der Arten sind in einer über Jahrmillionen durch Zufall gelenkten Entwicklung entstanden. Übernatürliche Ursachen werden bei der Entstehung und Entwicklung der Lebewesen a priori ausgeschlossen – auch in Bereichen, die dem Experiment und theoretischen Zugriff grundsätzlich verschlossen sind.

Die Schöpfungslehre sagt aus, dass eine außergeschöpfliche Instanz die Schöpfung ins Dasein gerufen hat und dass insbesondere Grundtypen von Lebewesen in fertiger Form, aber mit Anpassungsfähigkeiten erschaffen wurden, auch der Mensch als eigener von Tieren abgegrenzter Grundtyp.

Die ET ist nach wissenschaftstheoretischen Kriterien nicht als Theorie, sondern vielmehr als naturphilosophische Lehrauffassung einzustufen. Obwohl daher die Bezeichnung Evolutionslehre anstelle von ET zutreffender wäre, werden wir weiterhin von ET sprechen.

Bei näherer Betrachtung zeigt sich, dass die Begriffe ET und Schöpfungslehre und ihre gegenseitige Beziehung in entscheidender Weise dem Problembereich P123 unterworfen sind und dass Aussagen ohne weitere Klärung und Präzisierung der verwendeten Grundbegriffe oft nicht sehr aussagekräftig sind.

So ist z. B. die Aussage «Gott ist der Schöpfer der Welt.» ohne Präzisierung des Begriffes Gott und des Inhaltes des Schöpfungsaktes wenig aussagekräftig. Oder es stellt sich die Frage, was eine Aussage wie «Das Universum ist in Existenz gekommen.» genau bedeutet: Bedeutet es, dass ein vollendetes Konzept der Schöpfung vorliegt, dass also Gott eine klare Vorstellung des gesamten Schöpfungswerkes hat, das Konzept und die Vorstellung aber noch nicht konkret umgesetzt sind? Oder beinhaltet die Aussage die vollendete Realisierung der Schöpfung, dass also das Schöpfungswerk in vollendeter Form vorliegt – wobei der Realisierungsprozess über eine kürzere oder längere Zeitspanne erfolgen konnte? Die Situation ist vergleichbar mit derjenigen eines Mathematikers, der beabsichtigt, einen schwierigen Satz zu beweisen oder eine komplexe Theorie aufzustellen. Gelten der Satz als bewiesen und die Theorie als aufgestellt, d. h. «in Existenz gekommen», falls der Beweis und die Theorie in Gedanken vollendet sind, oder erst dann, wenn sie in vollendeter schriftlicher Form vorliegen?

Die Argumentationen der ET enthalten häufig Zirkelschlüsse. Ein offensichtlicher Zirkelschluss findet sich z. B. in der folgenden Aussage des englischen Darwinisten *Sir Arthur Keith* (1866–1955) zur Rechtfertigung der ET gegenüber der Schöpfungslehre (zitiert in [25]): «Die ET ist unbewiesen und unbeweisbar. Wir glauben aber daran, weil die einzige Alternative dazu der Schöpfungsakt eines Gottes ist, und das ist undenkbar.»

Die Abschnitte 5.3.1–5.3.4 zeigen die Problematik, die sich dadurch ergibt, dass die ET auf einen Schöpfer verzichtet und den Schöpfungsakt durch Prozesse innerhalb der Naturwissenschaften unter Beihilfe des Zufalls zu erklären versucht. Mit dieser Vorgehensweise ist die ET den Kriterien der Naturwissenschaft verpflichtet und sie muss insbesondere darlegen, was sie unter dem Begriff Zufall versteht. Dabei ist zu berücksichtigen, dass diese Kriterien auf Fakten beruhen, die sich im Verlaufe der Zeit als Irrtümer erweisen können. So wurde z. B. das sogenannte Biogenetische Grundgesetz von *Ernst Haeckel* (1834–1919), das als Beweis für die Evolution galt, in der Folge infrage gestellt – u. a. vom Biologen *Adolf Portmann* (1897–1982) [63], vom Humanembryologen *Erich Blechschmidt* (1904–1992) [6] und aufgrund fossiler Funde von Forschern der University of Pennsylvania im Jahr 2016 [13]. Portmann (zitiert in [23]) meint: «Dass diese Auffassungen im Gewand einer wissenschaftlichen Wahrheit kommen, darf uns nicht darüber hinwegtäuschen, dass sie einem Glaubensbekenntnis entstammen.»

5.3.1 Der Zufall

Der Begriff Zufall bezeichnet in der Umgangssprache etwas, das man nicht vorausgesehen hat, das nicht beabsichtigt war, das unerwartet geschah. Die Mathematik versucht nicht, eine tiefgründige Erklärung dafür zu liefern, was Zufall eigentlich ist, sondern sie setzt eine Vorstellung von Zufall voraus und gibt Rechenregeln vor, mit denen sich zufällige Ereignisse quantifizieren lassen.

In der ET bedeutet die Aussage, dass ein Zustand durch Zufall aus einem vorangehenden hervorgegangen ist, dass der zweite Zustand nicht durch eine durch die Naturwissenschaften gegebene Kausalität, d. h. durch Naturgesetze, aus dem ersten folgt. Es wird dabei offen gelassen, ob nicht vielleicht eine (noch) nicht erkannte Gesetzmäßigkeit der Naturwissenschaften dem Übergangsprozess zugrunde liegt und z. B. eine Erklärung für die neue Genanordnung auf der DNA liefert. In der ET sind damit die den Begriffen evolutionäre Entwicklung, abstammen, gemeinsamer Stammbaum, Vorfahren, Mutation (sprunghaft erfolgende Veränderung des Erbguts), natürliche oder künstliche Selektion, Verschmelzen zweier Chromosomen zu einem Chromosom zugrunde liegenden Übergänge durch Zufall eigenständige und unabhängige Prozesse.

Der Rückgriff auf den nicht näher definierten Begriff Zufall hat rein hypothetischen Charakter und ist nicht durch Gesetzmäßigkeiten der Naturwissenschaft begründet. Er ermöglicht der ET, eine übergeordnete Quelle als Schöpfer der Welt auszuschließen – und damit auch den biblischen Gott, dessen Existenz durch die Betrachtungen in Kapitel 4 nahegelegt und dessen Bedeutung als Schöpfergott im Abschnitt 5.5 aufgezeigt wurden. Dazu kommt, dass in der ET der Zufall immer nur innerhalb einer begrenzten Menge mit den Naturwissenschaften kompatibler Zielzustände auswählen kann. Die Herkunft derselben und der die Begrenzung bedingenden Gesetzmäßigkeiten bleibt ungeklärt.

Die ET liefert die durch einen Zufallsprozess aus einer gegebenen Genkette entstandene Genkette, jedoch nicht den Bezug derselben zu dem dazugehörenden Phänotypus, d. h. die Information, die die Genkette vermittelt. Diese Information kann nur von einer dem Zufall übergeordneten Quelle kommen. Ein Informationszuwachs durch Mutation und Selektion erfolgt in engen Grenzen, eine nennenswerte Komplexitätszunahme wurde bisher nicht beobachtet, d. h. die durch Mutationen und Selektionsprozesse bedingten Veränderungen wurden nur im mikroevolutiven Bereich festgestellt, d. h. innerhalb bereits vorhandener Organe und Grundtypen – wie z. B. die Entstehung verschiedener Hunderassen aus einer Urform (wahrscheinlich dem Wolf). Makroevolution beschreibt die Entstehung neuer nicht vorhandener Organe und Änderung des Grundtypus – z. B. die Entstehung der Säugetiere aus Reptilien. Die Frage ist, ob durch viele mikroevolutive Prozesse makroevolutive Veränderungen möglich sind, d. h. ob die Gleichung gilt: Mikroevolution + Zeit = Makroevolution. Empirische Ergebnisse der Mutationsforschung deuten darauf hin, dass Veränderungen der Organismen über den mikroevolutiven Bereich hinaus nicht mit den bekannten Mutationen erklärbar sind. Heute ist jedenfalls kein Mechanismus bekannt, der durch Evolutionsprozesse komplexe molekulare Strukturen liefern würde.

Die durch die Evolutionsfaktoren Mutation und natürliche Selektion bewirkten Veränderungen des Genpools einer Population führen zu günstigen oder nachteiligen Merkmalsausprägungen der Individuen. Man sagt auch, dass die natürliche

Selektion durch das Prinzip des Stärkeren, der Zweckmäßigkeit und des Bestangepassten (Survival of the Fittest) erfolgt, d.h. dass überlebt, was stärker oder für den Fortschritt von Nutzen oder der Umwelt am besten angepasst ist. Dabei stellt sich die Frage nach den Definitionen der Begriffe günstig, nachteilig, stärker, zweckmäßig, bestangepasst und ob hier nicht ein Zirkelschluss vorliegt, da die erwähnten Begriffe letztlich durch die Tatsache des Überlebens oder Nichtüberlebens definiert und nicht deren Ursache sind.

Weiter fragt sich, wie z.B. Inhalte der Bergpredigt wie Feindesliebe, Nachsicht, Schutz des Schwächeren auf die Gene des Menschen kommen, wenn doch für die ET das Prinzip des Stärkeren gilt, der Mensch vom Tier abstammt und es in der Tierwelt normal ist, dass ein Tier das andere tötet und auffrisst.

Schließlich stellt sich die Frage: Wenn die Selektion zur Folge hat, dass eine Art von einer besser angepassten verdrängt wird, warum die Affen nicht durch den besser angepassten Frühmenschen verdrängt wurden?

Als zusätzliche Schwierigkeit erweist sich, dass die kumulative Selektion anstelle der Ein-Schritt-Selektion nach Zwischenformen verlangt, deren Fehlen schwerlich zu erklären ist.

5.3.2 Die Ordnung im Universum

Das in 4.3 erwähnte teleologische Gottesbild geht davon aus, dass die im Universum erkennbare Ordnung die Annahme nahelegt, dass diese Welt nicht durch Zufall entstanden ist, sondern dass ihr ein Schöpfungsplan zugrunde liegt und sie von einem Planer und Schöpfer entworfen wurde. Es gibt zahlreiche wahrscheinlichkeitstheoretische Betrachtungen, die belegen, dass die Wahrscheinlichkeit dafür, dass die vielfältigen Ordnungsstrukturen in der Welt durch Zufall entstanden sind, verschwindend klein ist. Diese Überlegungen beruhen auf dem sogenannten Infinite Monkey Theorem (IMT). Dieses besagt, dass ein Affe, der unendlich lange wahllos auf einer Schreibmaschine herumtippt, schließlich jedwelches Buch hervorbringen wird. An einer öffentlichen Debatte der "British Association for the Advancement of Science" in Oxford am 30. Juni 1860 soll der Biologe *Thomas Henry Huxley* (1825–1895) [79] folgenden Ausspruch getan haben:

«Sechs ewige Affen, die Tasten sechs ewiger Schreibmaschinen mit unbegrenzter Menge an Papier und Tinte zufällig anschlagend, wären fähig, Shakespearesche Sonette, vollständige Bücher und den 23. Psalm hervorzubringen. Auf die gleiche Weise könnte molekulare Bewegung, genügend Zeit und Materie vorausgesetzt, Bischof Wilberforce selbst hervorbringen, rein durch Zufall und ohne das Werk irgendeines Gestalters oder Schöpfers.»

Zur Illustration der Fragwürdigkeit des IMT geben wir folgendes Beispiel: Ein Affe tippt wahllos auf einer Schreibmaschine mit 25 Tasten mit einem Anschlag pro Sekunde. Wie lange müsste er tippen, um mit einer Wahrscheinlichkeit von mindestens 1 ‰ das Werk «Faust I» von Goethe hervorzubringen? Bei einem angenommenen Erdzeitalter von 14 Mia. Jahren würde die Antwort lauten: mehr als 10^250000 Erdzeitalter! Zudem ist zu bemerken, dass das IMT die Realität nur unvollkommen wiedergibt. In der Natur werden entstandene chemische Verbindungen nicht festgehalten, d. h. die «Buchstaben» in der Natur können im Gegensatz zu den von der Schreibmaschine auf Papier gedruckten Buchstaben wieder verschwinden, sobald die «Tasten» losgelassen werden.

Es war der hohe Ordnungsgrad im Universum, der viele Naturwissenschaftler dazu bewogen hat, die Entstehung der Welt ohne einen sich dem naturwissenschaftlichen Weltbild entziehenden Eingriff und damit die ET in Reinform abzulehnen, u. a. *Einstein*, der Physiker *Niels Bohr* (1885–1962), der Begründer der organischen Chemie *Justus Liebig* (1803–1873), der Begründer der Mengenlehre *Georg Cantor* (1845–1918). So sagte z. B. Einstein [60]: «Ich glaube an einen persönlichen Gott … Ich betrachte Darwins, Haeckels und Huxleys Entwicklungslehre als hoffnungslos veraltet.» und der Chemiker T. D. Parks [60] meinte:

«Ich sehe Ordnung und Bestimmung überall um mich in der organischen Welt. Ich kann nicht glauben, dass sie existieren durch zufällige glückliche Verbindungen von Atomen. Für mich setzt diese Planung eine Intelligenz voraus, diese Intelligenz nenne ich Gott.» In dem Artikel [51] wird aufgrund von Wahrscheinlichkeitsberechnungen nachgewiesen, dass ein funktionsfähiges Auge nicht durch Zufall und Selektion entstanden sein kann.

Der Begriff Ordnung ist verknüpft mit dem zweiten thermodynamischen Hauptsatz oder Entropiesatz – einem der wichtigsten Gesetze der gesamten Naturwissenschaft. Er besagt, dass in einem geschlossenen System die Entropie gleich bleibt oder zu-, aber nie abnimmt. Das bedeutet, dass ein sich selbst überlassenes System mit fortschreitender Zeit zur Unordnung tendiert und nicht in einen höher entwickelten Zustand übergeht und einen höheren Ordnungsgrad annimmt. Damit wird die selbstständige Entstehung geordneter Strukturen, insbesondere von Leben, ausgeschlossen. Dies widerspricht dem Evolutionsgedanken, der durch reine Zufallsprozesse ohne äußeren Eingriff eine allmähliche Zunahme an Ordnung, Information, Planmäßigkeit und damit eine Abnahme der Entropie postuliert, indem ungeordnete Atome und Moleküle sich im Verlaufe der Zeit ordnen und hochkomplexe Moleküle wie Proteine bilden, die dann sogar Leben möglich machen.

Vertreter der ET entgegnen oft, dass die Erde fortwährend Energie von der Sonne empfängt und daher kein abgeschlossenes System ist. In einem Teilsystem kann so die Entropie abnehmen und damit die Ordnung erhalten bleiben oder gar zunehmen. Leben würde so verstanden als offenes System, das durch Rückkoppelung mit der Umgebung auf deren Kosten seine eigene Ordnung aufrecht hält.

Ordnung hängt mit Information zusammen. Ein höheres Niveau von Ordnung bedeutet ein höheres Niveau von Informationsinhalt. Im Kosmos ist keine Informationsquelle ohne Intelligenz bekannt. Leblose Materie enthält keine Selbstorganisation zum Leben. Argumente, die beweisen sollen, dass

Nicht-Information Information produziert, unterliegen meistens einem Zirkelschluss: Information ist in mehr oder weniger versteckter Form in den Systemen enthalten. Dies ist z. B. der Fall bei den Zufallsspielen der Biochemiker *Manfred Eigen* (1927–2019) und *Jacques Monod* (1910–1976, Nobelpreisträger 1965) oder bei der Beschreibung der Entwicklung des Menschen aus der Zygote durch Huxley – ist doch hier die notwendige Information schon in der Zygote vorhanden!

5.3.3 Das Prinzip der Analogie

Ein wichtiges Argument der ET beruht auf dem Prinzip der Analogie. Dabei wird allein aufgrund von Analogiebetrachtungen auf eine Abstammung geschlossen ohne klare Angabe darüber, nach welcher Gesetzmäßigkeit der Übergang von einem Wesen zum folgenden erfolgt. Der Evolutionist *Wolfgang Friedrich Gutmann* (1935–1997) [29] sagt über die Schriften von Darwin: *«Die theoretische Diskussion verharrte auf dem Stadium der Analogie. Darwin erklärte eigentlich nie, wie und in welcher Weise Auslese geschehen müsse. Die Analogie-Argumentation als ein teilweise irreführendes Konzept blieb bis heute erhalten.»* Die Analogie betrifft Ähnlichkeiten im Körperbau und im systematischen Aufbau; alle Organismen weisen die gleichen chemischen Grundbausteine auf, alle gewinnen Energie durch den Stoffwechselabbau der Glykose, bei allen erfolgt der Bau des Organismus durch den zentralen Prozess der Neubildung von Proteinen aus Aminosäuren nach Vorgabe genetischer Information.

Das Prinzip der Analogie erweist sich jedoch als fragwürdiges Argument zugunsten der ET im Vergleich mit der Schöpfungslehre. Zum einen können trotz großer Ähnlichkeit in vielen Bereichen durch den Grad der Verschiedenheit in einigen wenigen anderen Bereichen wesentlich andersartige Lebewesen vorliegen. So unterscheidet sich z. B. der Mensch trotz der Analogien im Körperbau und im molekularbiologischen Aufbau wesentlich vom Tier in Bezug auf seine geistigen Eigenschaften, seine Gefühlswelt, sein Bewusstsein, seine Kommunikationsfähigkeiten, seine ethischen und kulturellen Werte, sein Wissen, seine Beziehung zu Gott, seiner Fähigkeit, über Herkunft und Sinn des Daseins nachzudenken ... Zum anderen ist es keineswegs logisch zwingend, aus zahlreichen Ähnlichkeiten auf eine durch Zufall ursächlich bedingte Entwicklungskette zu schließen. Eine solche Folgerung ist vielmehr als reine Hypothese einzustufen, wie folgender Vergleich mit der Entwicklung der Werke eines Künstlers zeigt: Das Vorliegen von Ähnlichkeiten und einer Entwicklungslinie bei den Werken weist nicht auf den Zufall als Übergangsmechanismus hin, sondern auf das Wirken eines intelligenten, schöpferisch begabten Wesens.

Treffend bemerkt der bekannte Evolutionsbiologe und Entomologe *Dr. John Norton Thompson* (* 1951) [58] in seinem Vorwort zu der neuen Ausgabe von Darwins «Origin of Species» zu den Aussagen des Neusystematikers *George Gaylord Simpson* (1902–1984): *«Wenn Professor Simpson bemerkt, dass Ähnlichkeiten durch die Vorfahren bestimmt werden, und wenn er daraus schließt, dass Ähnlichkeiten ein Beweis für die Abstammung darstellen, so benutzt er das Argument des Zirkelschlusses, das so charakteristisch für das evolutionistische Denken ist.»*

Die Präsentation der ET ist auch in den Schulbüchern generell auf Analogiebetrachtungen abgestützt. Der junge Mensch wird dadurch mit einer pseudowissenschaftlichen Erklärung für die Entstehung und Entwicklung der Welt abgespeist und so mit einer simplifizierenden Denkweise infiltriert.

5.3.4 Fazit

Die obigen Ausführungen zum Thema Schöpfung und Evolution liefern ein deutliches Indiz dafür, dass, wie dies schon in 5.1 angedeutet wurde, die Annahme der Existenz eines außerhalb des Universums stehenden und den Naturwissenschaften übergeordneten Schöpfers oder Designers die einzige mit der Logik und den wissenschaftlichen Kriterien kompatible Annahme ist. Im Abschnitt 5.5.5 werde ich Gründe dafür angeben, weshalb ich unter den Schöpfungsberichten den biblischen als die einzige mit der menschlichen Logik kompatible Erklärung zur Entstehung der Welt erachte. In diesem Zusammenhang werde ich auch auf die sogenannte theistische Evolution eingehen, d. h. auf die von Gott geplante und gesteuerte evolutionistische Entwicklung der Welt.

Zusammenfassend sei festgehalten:
1. Die ET ist wissenschaftlich nicht zu begründen und letztlich eine Glaubensideologie.
2. Die ET bleibt die Antwort auf die Frage nach der Herkunft der von ihr benutzten Grundentitäten – wie Raum, Zeit, Materie, Gesetzmäßigkeiten – schuldig. Diese werden als existent vorausgesetzt.
3. Die ET unterliegt dem am Anfang dieses Kapitels unter A erwähnten Zirkelschluss: Es ist der Mensch, der die ET entwickelt und stützt, d. h. das «Endprodukt der ET» wird vorausgesetzt, um seine Herkunft zu erklären.
4. Ein wesentlicher Aspekt der ET betrifft die Entstehung von Leben aus anorganischer Materie. Auf die damit verbundene Problematik wird im Abschnitt 5.4 eingegangen.
5. Die Schöpfungslehre umgeht diese Probleme, indem sie den Standpunkt einnimmt, dass eine umfassende Welterklärung nicht mit Mitteln der Welt selber – und damit auch nicht durch den Menschen und die Wissenschaft – geliefert werden kann. Sie bezieht von vornherein eine außerirdische Quelle mit ein.

Umso erstaunlicher ist es, dass in den Schulbüchern die ET in der Regel als wissenschaftlich fundierte Theorie präsentiert, die Schöpfung unter Einbezug eines Designers jedoch nicht erwähnt oder als unwissenschaftlich hingestellt wird.

5.3.5 Zweifelhafte Ansätze der Theologie

Häufig versuchen Theologen mit höchst zweifelhaften Argumentationen die im Zusammenhang mit der ET, Schöpfungslehre und Naturwissenschaft auftretende Problematik dadurch zu bewältigen, dass sie die Begriffe Gott und Zufall umgehen, indem sie Begriffe wie schöpferischer Geist, Weltgeist, Natur, Kreativität des Kosmos, Seelenfünklein [54] als schöpferische Quelle verwenden.

Als Beispiele seien hier lediglich die Aussage von Stadelmann in 4.1 sowie der Versuch einer Synthese der Evolutionstheorie und der christlichen Heilsgeschichte durch den Jesuiten und Philosophen *Pierre Teilhard de Chardin* (1881–1955) in seinem philosophischen Hauptwerk *«Der Mensch im Kosmos» («Le phénomène humain»)* erwähnt. De Chardin lehnt die evolutionsbiologische Sicht ab, die den Menschen auf Physik und Chemie und eine Synthese physikalisch-chemischer Vorgänge reduziert. Sein Versuch, ET und Schöpfungslehre zu versöhnen, ist jedoch wenig überzeugend und hilfreich, da seine Ausführungen durchsetzt sind von fragwürdigen Begriffen, Definitionen und Voraussetzungen. So sieht er z. B. die göttliche Schöpfung als evolutionären Prozess, bei dem Materie und Geist als zwei Zustände des einen «Weltenstoffes» schließlich im «Omegapunkt» «Identität» erlangen und «sich die Materie im Menschen ihrer selbst bewusst wird». Das Leben sei in verschiedenen Vorstufen aus dem «Stoff» hervorgegangen; durch den Geist würden sich immer komplexere Gebilde bis hin zum Menschen bilden. Das Geistige versteht Teilhard als «eine sich selber im Menschen bewusst gewordene zentrierte Wirklichkeit». Die Liebe ist für ihn die «universellste, ungeheuerlichste und geheimnisvollste der kosmischen Energien». Er verwendet bei seiner Argumentation nicht näher definierte Begriffe wie Lebenskraft als eigenständiges Prinzip und innerer Anstoß oder schöpferischer Impuls, um Gottes Wirken in der Welt zu beschreiben, und sagt, dass der mit Intelligenz begabte Mensch einen göttlichen Schöpfungsakt sowie einen Schöpfer der Seele anerkennen muss.

Gitt [25] versucht die Frage «Schöpfung oder Evolution» wissenschaftlich anzugehen, indem er die Wissenschaftstheorie bemüht. Ausgehend von apriorischen Voraussetzungen, sogenannten Basissätzen, die nicht bewiesen werden, sondern durch Konvention anerkannt sind, werden Schlüsse gezogen. Dieses Unterfangen führt jedoch häufig zu einem Zirkelschluss, falls bei der Aufstellung der Basissätze der Problembereich P123 nicht ausreichend berücksichtigt wird. Der erste Basissatz der biblischen Schöpfungslehre lautet: «Das Grundprinzip Schöpfung wird vorausgesetzt.» Hierbei versteht *Gitt* den Begriff Schöpfung offenbar in dem Sinne, dass der biblische Schöpfungsbericht (bSb) weitgehend im menschlichen 3D-Denkrahmen gedeutet wird. Er sagt zwar: «Es liegt im Wesen der Schöpfung begründet, dass wir unsere heute gültigen Naturgesetze nicht bis in die 6-Tage-Zeit des Erschaffenen extrapolieren dürfen. Die Denkweise unserer jetzigen Erfahrung versagt, um soeben Erschaffenes richtig zu beurteilen.», versteht aber die Begriffe und Vorgänge im bSb teilweise wörtlich innerhalb dieses Denkrahmens. So schließt er: «... Adam wurde jedoch nicht als Baby geschaffen, sondern als fertig ausgewachsener Mann ... Ebenso waren die Sterne trotz riesiger Entfernungen von Anfang an sichtbar. Die Bäume wurden nicht als Sämlinge erschaffen; sie waren ohne Durchlaufen einer Wachstumsperiode fertig. Die Vögel mussten nicht erst aus ihren Eiern schlüpfen und entsprechende Zeit heranwachsen.» Er schließt damit per Hypothese jegliche prozesshafte, sich über eine längere Zeit erstreckende Bildung dieser Schöpfungswerke aus. Mit dieser Vorgehensweise lässt er die in 5.1 unter B erwähnte Möglichkeit außer Betracht, dass die Schöpfung ein hochkomplexer Vorgang sein könnte, der uns Menschen nicht in unserem 3D-Denkrahmen und in unserer Sprache zugänglich gemacht werden kann und durch den bSb nur symbolhaft und so weit offenbart wird, wie dies für uns Menschen für unsere Beziehung zur Welt und zu Gott hilfreich ist. Im Abschnitt 5.5 wird versucht, den bSb im göttlichen 4D-Denkrahmen zu deuten und nachzuweisen, dass eine Entstehung der Schöpfungswerke durch ein prozesshaftes, sich über eine längere Zeit erstreckendes Einwirken Gottes mit diesem Bericht durchaus kompatibel ist.

5.4 Die Entstehung von Leben

Die Frage nach der Entstehung von Leben und vor allem die Frage, ob und wie Lebewesen aus unbelebter Materie hervorgehen können, hat die Menschen zu allen Zeiten beschäftigt. Die französische Akademie der Wissenschaft hatte im 19. Jh. einen Preis für die Beantwortung der Frage der spontanen Lebensentstehung durch Experimente ausgesetzt. Der Biochemiker *Louis Pasteur* (1822–1895) gewann ihn, indem er durch Experimente nachwies, dass Lebewesen nicht spontan, sondern nur aus schon vorhandenen Organismen entstehen können, dass also Leben nur aus Leben kommen kann. Bis heute ist nicht geklärt, wie Leben aus Nichtleben und wie aus Materie Verstand, Intelligenz, Bewusstsein, Gewissen, Wille entstehen können. Die folgenden Überlegungen werden zeigen, dass die Überzeugung, dass Leben ohne übernatürliche Ursache entstehen kann, weltanschaulich motiviert und nicht empirisch begründet ist.

Die DNS der Lebewesen enthält biologische Information in Form von Zeichenfolgen aus Basenpaaren. Sie ist im Code auf den Genen festgehalten und hat eine bestimmte Funktion in den Zellen. Jedem Lebewesen liegt ein äußerst zweckmäßiges Codesystem zugrunde. In der ET bleiben Ursprung und Wesen von biologischer Information und damit die Herkunft des Codes ein prinzipiell unlösbares Problem, weil nur materielle Ursachen und physikalische und chemische Eigenschaften einbezogen werden dürfen. Anorganische Materie besitzt keine Teleonomie und keine Information, um allein aus ihren Komponenten und Strukturen Leben zu organisieren, müsste aber aus der Sicht der ET schon vor Erscheinen des Lebens dazu fähig sein. Dies stellt offensichtlich einen Zirkelschluss dar. Nicht-Information kann niemals Information produzieren; jede Information benötigt als Ursache eine externe Quelle.

Evolutionisten, die das leugnen, argumentieren oft aufgrund von Vergleichen mit bekannten Systemen, die scheinbar Information aus Nicht-Information produzieren. In solchen Systemen ist aber stets Information schon vorhanden. Darauf wurde bereits in 5.3.2 im Zusammenhang mit den Zufallsspielen von *Eigen* und *Monod* und der Beschreibung der Entwicklung eines Menschen aus der Zygote durch *Huxley* hingewiesen. *Monod* [56] gibt zu, dass das größte Problem der ET die Herkunft des genetischen Codes und der Mechanismus seiner Übersetzung ist. Er ist überzeugt: *«Der reine Zufall, nichts als der Zufall, die absolute, blinde Freiheit als Grundlage des wunderbaren Gebäudes der Evolution – diese zentrale Erkenntnis ist heute nicht nur eine unter anderen möglichen oder wenigstens denkbaren Hypothesen; sie ist die einzig vorstellbare.»* Der Biochemiker *Ernest Kahane* (1903–1996) [93] meint: *«Es ist absurd und absolut unsinnig zu glauben, dass eine lebendige Zelle von selbst entsteht; aber dennoch glaube ich es, denn ich kann es mir nicht anders vorstellen.»*

Viele Evolutionisten vertreten die ***reduktionistische*** Sicht, dass alle Bereiche der menschlichen Lebenswelt durch die Naturwissenschaften beschrieben werden können. Danach sind auch der menschliche Geist, die Denkfähigkeit, der Verstand, die Intelligenz, das menschliche Bewusstsein, der (freie) Wille, das Gewissen, Emotionen, Absichten, Erinnerungen, die Fantasie, die Kreativität, der Sinn für Schönheit, die Kultur, die Musik, der Sinn für ethisch-moralische Werte reduzierbar auf Impulse eines hoch evolvierten Zentralnervensystems und damit auf rein materielle und energetische Entitäten. So meint etwa der Biologe und Nobelpreisträger *G. M. Edelmann* (1929–2014) [16]: «Jede ... Theorie der Gehirnfunktion ... muss uneingeschränkt physikalisch sein.» Jeder Erklärungsversuch zur Herkunft des Geistes durch bekannte Naturprozesse unterliegt zwingend dem am Anfang dieses Kapitels unter A aufgezeigten Zirkelschluss, da der die Argumentation führende Geist ja selber Produkt solcher Prozesse ist. *Lewis* [44] hat diesen Zirkelschluss im Kapitel III «Die Hauptschwierigkeit des Naturalismus» angedeutet.

Selbst wenn in ferner Zukunft durch Entdeckung einer neuen Art von Elementarteilchen und Gesetzmäßigkeiten eine Erklärung für die Herkunft des Geistes und geistiger Entitäten durch physikalisch-chemische Prozesse gefunden werden sollte, läge ein Zirkelschluss vor, da die Frage nach der Herkunft dieser Teilchen und Gesetzmäßigkeiten weiterhin ungelöst wäre.

Eine Realisierung der reduktionistischen Sicht stellt die Vorstellung von *Schmidt-Salomon* dar, wonach der Mensch das Produkt zufälliger neuronaler Prozesse ist und der Gehirnzustand durch den Bewegungszustand der Neuronen im Gehirn bestimmt ist. Diese Sicht wurde in 2.3 als klare Grenzüberschreitung der Naturwissenschaft nachgewiesen und dabei auch die Gefahr ihrer Konsequenzen für das Verhalten der Menschen und der Gesellschaft aufgezeigt.

Grundsätzlich kann man festhalten, dass in der ET die Entstehung des Lebens ungeklärt bleibt, und dass die Beschreibung der verschiedenen Phasen der Entwicklung des Lebens informativ nicht über die Angabe einer bestimmten Reihenfolge von Stadien des Lebens hinausgeht; auch die Übergangsmechanismen von einem Stadium zum nächst höheren sind letztlich nicht geklärt. Dies bestätigen auch die folgenden von unzureichenden Definitionen und mystischen Gedankengängen durchsetzten Aussagen von Vertretern der ET.

«Nachdem einfachste, einzellige Lebewesen recht früh in der Erdgeschichte entstanden sind, brauchte es eine Entwicklung von fast 3 Milliarden Jahren für mehrzellige Organismen. Nach weiteren Hunderten von Jahrmillionen und erst im Laufe der letzten Million Jahre führte ihre Entwicklung schließlich zum Bewusstsein, ein naturwissenschaftlich schwer fassbares Phänomen, das mit der kulturellen Entwicklung der menschlichen

Gesellschaft eine weitere Entwicklungsdimension ermöglichte ...» [3] Hier ist unklar, wie die einzelligen Lebewesen überhaupt entstanden sind und wie weit und in welcher Art in ihnen schon die Fähigkeit zur Entwicklung zu mehrzelligen Lebewesen und solchen mit einem Bewusstsein vorhanden ist und woher dieses gegebenenfalls kommt.

«Die Potenz, sich so in einem langen Prozess zum Leben hin zu entwickeln, ist offenbar schon in der Beschaffenheit der Elementarteilchen und der daraus – ebenfalls ‹von selbst› – entstehenden Atome verankert.» [41]

«Mit dem Wort ‹Evolution› beschreiben wir diese Erscheinung des Hinaufdrängens, dieses neue Gesetz, das in die Materie fährt wie ein erster Geistesblitz, wie ein Befehl, und sie so in die Aufwärtsbewegung zwingt.» [33]

In einem Schulbuch steht: «Die Ursuppe erschuf den ersten Einzeller, aus dem sich alles Leben entwickelte.»

5.5 Der biblische Schöpfungsbericht

In diesem Abschnitt wird versucht, die Einzigartigkeit des biblischen Schöpfungsberichtes (bSb) (1. Mo 1–2.3) unter den verschiedenen Schöpfungsberichten der Religionen nachzuweisen und seine Bedeutung und Aussagekraft aufzuzeigen.

5.5.1 Deutungsrahmen und Intention des biblischen Schöpfungsberichtes

Bei den Betrachtungen zum bSb sind die Problemkreise B und C von 5.1 zu beachten, d. h. einerseits die Möglichkeit, dass der Schöpfungsakt ex nihilo uns Menschen letztlich nicht in unserem Denkrahmen und in unserer Sprache zugänglich und verständlich gemacht werden kann, und andererseits die Tatsache, dass er nur durch Begriffe beschrieben werden kann, die selber schon Entitäten der Schöpfung darstellen, wie etwa Raum und Zeit oder die in unserer Welt gültigen Naturgesetze. Dies hat zur Folge, dass der Schöpfungsakt uns Menschen weitgehend in Bildern und Symbolen übermittelt ist und entsprechend interpretiert werden muss. Eine wörtliche Deutung des bSb innerhalb unseres menschlichen 3D-Denkrahmens wird der göttlichen Dimension und der Komplexität des Schöpfungsaktes nicht gerecht.

Abgesehen von den durch die Argumente in 5.3 gestützten Vernunftgründen ist es ein Zeichen menschlicher Demut, anzuerkennen, dass Gott den Schöpfungsakt uns Menschen nicht erschöpfend zugänglich machen kann und wir als Geschöpfe ihn niemals in seiner ganzen Tiefe erfassen können. In seiner Weisheit teilt Gott uns Menschen so viel mit, wie wir verstehen können und wie dies für unser Leben förderlich ist.

Das Entscheidende und Wichtige, das Gott uns durch den bSb weitergeben will, ist zeitlos und soll von den Menschen aller Zeiten verstanden werden. Gott will durch den bSb der Menschheit tiefere Einsicht in seine Beziehung zur Welt und zum Menschen und in die Beziehung des Menschen zu seinen Mitmenschen und zu sich selber geben. Der Bericht beschreibt den Gott, der unterwegs ist mit seinem Volk Israel und uns Menschen. Er bringt Fragen zur Ursache, Herkunft und Entstehung der Welt und existenzielle Fragen – Fragen zu Leben, Tod, Liebe, Mann und Frau, Mensch und Gott – auf den Punkt und er versucht, Antworten zu geben.

Es geht nicht darum, naturwissenschaftliche Erkenntnisse und Erkenntnisse über ein Weltbild zu vermitteln; Gott will nicht dem vorgreifen, wozu er dem Menschen den Grundauftrag (1. Mo 1.28) gegeben hat, nämlich selber tiefere Erkenntnisse über die Welt und die Menschheit zu gewinnen. Es geht nicht um eine rationale Erklärung der Natur und ihrer Ursachen, sondern vielmehr um das Gehalten- und Getragen-Sein durch Gott. Der bSb will Halt geben im Leben und zum Ausdruck bringen, dass die Welt kein Zufallsprodukt und der Mensch kein Kind des Zufalls, sondern ein von Gott gewolltes und bejahtes Wesen ist.

Die Beachtung des Deutungsrahmens und der Intention des bSb haben zweierlei Konsequenzen.

Einerseits werden der oft angesprochene Widerspruch zwischen bSb und heutiger Naturwissenschaft sowie die Frage, ob der bSb historisch oder als Mythos zu verstehen ist, hinfällig – und zwar deshalb, weil dann der bSb sowohl historisch als auch als Mythos verstanden werden kann, nämlich sowohl als Bericht eines Ereignisses, das wirklich stattgefunden hat, als auch als Bericht, der uns den Schöpfungsakt in unserer Sprache und innerhalb unseres Denkrahmens durch Informationen über den Urheber und die Herkunft der Welt und der Menschheit zugänglich machen will.

Andererseits ergibt sich ein weiter Interpretationsspielraum für die konkrete Realisierung der einzelnen Schöpfungswerke.

So können z. B. die im bSb erwähnten Tage nicht ohne Weiteres mit unseren 24-Stunden-Tagen gleichgesetzt werden. Das hebräische Wort «*yom*» für das Wort «Tag» im bSb kann auch einen nicht näher bestimmten Zeitraum bezeichnen – wie etwa in 1. Mose 2.4. Unsere 24-Stunden-Tage hängen mit der Bewegung der Erde und der Sonne zusammen und diese Himmelskörper waren bei der erstmaligen Erwähnung des Wortes «Tag» noch nicht in Existenz gekommen. Die Angabe der Tage im bSb deutet auf eine bestimmte Reihenfolge der Schöpfungswerke hin. Auf diesem Hintergrund ist der sogenannte Kurzzeit-Kreationismus, wie ihn auch *Gitt* [25] vertritt, abzulehnen: «Die Erde und alle sonstigen Gestirne sind – bis auf die Differenz dreier Schöpfungstage – gleich alt. Die gesamte Dauer des Schöpfungsaktes umfasst sechs Tage.»

Die Formulierungen «Gott sprach» und «Gott schuf» sowie die Zeitangabe von «Tagen» könnten auch dahin gedeutet werden, dass Gott zwar die «gedankliche Planung» der Schöpfungswerke und der zu ihrer Realisierung notwendigen Entwicklungsprozesse in unseren 24-Stunden-Tagen vorgenommen, sie jedoch jeweils über längere Zeiträume hinweg konkret ausgeführt hat – in Analogie zu der am Anfang des Abschnittes 5.3 erwähnten Situation eines Mathematikers, der einen neuen Satz bewiesen oder eine neue Theorie aufgestellt hat. Diese Betrachtungsweise lässt auch Raum für eine Art göttlich geleitete Evolution; ich werde im nächsten Abschnitt näher darauf eingehen.

5.5.2 Gott als Initiator, Planer und Realisator

Wenn auch im bSb viele Fragen in Bezug auf die konkrete Realisierung der Schöpfung offenbleiben, so geht doch aus den Formulierungen *«Gott schuf ...»* und *«Gott sprach: Es werde ..., es sammle sich ..., es lasse ..., es wimmle ..., es bringe hervor ...! Und es ward ..., und es geschah.»* (1. Mo 1, LU) klar hervor, dass der biblische Gott der Initiator und Realisator ist, der die entscheidenden Impulse gegeben hat zur Entstehung und Entwicklung der Welt und des Menschen, und dass er der Urheber ist von Raum, Zeit, Materie, der in der Welt herrschenden Gesetzmäßigkeiten, Geist, von Ethik, Moral, Ästhetik ... Im Hebräischen steht für «Gott sprach» ein Ausdruck, der mit dem Wort *«dabar»* (deutsch «Wort») zusammenhängt, das – wie schon in 3.3 angedeutet wurde – Wort, Ding, Sache, Angelegenheit bedeutet. Dies zeigt, dass bei Gott Reden, Wirken und Werke irgendwie zusammengehören – so wie es in einem Psalmwort (Ps 33.9 LU) heißt: *«Wenn er spricht, so geschieht's.»* Wort und Wirklichkeit lassen sich nicht trennen.

Der bSb macht deutlich, dass die konkrete Realisierung der Schöpfung nicht in einer von Gott unabhängigen Eigendynamik geschieht, sondern dass die auftretenden Prozesse nach seinen Vorgaben verlaufen. In allem bleibt der biblische Gott der Handelnde und Wirkende. Dies kommt auch deutlich in Versen wie Joh 1.1–3, Kol 1.16, Off 4.11 zum Ausdruck.

Das hebräische Wort «*bara*» für «schuf» wird ausschließlich in Bezug auf Gott verwendet und bezeichnet ein Schaffen, das nicht auf Bestehendes zurückgreift. Es kann nicht mit menschlichem Schaffen gleichgesetzt werden und durchaus eine über längere Zeit erfolgende Realisierung des gesprochenen Wortes Gottes beinhalten.

Der bSb erweist sich als durchaus kompatibel mit einer Art Evolution: Die Verse «*Gott sprach: Es lasse die Erde aufgehen Gras und Kraut, das Samen bringe, und fruchtbare Bäume ... Die Erde bringe hervor lebendiges Getier, ein jedes nach seiner Art ...*» (1. Mo 1.11–12+24 LU) zeigen, dass Gott zu einer Entwicklung ermächtigt, in der bereits Erschaffenes in einem von ihm gesteckten Rahmen Neues schafft. Entscheidend ist hierbei, dass Gott nicht lediglich der Initiator und Verursacher einer Evolution ist, die dann nach dem Prinzip des Zufalls abläuft, sondern dass er sie in einer uns verborgenen Weise plant und lenkt. So verstanden sind die theistische Evolution und der Glaube an einen Schöpfergott durchaus widerspruchsfrei miteinander vereinbar.

Die Argumentation von *Gitt* [24] zur Ablehnung dieser Sicht beruht auf einem Evolutionsbegriff, der allein durch den Zufall bestimmt ist und den eben erwähnten biblischen Aspekt außer Acht lässt.

5.5.3 Die Erschaffung des Menschen

Der in 5.5.1 beschriebene Rahmen zur konkreten Realisierung der im bSb erwähnten Schöpfungswerke bestimmt auch die Deutung des Berichtes über die Erschaffung des Menschen, d. h. die konkrete Umsetzung der Worte «*Gott sprach: Lasst uns Menschen machen, als Abbild von uns, uns ähnlich.*» (1. Mo 1.26a NeÜ) und «*Da formte Gott den Menschen aus loser Erde und hauchte Lebensatem in sein Gesicht. So wurde der Mensch ein lebendes Wesen.*» (1. Mo 2.7 NeÜ). Das Leben ist damit das Ergebnis eines Schöpfungsaktes und nicht ein Produkt der Evolution aus Materie.

Der hebräische Ausdruck für «lebendes Wesen» wird auch für Tiere verwendet (1. Mo 1.20+24, 2.19). Dies weist darauf hin, dass der Mensch durchaus körperliche Ähnlichkeiten mit Säugetieren hat. Als sein Ebenbild stellt Gott den Menschen über alle anderen Lebewesen; der Mensch wird geschaffen mit einer Dimension, die diesen fehlt. Das betrifft auch die schon in 5.4 erwähnten Entitäten wie den menschlichen Geist, die Denkfähigkeit, den Verstand, die Emotionen, die Fantasie, das Gewissen, den Sinn für ethisch-moralische Werte.

Der bSb lässt einen weiten Spielraum für die zeitliche Einordnung der geschaffenen Lebewesen und die bei der Erschaffung auftretenden Zeiträume. Dies entschärft auch die oft diskutierte Frage, ob Adam und Eva als historische Personen oder als exemplarische Repräsentanten für den Menschen zu verstehen sind. Entscheidende Tatsache ist der durch Gottes Wirken in Existenz gekommene Mensch in seiner Ebenbildlichkeit zu Gott. Damit ist er sowohl exemplarischer Repräsentant einer Gattung von Lebewesen als auch historische Person, historisch im Sinne eines in dieser Zeit und Welt in Existenz gekommenen Gott ähnlichen Lebewesens, dessen Erschaffung nicht in einen konkret bestimmbaren Zeitrahmen eingeordnet werden kann.

Zimmer [90] meint, dass die biblischen Erzählungen von Adam und Eva (1. Mo 2.5–7) sowie von Kain und Abel (1. Mo 4.1–16) u. a. darum nicht historisch sein können, weil nichts darüber ausgesagt ist, wie die Menschen gelebt und was sie gemacht haben – ob sie z. B. schon über Werkzeuge verfügt und wie sie kommuniziert haben. M. E. ist dieser Schluss nicht zwingend. Es geht bei diesen Erzählungen ja um die Wiedergabe ganz spezifischer, entscheidender Episoden im Leben der Menschen und nicht um eine generelle Beschreibung ihrer Lebensumstände.

Der bSb erwähnt – im Gegensatz zu den anderen antiken Schöpfungsberichten – ausdrücklich die Erschaffung der Frau. Die Erschaffung des Menschen als lebendes Wesen und Gottes Ebenbild beinhaltet keine geschlechtliche Differenzierung. Der in 1. Mo 1.27 verwendete hebräische Ausdruck *«ha adam»* («der

Adam») – also Adam mit Artikel – ist als Gattungsbegriff für die Menschen und nicht als Eigenname zu verstehen; er schließt Mann und Frau ein. Aus diesem Menschen bildet Gott die Frau («*ischa*») und erst nach ihrer Erschaffung erkennt der zuvor geschlechtlich noch unbestimmte Adam seine männliche Identität. Die Erschaffung der Frau erfolgte mit der Absicht, den Menschen (ha adam) vom Alleinsein zu befreien und ihm eine Hilfe gegenüber («ezer kenegdo») zu schaffen (1. Mo 2.18–19), die er in der Tierwelt nicht gefunden hat (1. Mo 2.20). Es geht bei der Schöpfung von Mann und Frau um ein Gegenüber, das ergänzt, korrigiert, spiegelt, schützt. Es fehlt jeder Aspekt der sozialen Hierarchie, Dominanz und des Kontrollierens. Die Übersetzung Luthers, Adam «eine Gehilfin» zu schaffen, ist missverständlich. Im Hebräischen steht das männliche Wort «*ezer*» für Hilfe und nicht das weibliche Wort «*ezra*». Das Wort «ezer» wird sonst im AT ausschließlich für die Hilfe gebraucht, die von Gott kommt. *Jens Kaldewey* [35] sagt dazu: «Die hier gemeinte Hilfe kommt von Gott und repräsentiert Gott. Es ist eine starke, kompetente Hilfe gemeint, die Hilfe, die von einem höher gestellten Mächtigeren zu einem tiefer gestellten Schwächeren kommt … und hat nichts mit einem unterwürfigen Dienen zu tun.»

5.5.4 Freier Wille, Sündenfall, Tod

Die Bibel hat die Sicht, dass Gott den Menschen mit einem freien Willen (fW) geschaffen hat und dass er für sein Handeln vor Gott und der Welt Verantwortung trägt. Er ist kein Roboter, der wie eine Maschine funktioniert und keine Marionette in der Hand Gottes. Er kann sich für das Böse oder für das Gute entscheiden, er trägt Verantwortung dafür, wie er seine Beziehung zu Gott und den Menschen gestaltet und wie er mit den Herausforderungen in der Welt – z. B. in Bezug auf Armut, Gerechtigkeit, Umwelt, Ressourcen – umgeht. Gott sehnt sich danach, dass ihn die Menschen aus fW und ohne Zwang lieben «… *von ganzem Herzen, von ganzer Seele und mit all ihrer Kraft ...»* (5. Mo 6.5 LU) und «*... den Nächsten wie sich selbst ...»* (3. Mo 19.18). Die Tatsache, dass der Mensch für sein Handeln aus fW vor Gott verantwortlich ist, setzt ein von Gott unabhängiges Wirken des fW voraus. Andererseits ist es Gott, der den Menschen mit einem fW erschaffen hat und *«beides, das Wollen und das Vollbringen, nach seinem Wohlgefallen»* (Phil 2.13 LU) bewirkt. Dieser innerhalb des menschlichen 3D-Denkrahmens widersprüchliche Dualismus zwischen dem Handeln Gottes und dem Handeln des Menschen durchzieht den ganzen göttlichen Heilsplan – einerseits hundert Prozent Gottes Gnade und andererseits hundert Prozent fW des Menschen. Einerseits gilt: *«All denen jedoch, die ihn aufnahmen und an seinen Namen glaubten, gab er das Recht, Gottes Kinder zu werden.»* (Joh 1.12 NGÜ) und *«Schaffet, dass ihr selig werdet, mit Furcht und Zittern.»* (Phil 2.12b LU) sowie *«Geht hinein durch die enge Pforte. Denn die Pforte ist weit und der Weg ist breit, der zur Verdammnis führt, und viele sind's, die auf ihm hineingehen.»* (Mt 7.13 LU) und andererseits gilt der eben zitierte Vers Phil 2.13 sowie *«Es kann niemand zu mir kommen, es sei denn, ihn ziehe der Vater.»* (Joh 6.44a LU). Der Mensch ist aufgerufen, die in diesem Dualismus liegende Spannung auszuhalten.

Die biblische Sicht in Bezug auf den fW und seine Konsequenzen lässt sich nicht vereinbaren mit jeglicher evolutionistischer Deutung der Entstehung des Menschen, die auf Zufall und dem Prinzip des Stärkeren beruht.

Das Ereignis vom Sündenfall (1. Mo 3), d.h. der Verzehr der verbotenen Frucht des Baumes der Erkenntnis des Guten und des Bösen durch Adam und Eva, und der vorgängig als Konsequenz angedrohte Tod (1. Mo 2.17) konfrontiert uns auch mit der Frage nach dem Zusammenhang von fW, Verantwortung und Tod. Gemäß dem bSb ist der Sündenfall eine Folge eines Entscheides des Menschen aus fW. Mit dem Sündenfall geht der paradiesische «Garten Eden» als Inbegriff der ungetrübten Gottesbeziehung und der Zugang zur ewigen Lebensfülle im «Baum des Lebens» verloren (1. Mo 3.22–23).

In der christlichen Theologie wird die Geschichte vom Sündenfall im Wesentlichen auf zweierlei Weisen gedeutet:

1. als historisches Ereignis ohne typischen Charakter, durch das Adam und Eva, die frei von Sünde waren, durch ihren Ungehorsam die Erbsünde bewirkten, durch die alle Menschen von Geburt an eine gestörte Beziehung zu Gott haben,
2. als paradigmatische Schuld-Strafe-Erzählung [78], d. h. symbolhaft für alle Menschen und ihre Gottesentfremdung; sie beschreibt damit einen allgemeinen Zustand und nicht das Ereignis, das ihn bewirkte.

Mit der ersten Deutung wird Gott meist davon freigesprochen, Leid, Not, Tod ... schon bei der Schöpfung eingeplant zu haben und damit ihr Urheber zu sein. Wir haben jedoch im Abschnitt 4.4 darauf hingewiesen, dass diese Sicht nicht mit der Definition von Gott in 4.1 kompatibel ist.

Bei der zweiten Deutung erscheint die Gottesentfremdung nicht als Folge einer Entscheidung des Menschen, sondern vielmehr als von Anfang an zur menschlichen Natur gehörig.

Die komplexe Frage nach dem Zusammenhang des fW und dem Leid in dieser Welt wurde bereits im Abschnitt 4.4 im Zusammenhang mit der Theodizee-Frage erörtert.

5.5.5 Der biblische Schöpfungsbericht versus die heidnischen Schöpfungsberichte

Der bSb unterscheidet sich wesentlich von den Schöpfungsberichten anderer Religionen. Im Gegensatz zu der im bSb beschriebenen Schöpfung ex nihilo, bei der Gott alles in Existenz ruft, setzen die Schöpfungsberichte anderer Religionen für die Schöpfung schon die Existenz von Elementen der vollendeten Schöpfung voraus. Als Beispiele erwähnen wir drei Schöpfungsmythen aus China, Indien und dem antiken Griechenland.

Im chinesischen Schöpfungsmythos steht am Anfang ein Ei. Aus ihm schlüpft das erste Lebewesen Pangu. 18'000 Jahre später zerbricht das Ei durch einen Lichtstrahl in zwei Teile. Die obere Hälfte wird zum Himmel, die untere zur Erde. Pangu wird alt und stirbt, aus seinem Körper bildet sich das Universum, sein rechtes Auge wird zur Sonne und das linke zum Mond, sein Atem zu Winden, sein Schweiß zu Regen, seine Stimme zum Donnergrollen ...

Der Schöpfungsmythos aus Indien beginnt ohne Zeit und Ort. Es gibt nur «das Eine, welches die tiefen Gedanken der Ewigkeit denkt». Diese werden zu den Worten «Ich bin! Es gibt nichts anderes.». Dem «Einen» wird bewusst, dass es völlig allein ist und damit überkommen es Einsamkeit und Traurigkeit; es teilt sich in zwei Teile, aus denen Dunkelheit und Licht, Meer und Himmel, Berg und Tal sowie die ersten Menschen – Mann und Frau – entstehen ...

Nach *Platon* ordnet ein Weltbaumeister (Demiurg) die schon vorhandene Materie nach schon vorgegebenen Ideen; er formt so das ursprüngliche Chaos mit stetem Blick auf die Ideen zu einem wohlgeordneten Kosmos.

Nach dem bSb war die Schöpfung in ihrer Gesamtheit gut und vollkommen. Dies steht im Gegensatz zu den Vorstellungen von *Platon*. Für ihn sind die Ideen die eigentliche Wirklichkeit hinter der Sinnenwelt; die empirische Welt und Realität existieren nur als Abbild der Ideen. Das physikalische Universum ist ein vorübergehendes und minderwertiges Abbild eines geistigen Universums. Dieser Vorstellung schlossen sich einige vom Gnostizismus beeinflusste Kirchenväter an. Dabei hat die Natur die Funktion eines Bilderbuches Gottes zur Erziehung und geistlichen Erbauung. So weisen z. B. die Ameisen auf die Tugenden Emsigkeit, Fleiß und Gemeinschaftssinn hin; diese Sicht motiviert nicht dazu, die Natur um ihrer selbst willen zu erforschen. Die Gnostiker unterschieden im 1. und 2. Jahrhundert den vollkommenen, allumfassenden Erlöser-Gott des NT als Schöpfer der geistigen Welt und den (ihm untergeordneten) Schöpfer-

Gott oder Demiurgen des AT als Schöpfer der materiellen Welt und des Körpers. Die materielle Welt und der Körper gelten als böse und es geht darum, das im Menschen wohnende geistige Prinzip, das eine Schöpfung des ersten Gottes und gut ist, vom Körper zu lösen.

Im Gegensatz zu den heidnischen Göttern, die die Welt und den Menschen nach der Erschaffung weitgehend sich selbst überlassen, erweist sich der Gott der Bibel nicht nur als ihr Schöpfer, sondern auch als ihr Erhalter, der zudem mit den Menschen in enger Beziehung steht. Die ganze Bibel bezeugt in eindrücklicher Weise, wie sehr Gott an der Schöpfung und am Menschen interessiert ist und am Weltenverlauf und Ergehen der Menschen Anteil nimmt. Der stärkste Ausdruck dieser Anteilnahme ist das Heilswerk in Jesus Christus.

6. Der christliche Glaube

In diesem Kapitel befassen wir uns mit zentralen Inhalten des christlichen Glaubens und deren Auswirkungen auf und Herausforderungen für das Leben eines Christen und für die Gesellschaft. Bedingt durch den Problembereich P123 entsprechen diese Inhalte oft nicht den Vorstellungen der Gesellschaft – u.a. in Bezug auf den wesentlichen Kern des christlichen Glaubens, das Verständnis von Freiheit, die Zukunftsvision, die Einheit der Christen.

6.1 Grundlage und Wesen des christlichen Glaubens

Die Grundlage des christlichen Glaubens ist in der KBB – der Kernbotschaft der Bibel (siehe 3.1) – festgehalten. Im Zentrum stehen der allmächtige ***Gott***, der Schöpfer und Erhalter der Welt, der die Menschen liebt und sich nach ihrer Liebe sehnt, und sein Sohn ***Jesus Christus***, der durch sein Opfer am Kreuz die Beziehung des Menschen zu Gott wiederhergestellt hat, der auferstanden ist und lebt, die Welt regiert, der durch den Heiligen Geist in den Gläubigen lebt (Gal 2.20) und mit ihnen die Welt im Sinne der Bergpredigt transformieren will. Der Gläubige lebt in der Gewissheit, dank dem Opfer von Jesus Christus vor Gott gerechtfertigt, von ihm angenommen und sein Kind zu sein, und er ist berufen, die Mitmenschen zu lieben und in der Kraft des Heiligen Geistes in der Welt im Sinne der Bergpredigt zu wirken. Das **Ich-bin-Wort** *«Ich bin der Weg, die Wahrheit und das Leben.»* (Joh 14.6a) macht deutlich: ***Christlicher Glaube*** beruht nicht auf einer ***Lehre***, einem ***abstrakten Ge-***

dankengebäude oder einer zeitlosen ***Weisheitssammlung***; er ist mehr als ein ***Glaubensbekenntnis*** und es geht nicht einfach darum, einen ***Kodex von Regeln*** einzuhalten, sondern um eine ***lebendige Beziehung zu Gott und Jesus Christus***. Die Wahrheit erschließt sich dem Christen nicht durch ein Buch, die Bibel, nicht durch Regeln, Dekrete und Gesetze, sondern durch eine Person, Jesus Christus. Der Gläubige ist aufgerufen, nicht einfach zu tun, was Jesus geboten hat, sondern sich im Herzen verändern zu lassen – wie dies auch folgende Verse im NT ausdrücken: *«Zieht an den Herrn Jesus Christus.»* (Röm 13.14a LU), *«Denn ihr alle, die ihr auf Christus getauft seid, habt Christus angezogen.»* (Gal 3.27 LU), *«… bis Christus in euerem Leben Gestalt annimmt.»* (Gal 4.19b NGÜ), *«Wir aber haben nicht empfangen den Geist der Welt, sondern den Geist aus Gott.»* (1. Kor 2.12a LU), *«Wisst ihr nicht, dass ihr Gottes Tempel seid und der Geist Gottes in euch wohnt?»* (1. Kor 3.16 LU). Die durch Jesus Christus erfahrene innere Veränderung hat die Christen immer wieder motiviert und befähigt, die Welt im Sinne der Bergpredigt zu verändern, und sie ist die Basis für die durch Christen im Verlaufe der Geschichte bewirkten radikalen gesellschaftlichen Veränderungen. Der Reformator *Huldrych Zwingli* (1484–1531) hat es so ausgedrückt: *«Das Zentrum des christlichen Glaubens ist das Heilswerk, das Christus am Kreuz für die Menschen vollbracht hat. Erst auf dieser Grundlage kann das christliche Leben dann auch ethische Christusnachfolge sein.»*

Beim christlichen Glauben geht es nicht in erster Linie darum, Antworten zu finden auf ***Wie***-, ***Warum***- und ***Woher-Fragen*** im Zusammenhang mit schwierigen Lebenssituationen und -führungen, Leid, Krankheit und – trotz Gebet – ausbleibender Heilung, sondern vielmehr um die Frage nach dem ***Umgang*** mit solchen Situationen und Führungen im Alltag. Dies ist für die westliche Gesellschaft eine Herausforderung, da sie von ihrem vom griechisch-analytischen Denken geprägten Hintergrund her bestrebt ist, die Ursachen des Geschehens in dieser Welt herauszufinden. Der christliche Glauben gründet aber auf dem jüdisch-hebräischen Weltbild und da geht es nicht in erster Linie darum, Gott und sein Handeln innerhalb eines bestehenden Denkrahmens einordnen und verstehen zu können, sondern vielmehr darum, tiefere Gotteserkenntnis, konkrete Wegweisung und Befähigung für das Handeln im Alltag zu erhalten. Paulus (Röm 9.20–21 LU) weist in diesem Zusammenhang auf den schon im AT (Jes 29.16) erwähnten Vergleich mit dem Töpfer und seinem Werk hin: *«Ja, lieber Mensch, wer bist du denn, dass du mit Gott rechten willst? Spricht etwa ein Werk zu seinem Meister: Warum hast du mich so gemacht? Hat nicht der Töpfer Macht über den Ton, aus demselben Klumpen ein Gefäß zu ehrenvollem und ein anderes zu nicht ehrenvollem Gebrauch zu machen?»*

In der abendländischen Gesellschaft ist die Meinung verbreitet, dass christlicher Glauben darin besteht, Jesus als großen Moralprediger anzuerkennen und seine ***Lehre zu moralischem und ethischem Verhalten*** zu befolgen. Damit ist die Überzeugung verbunden, dass dies zu einer gerechteren sozialen Ordnung und Frieden führen wird. Die Bibel lässt allerdings keinen Zweifel daran, dass aufgrund der Natur des Menschen ein solches Vorhaben von vornherein zum Scheitern verurteilt ist. *Lewis* ([45], [46]) argumentiert treffend, dass, wenn schon die zahlreichen guten Ratschläge der letzten 3000 Jahre von Moralpredigern wie *Platon*, *Aristoteles*, *Konfuzius* nicht befolgt wurden, es dann bei Jesus kaum anders sein wird!

6.2 Das Reich Gottes

Das ***Reich Gottes*** (RG) bezeichnet die Gegenwart und das Wirken des biblischen Gottes in der Welt und den Bereich, in dem sich sein Wille durchsetzt. Es nahm seinen Anfang mit der Ankunft Jesu in der Welt und der von ihm erwirkten Erlösung und Befreiung des Menschen.

Das RG war das Hauptanliegen Jesu. Die erste Aussage von Johannes dem Täufer im Matthäusevangelium lautet (Mt 3.2 NGÜ): *«Kehrt um! Denn das Himmelreich ist nahe.»* (im Matthäusevangelium wird das RG auch als Himmelreich bezeichnet), die ersten Worte Jesu im Markusevangelium sind (Mk 1.15a NGÜ): *«Die Zeit ist gekommen, das RG ist nahe.»*, im Vaterunser steht (Mt 6.10a LU): *«Dein Reich komme.»* und Jesus (Mt 6.33a LU) fordert uns auf: *«Trachtet zuerst nach dem RG.»* In der Neuen Genfer Übersetzung kommen in den Evangelien die Begriffe *«Reich Gottes»* und *«Himmelreich»* 55- und 30-mal vor, während von *«Gemeinde»* nur 2-mal die Rede ist. Das Hauptanliegen Jesu war nicht die perfekte Gemeinde, sondern das RG. Die Kirchen und Gemeinden stellen Realisierungen dieses Reiches dar; es wird mit dem zweiten Kommen Jesu zur Vollendung gelangen.

Gott ruft die Menschen in sein Reich, um mit ihnen zusammen der Welt zu offenbaren, wer er ist, wer die Macht hat, wem der Sieg gehört, und um die Welt in den schöpfungsgemäßen Zustand zu transformieren. Sein Auftrag an die Menschen besteht darin, sich dafür einzusetzen, dass das RG in der Welt immer mehr Raum einnimmt und sich so die Bitte im Vaterunser: *«Dein Reich komme, wie im Himmel so auf Erden.»* immer mehr erfüllt.

Das RG ist ***unerschütterlich*** und ***unzerstörbar*** (Heb 12.28 NeÜ bzw. NGÜ); es kann nicht durch weltliche Reiche überwunden werden, wie dies bereits der Prophet Daniel vorausgesagt hatte (Daniel 2.44–45).

Das RG funktioniert anders als die Reiche dieser Welt. Jesus (Joh 18.36a LU) sagt: *«Das RG ist nicht von dieser Welt.»* Es ist ein *Geheimnis* (Mk 4.11) und kann dem Menschen im 3D-Denkrahmen nur symbolisch, durch Bilder und Gleichnisse, zugänglich gemacht werden. Jesus versuchte, es seinen Jüngern durch sieben Gleichnisse nahezubringen (Mt 13) und sie sachte mit der neuen Dimension des RG bekannt zu machen. Die Gleichnisse sollten sie zum Nachdenken bewegen und ihnen ermöglichen, selber Teilaspekte des RG zu erkennen und durch deren

Zusammenfügen ein wachsendes Verständnis dafür zu gewinnen, was RG wirklich ist. Auf die Frage der Jünger nach dem Zeitpunkt des RG antwortete Jesus (Lk 17.20b–21 NGÜ): *«Das RG kommt nicht so, dass man es an äußeren Anzeichen erkennen kann. Man wird auch nicht sagen können: ‹Seht, hier ist es!› oder: ‹Es ist dort!› Nein, das RG ist mitten unter euch.»*, d. h. es ereignet sich in der Gemeinschaft der Menschen, die in Verbindung mit Gott und Jesus leben und ihren Lebensstil von deren Worten her bestimmen lassen.

Die Agenda des RG ist die ***Bergpredigt*** – wie dies die KBB zum Ausdruck bringt. Die Christen leben als Bürger des RG eine durch diese Agenda bestimmte Ethik und Moral – in der Verantwortung und Verpflichtung gegenüber Gott. Sie sind bestrebt, Werke zu tun, durch die er geehrt wird – im Sinne des Verses (Mt 5.16 LU): *«Lasst euer Licht leuchten vor den Leuten, damit sie eure guten Werke sehen und euren Vater im Himmel preisen.»* Dazu gehört auch, dass sie sich für soziale Gerechtigkeit und die Bewahrung der Schöpfung engagieren. Das RG will den Menschen ein sinnerfülltes, gelingendes Leben und der Menschheit ein funktionierendes, friedvolles Miteinander ermöglichen.

Der Wert der Menschen im RG ist nicht wie in der Gesellschaft durch die Leistung, das Aussehen, die berufliche oder politische Karriere, den irdischen Reichtum bestimmt, sondern dadurch, dass sie durch das Heilswerk von Jesus Christus als *«neue Menschen nach Gottes Bild erschaffen»* sind, als Menschen, *«deren Kennzeichen Gerechtigkeit und Heiligkeit sind, die sich auf die Wahrheit gründen»* (vgl. 2. Kor 5.17, Eph 4.24 NGÜ). Da gilt (Gal 3.28 NGÜ): *«Hier gibt es keinen Unterschied mehr zwischen Juden und Griechen, zwischen Sklaven und freien Menschen, zwischen Mann und Frau. Denn durch eure Verbindung mit Jesus Christus seid ihr alle zusammen ein neuer Mensch geworden.»* In den ersten christlichen Gemeinden saßen beim Abendmahl Arme und Reiche, Sklaven und Herren, Männer und Frauen gemeinsam am gleichen Tisch. Das war für die damalige Zeit revolutionär und ein unübersehbares Zeugnis für die neuen Prioritäten im RG.

Der natürliche Mensch geht grundsätzlich von der Annahme aus, dass er selber mit seinem Verstand und ohne die Hilfe eines übergeordneten Gottes imstande ist, die Grundlage für ein funktionierendes und gelingendes persönliches Leben und Zusammenleben der Menschen zu schaffen. Er handelt – im Sinne von *Kant* – als sogenannter aufgeklärter Mensch, der auf sein eigenes Denken vertraut und nicht auf irgendeine Autorität oder Tradition. Er bestimmt eigenständig die Regeln des gesellschaftlichen Zusammenlebens, z. B. wann Leben als lebenswert gilt, welche Möglichkeiten zur künstlichen Zeugung und Beendigung von Leben angewendet werden dürfen. Er erkennt den Sinn und die Bedeutung des RG nicht und ist daher auch nicht motiviert und bestrebt, diesem Reich anzugehören.

Schon zu Jesu Zeiten lehnten die Juden, allen voran die geistige und geistliche Elite, das von Jesus verkündigte RG entschieden ab. Es entsprach nicht ihren Vorstellungen vom RG. Sie koppelten es mit der Befreiung von der römischen Macht und der Wiederherstellung des Staates Israel.

Auch in Bezug auf die ***Zugehörigkeit*** zu diesem Reich unterscheidet es sich von den Vorstellungen des natürlichen Menschen. Bürger des RG wird man nicht aufgrund des Standes der Herkunftsfamilie oder von menschlicher Leistung oder moralischer Anstrengung, nicht durch Befolgung eines Kodexes von Regeln und Ausübung von kultischen Handlungen. Die Zugehörigkeit ist begründet in dem Heilswerk von Jesus Christus. Dies wird auch deutlich im Gespräch von Jesus mit Nikodemus (Joh 3.1–21), in dem Jesus darauf hinweist, dass man das RG nicht sehen kann, ohne von Neuem – oder von oben herab – geboren zu werden.

Das RG wird den Menschen nicht aufgezwungen, Gott lässt ihnen die Freiheit, sich für oder gegen dieses Reich zu entscheiden. Bei einem positiven Entscheid ist die Frage müßig, ob Gott den Menschen gesucht hat oder ob er von Gott gefunden worden ist, ob Gott das Suchen nach ihm und die Zuwendung zu ihm durch spezielle Gotteserfahrungen des Menschen veranlasst hat – wie dies z. B. bei der Bekehrung des Paulus der Fall gewesen war (Apg 9.1–9) – oder nicht. In beiden Fällen liegt hier der in 5.5.4 erwähnte Dualismus zwischen dem Handeln Gottes und dem Handeln des Menschen zugrunde. So wird ein Mensch, der sich für das RG entschieden hat, diese Entscheidung nicht als *Leistung* betrachten, sondern in einer *Haltung der Demut und Dankbarkeit* Gott preisen, im vollen Bewusstsein, dass er aus lauter Gnade diesem Reich angehören darf und kann – dies ganz im Sinne der Verse (Joh 6.44a und Joh 15.16a LU): *«Es kann niemand zu mir kommen, es sei denn, ihn ziehe der Vater.»* und *«Nicht ihr habt mich erwählt, sondern ich habe euch erwählt.»* oder der Aussage des Apostels Paulus (1. Kor 15.9–10a LU): *«Denn ich bin der geringste unter den Aposteln, der ich nicht wert bin, dass ich ein Apostel heiße, darum dass ich die Gemeinde Gottes verfolgt habe. Aber durch Gottes Gnade bin ich, was ich bin.»* Dieser Dualismus zeigt sich auch eindrücklich im Buch Jesaja (Jes 65.1a NeÜ), wo Gott sagt: *«Ich war zu erreichen für die, die nicht nach mir fragten. Ich war zu finden für die, die nicht nach mir suchten..»*

Die Zugehörigkeit zum RG bedeutet für die Gläubigen nicht, dass sie nun am Ziel angelangt sind, sondern dass sie nun das Ziel kennen und sich auf den Weg machen, um es zu erreichen. Ähnlich der natürlichen Geburt im irdischen Leben bedeutet die geistige Wiedergeburt den Anfang des Lebens als Bürger des RG mit dem u. a. durch die Bergpredigt bestimmten Auftrag zum Wirken in der Welt. Paulus sagt im Philipperbrief (Phil 3.12–14 NGÜ): *«Es ist also nicht etwa so, dass ich das alles schon erreicht hätte und schon am Ziel wäre. Aber ich setze alles daran, ans Ziel zu kommen und von diesen Dingen Besitz zu ergreifen, nachdem Jesus Christus von mir Besitz ergriffen hat. Geschwister, ich bilde mir nicht ein, das Ziel schon erreicht zu haben. Eins aber tue ich: Ich lasse das, was hinter mir liegt, bewusst zurück, konzentriere mich völlig auf das, was vor mir liegt, und laufe mit ganzer Kraft dem Ziel entgegen, um den Siegespreis zu bekommen – den Preis, der in der Teilhabe an der himmlischen Welt besteht, zu der uns Gott durch Jesus Christus berufen hat.»*

6.3 Vorwärtsstrategie als Prinzip des Reiches Gottes

Das Leben als Bürger des RG ist durch eine ***Vorwärtsstrategie*** geprägt: Es geht, wie schon erwähnt, nicht in erster Linie darum, Antworten zu finden auf Wie-, Warum-, Woher-Fragen in unserem persönlichen Leben und im Weltgeschehen, nicht darum, alles in den menschlichen Denkrahmen einzuordnen, sondern darum, in allem Gott tiefer zu erkennen, ihm zu vertrauen und im Sinne der christlichen Ethik in der Welt zu wirken. Das Leben Jesu auf Erden war geprägt von dieser Vorwärtsstrategie. Während z. B. die Jünger beim Blindgeborenen als Erstes nach der Ursache der Blindheit fragten (Joh 9.1–10), wandte sich Jesus sofort der Frage zu, wie in dieser Situation Gott verherrlicht werden kann.

Für Christen bedeutet diese Vorwärtsstrategie:

- Sie leben grundsätzlich in einer ***Haltung der Offensive***; sie kämpfen und verteidigen sich nicht primär gegen einen Feind, im Bewusstsein, dass Jesus mit seinem Tod am Kreuz, mit seiner Auferstehung und Himmelfahrt den Sieg über jeden Feind errungen und die Herrschaft im Himmel angetreten hat. Sie kämpfen nun in der Welt nicht um den Sieg, sondern im Sieg, gemäß dem Missionsbefehl von Jesus: «*Mir ist gegeben alle Gewalt im Himmel und auf Erden. Darum gehet hin und lehret alle Völker. Taufet sie auf den Namen des Vaters und des Sohnes und des Heiligen Geistes und lehret sie halten alles, was ich euch befohlen habe. Und siehe, ich bin bei euch alle Tage bis an der Welt Ende*» (Mt 28.18b–20 LU). Sie verharmlosen die Finsternis nicht, aber ihr Umgang mit ihr erfolgt aus einer Position der Stärke heraus. Die Vorwärtsstrategie bildet auch einen Gegenpol zu der Tatsache, dass die Christen in der Welt leider eher dafür bekannt sind, wogegen als wofür sie sind.
- Sie lassen sich nicht von der ***Vergangenheit*** bremsen, sondern sie bereinigen diese am Kreuz. Sie nehmen die Vergebung an für all ihr Versagen, für all das, was sie unterlassen

haben und nicht wiedergutmachen können, und gehen dann fröhlich und mutig vorwärts, im Bewusstsein, dass Gott immer wieder einen Neuanfang schenkt. Sie leben nach dem Motto: *«Hinfallen, aufstehen, Krone richten, weitergehen.»*

- Sie richten ihren Blick nicht ständig auf ***persönliche Mängel*** in Bezug auf hochgehaltene Werte der Kultur und Gesellschaft – wie Intelligenz, Begabung, Bildung, Karriere, Schönheit, Reichtum, Ehre, Ansehen, Gesundheit – und sie haben damit auch nicht als Folge solcher Mängel mit Selbstmitleid, Aggressionen, Depressionen, Neid, Eifersucht, Bitterkeit und Anklagen gegen Gott zu kämpfen. Sie schauen auf das, was sie haben und was sie sind als Kinder Gottes! *Kaldewey* [36] sagt treffend: *«Wer zu lange und zu viel auf solche Mängel hört, wird nicht mit ihnen fertig, sondern sie machen ihn fertig!»*
- Sie verkünden das RG und überlassen es Gott, wie die Empfänger der Botschaft reagieren. *B. Graham* [10] hat es so ausgedrückt: *«Meine Aufgabe ist es, Gott zu bezeugen; das Überzeugen ist Aufgabe des Heiligen Geistes und über einen Menschen zu urteilen ist Gottes Aufgabe.»*
- Sie setzen sich für ***soziale Gerechtigkeit*** ein.
- Sie sehen im Auftrag Gottes in der Schöpfungsgeschichte (1. Mo 1.28) auch den Aufruf an den Menschen, die von Gott geschaffenen Lebensräume zu schützen und sich für die Erhaltung und Bewahrung der Schöpfung einzusetzen.
- Sie leben gemäß dem Vers 2. Kor 4.18 (NGÜ): *«Wir richten unseren Blick nicht auf das, was wir sehen, sondern auf das, was jetzt noch unsichtbar ist. Denn das Sichtbare ist vergänglich, aber das Unsichtbare ist ewig.»*

Die Vorwärtsstrategie lässt sich nicht von der *«Was bringt's?»*- oder *«Es ist bloß ein Tropfen auf einen heißen Stein»*-Mentalität leiten, sondern von dem Prinzip, das im Gleichnis von den fünf Broten und den 2 Fischen (Mt 14.15–21) zum Ausdruck kommt: Jesus vermehrte das Wenige, das ihm die Menschenmenge zur Verfügung stellen konnte, dermaßen, dass die ganze Menge satt wurde. So wird auch bei der Vorwärtsstrategie der Gläubige seine Gaben Gott zur Verfügung stellen, im Vertrauen darauf, dass Gott durch sie in der Welt Großes bewirken kann.

6.4 Das Wirken der Christen in der Welt als Bürger des Reiches Gottes

Der Erlösungsplan Gottes hat die ***Heilung*** und ***Wiederherstellung*** der ganzen Schöpfung zum Ziel. Es geht nicht nur um die ***persönliche Erlösung***, nicht nur um das, was Gott *für* uns, sondern auch um das, was Gott *durch* uns tut. Es geht darum, dass das RG mit seinen Werten auch unsere Ehen und Familien, unsere Arbeitswelt, das Bildungs- und Gesundheitswesen usw. durchdringt. Es geht darum, mit *Zwingli* zu fragen, *«in welchen Strukturen und Ordnungen sich Gottes Gerechtigkeit am besten in der Welt widerspiegeln kann»*. Jesus erlöst die Menschen nicht, um sie von der Welt weg in den Himmel zu ziehen, sondern um durch sie die Welt zu transformieren, nicht um sie auf das Jenseits zu vertrösten, sondern um sie fit zu machen für den Dienst im Diesseits. Die Nachfolger Jesu sind aufgerufen, als *«Botschafter an Christi statt»* (2. Kor 5.20a LU) in dieser Welt zu wirken und *«ihr Licht vor den Menschen leuchten zu lassen, damit sie ihre guten Werke sehen und ihren Vater im Himmel preisen»* (Mt 5.16 LU).

Das ihnen durch Jesus zuteilgewordene Gnadengeschenk der Erlösung soll seine Nachfolger dazu befähigen, christliche Ethik zu leben und ihre Verantwortung in der Welt wahrzunehmen. Das Kreuzesgeschehen will eine Kraft für ihr Leben und ihr Wirken in der Welt sein – gemäß dem Wort von Paulus (1. Kor 1.18b LU): *«Das Wort vom Kreuz ist eine Kraft Gottes.»* Als durch Gottes Liebe und Gnade reich Beschenkte sollen sie in großzügiger Art Zeichen in der Welt setzen.

Viele Christen leben in der Haltung, dass sie hier auf Erden nur auf der Durchreise sind und dass die gegenwärtige Welt böse ist und mit dem Untergang der geschöpflichen Ordnung enden wird. Eine solche Spiritualität hat oft wenig Verständnis für die Nöte der Gesellschaft und die ökologischen Probleme.

Für Bürger des RG umfasst ***Mission*** beides: Evangelisation zur Errettung für eine zeitlose Ewigkeit ***und*** Engagement für soziale Gerechtigkeit, Frieden, Freiheit, Menschenrechte, Umwelt- und Klimaschutz. Es geht nicht darum, diese beiden Pfeiler gegeneinander auszuspielen.

Die Bedeutung der Evangelisation für soziale Veränderung wird oft verkannt. Während die zahlreichen (gut gemeinten) Aufrufe zugunsten der Anliegen des eben erwähnten christlichen Engagements zwar allgemeine Zustimmung in der Gesellschaft finden, aber letztlich oft wenig bewirken, da es an einer tieferen Motivation aus einem veränderten Herzen fehlt, zielt Evangelisation auf eine Veränderung des Denkens und der Herzenshaltung ab – eine Veränderung, die den Menschen befähigt, in selbstloser Weise im Sinne der Agenda des RG zu wirken und sich für die Anliegen einzusetzen.

Durch Berührung mit dem Evangelium wurden Menschen zu einem Handeln befreit und angeregt, das zu großen positiven sozialen Veränderungen in der Welt geführt hat. So wurde der britische Parlamentarier *William Wilberforce* (1759–1833) nach seiner Bekehrung zum evangelikalen Protestantismus ein Anführer im Kampf gegen den *Sklavenhandel* und die *Sklaverei* in der westlichen Welt. Aufgrund seiner Initiative wurden im englischen Machtbereich der Sklavenhandel und die Sklaverei in den Jahren 1807 und 1833 abgeschafft. Auf Initiative von Christen wurden zahlreiche Armen- und Waisenhäuser und Spitäler sowie das Rote Kreuz gegründet. Andere erlebten durch die Berührung mit dem Evangelium und die Begegnung mit Jesus Befreiung von Drogen, Alkoholismus, Kriminalität (siehe 3.2.10). Christen in China gaben dadurch, dass sie nicht korrupt waren und die Steuern korrekt entrichteten, ein deutliches Zeugnis für ihren Glauben ab; es veranlasste den Leiter des staatlichen Religionsamtes anlässlich des 60-jährigen Jubiläums der «patriotischen Drei-Selbst-Bewegung» zur Aussage: *«Ein Christ mehr ist ein guter Bürger mehr.»*

Die Christen nehmen den Evangelisationsauftrag auf unterschiedliche Weise wahr. Oft erschöpft er sich in der Präsentation des Schemas: Gott liebt dich, die Sünde trennt von Gott, Jesus ist am Kreuz für uns gestorben, damit wir Gemeinschaft mit Gott haben können, und wenn du dies glaubst, dann bist du ein Kind Gottes. Häufig werden aber die Menschen nicht über das Heilswerk Jesu Christi erreicht, da die Sündenerkenntnis und damit die Erlösungsbedürftigkeit und die Einsicht für die Bedeutung des Todes Jesu am Kreuz fehlen. Sie wollen nicht von einer Wahrheit *überzeugt* werden, sondern *Jesus mit den Christen erleben*. Das bedingt allerdings, dass sie ihren Glauben und ihre Leidenschaft für Jesus und sein Reich nicht bloß als schmückendes Beiwerk, sondern als inspirierende Quelle des Seins, Denkens und Handelns erleben und das Erlöst-Sein als Freude sichtbar wird. In ähnliche Richtung äußerte sich der ehemalige Bundespräsident Deutschlands und evangelisch-lutherische Pastor und Kirchenfunktionär zu DDR-Zeiten *Joachim Gauck* (* 1940) in den Tagen, als sich die «friedliche Revolution» oder «Revolution der Kerzen» in der DDR zum 30. Mal jährte. In einem Interview im Kirchenmagazin *«3E»* zur Frage, was die Kirche gegen den Schwund tun könne, sagte er: *«Wenn die, die den Glauben verkündigen, von Menschenfreundlichkeit und der größeren Hoffnung geprägt sind, werden sie auch Anhänger gewinnen.»* Der Philosoph und leidenschaftliche Kritiker des Christentums *Friedrich Nietzsche* (1844–1900) meinte: *«Die Christen müssten mir erlöster aussehen, wenn ich an ihren Erlöser glauben sollte.»*

Der Christ lebt und vertritt in der Welt eine in Jesus begründete Freiheit, gemäß dem Wort Jesu (Joh 6.36 NGÜ): *«Nur wenn der Sohn euch frei macht, seid ihr wirklich frei.»* Diese Freiheit wird nicht primär dadurch bestimmt, dass gewisse auf gesellschaftlichen Normen beruhende Einschränkungen und Vorgaben aufgegeben werden; damit entspricht sie nicht dem Freiheitsverständnis des natürlichen Menschen und der Gesellschaft. Wenn ein Fisch sein von der Natur her bestimmtes Lebenselement, das Wasser, verlässt, indem er aus einem Teich in den umliegenden Rasen springt, dann erlebt er dadurch nicht eine größere Freiheit, sondern seinen Untergang. So geht es auch beim Menschen in Bezug auf die Freiheit nicht einfach um die Abwesenheit von Grenzen, sondern vielmehr darum, schöpfungsbedingte Grenzen anzuerkennen und zu respektieren. Die Freiheit des Christen ist letztlich in seiner Beziehung zu einem allmächtigen Gott der Liebe und Gnade, in dem Bewusstsein, von diesem Gott angenommen und sein Kind zu sein, begründet. Wer verliebt ist, gibt die eigene Unabhängigkeit teilweise zugunsten des Geliebten auf. Die von Gott in Jesus erfahrene Liebe und ihre Liebe zu Gott lassen die Christen ihre Unabhängigkeit aufgeben und drängen sie zu einem Gott wohlgefälligen Handeln, ganz im Sinne der Aussage von Paulus (2. Kor 5.14a NGÜ): *«Bei allem ist das, was uns antreibt, die Liebe von Christus.»* Diese Liebe hilft ihnen, Grenzen zu setzen, die Gottes Willen und damit die Werte des RG respektieren, im Wissen und Vertrauen, dass dadurch ihr Leben gesegnet wird, aber auch im Wissen, dass sie sich dadurch häufig gegen die in der Gesellschaft gültigen Normen stellen und Ablehnung, Hass und Spott riskieren.

Leider kam es im Verlaufe der Geschichte wiederholt zu einer Pervertierung des christlichen Glaubens, in dem die ***Bibel*** zu politischen, religiösen und wirtschaftlichen Zwecken ***missbraucht*** wurde. Traurige Kapitel sind die Entdeckungsreisen im Mittelalter, bei denen einheimische Völker unter Gewalt und z. T. unter Todesdrohung zur Annahme des christlichen Glaubens gezwungen wurden, ebenfalls die religiös und wirtschaftlich motivierten Kreuzzüge zwischen dem 11. und 13. Jahrhundert in die Länder des Nahen Ostens, die Glaubenskriege unter Protestanten und Katholiken im 16. und 17. Jahrhundert in Europa sowie die mehr als drei Jahrhunderte dauernde Inquisition der römisch-katholischen Kirche zur Bekämpfung von Häresie. Solche negativen Aspekte der Kirchengeschichte sollten aber die zahlreichen segensreichen Auswirkungen des christlichen

Glaubens im Verlaufe der Geschichte nicht schmälern. In den folgenden Aussagen von *Dawkins* und *Mahnig* wird den durch den Einsatz von Christen bewirkten positiven gesellschaftlichen Veränderungen wenig Rechnung getragen.

Dawkins vertritt in seinem Buch *«Der Gotteswahn»* die Sicht, dass jeder Glaube an Gott in all seinen Formen irrational ist, dass Religion überwiegend negative Auswirkungen auf die Gesellschaft hat und religiöser Glaube keinen einzigen menschlichen Gewinn bringt.

Mahnig [53] meint, dass die Kreuzopfertheologie kaum gesellschaftliche Auswirkungen hat, die Ethik Jesu hingegen wohl. Er sieht im Opfertod Jesu am Kreuz einen Mythos, der von Gewalt und Hass diktiert ist und im Widerspruch steht zu Gottes Güte. Ein solches Opfer sei eine Folge antiker Opferrituale und eine Erfindung des Paulus, es bedeute ein Zurückgeworfen-Werden zum Bild eines blutrünstigen Gottes in archaischen Zeiten; die Aussagen *«Jesus ist der Erlöser aller Menschen.»*, *«Lamm Gottes, das hinwegnimmt die Sünden der Welt.»*, *«Dies ist mein Blut, das vergossen ist für euch zur Vergebung der Sünden.»* seien widersinnige theologische Konstruktionen. *Mahnig* interpretiert damit Gottes Liebe im 3D-Denkrahmen, so wie sich die Liebe eines irdischen Vaters zu seinem Sohn äußert. Verschiedene Bibelstellen (z. B. Röm 8.32, 1. Joh 3.1) weisen jedoch darauf hin, dass in der göttlichen Dimension das Opfer Jesu ein Zeichen tiefster Liebe ist. Dazu kommt, dass die Tatsache, dass Jesus Christus als Sohn Gottes sich am Kreuz hingegeben hat als Opfer zur Erlösung des Menschen und um dessen Beziehung zu Gott wiederherzustellen, so sehr jenseits allen menschlichen Denkens, Wünschens und aller menschlichen Vorstellungen und Erwartungen liegt, dass ihre historische Realität wesentlich wahrscheinlicher ist als die Annahme, sie sei eine menschliche Erfindung oder ein Mythos oder der Versuch der Christen des 2. Jahrhunderts, ihren Freunden den grausamen Tod Jesu verständlich zu machen und den Judenchristen einen Ersatz für das Sühneopfer im Tempel zu liefern. Der Opfertod Jesu am Kreuz hat durch die damit verbundene Sündenvergebung und

Wiederherstellung der Beziehung zu Gott dem Menschen etwas von Gottes Ebenbildlichkeit zurückgegeben und ihn dazu befähigt, überhaupt christliche Ethik zu leben.

6.5 Der Umgang mit dem Übel und Bösen, mit Krankheit und Leid in der Welt

Wir haben schon im Abschnitt 4.4 darauf hingewiesen, dass wir die Frage nach der ***Herkunft des Übels, des Bösen und des Leids*** in der Welt letztlich offenlassen müssen. Die Bibel berichtet oft von Menschen, die unschuldig leiden und Gottes Handeln nicht verstehen, ihm ihr Leid klagen und ihre Warum-Fragen stellen. Sie ruft uns generell nicht dazu auf, nach Antworten auf solche Fragen zu suchen, sondern sie zeigt uns – im Sinne der Vorwärtsstrategie des RG – wie wir mit dem Bösen in der Welt und dem uns und anderen widerfahrenen Leid umgehen können. Mit Jesus ist ein neues Reich, das RG, angebrochen, ein Reich, in dem Gerechtigkeit, Friede und Freude herrschen (Röm 14.17), ein Reich, in dem das Übel nicht beseitigt ist, in dem ihm aber der Mensch nicht einfach ausgeliefert ist und es in fatalistischer Weise hinnehmen muss, sondern in dem er auf neue Art und Weise mit ihm umgehen kann (siehe z. B. Mt 11.28, Röm 8.18, 2. Kor 4.16–18, 1. Pe 5.10).

Die Vorwärtsstrategie des RG bedeutet, dass wir uns bei Leid und Krankheit, die uns oder andere betreffen, glaubensvoll im Gebet dafür einsetzen, dass Leid gelindert wird und Kranke Besserung, Heilung oder die Kraft zum Tragen der Krankheit erfahren – dies auch ganz im Sinne des Zitats von *Barth*: *«Gott will gebeten sein.»*

Letztlich geht es aber um mehr als körperliche Gesundheit; Gott möchte, dass er durch unseren Körper und unser Leben und Sterben geehrt wird (siehe z . B . Mt 5 .14, 1 . Kor 6 .20b, Phil 1 .11, Kol 1 .10+3 .23). Gott verspricht uns nicht, uns vor dem Leiden in dieser Welt zu bewahren; was er uns verspricht, ist die Kraft, an seine Güte zu glauben, wenn schlimme Dinge passieren, die Kraft, zuversichtlich zu hoffen, dass ein guter Plan sich entfaltet, auch wenn wir nicht sehen, was diese Hoffnung untermauert.

Oft erkennen wir wie Hiob Gott gerade im Leiden neu (Hiob 42.5). Das Buch Hiob erweist sich im Zusammenhang mit dem Thema Leid als sehr hilfreich. Für die Freunde Hiobs liegt die Ursache für das Unheil, das über ihn hereingebrochen ist, in seinem Verhalten. Sie versuchen, Gott zu rechtfertigen. Hiob selbst sieht keinen Zusammenhang zwischen dem Unheil und persönlicher Schuld; er hat keine Erklärung und klagt Gott an. Gott antwortet, indem er zunächst in eindrücklicher Weise auf seine Funktion als Schöpfer und seine Stellung zur Schöpfung hinweist (Hiob 38–41). Hiob anerkennt darauf Gottes Größe, Güte und Gerechtigkeit und dass sich Gottes Handeln nicht immer mit menschlicher Vernunft erklären lässt (Hiob 42.2–3+5–6). Gott gibt Hiob recht und verurteilt die Reaktion der Freunde (Hiob 42.7).

Viele Christen haben die Sicht, dass jeder Gläubige durch ***glaubensvolles hartnäckiges Gebet*** geheilt werden kann. Sie berufen sich dabei auf drei Bibelstellen, die m. E. oft missverstanden werden und dadurch zu einem Gebetsverhalten führen, das sich in wortreichen Gebeten äußert und häufig zu Frustration führt.

Zwei Stellen beziehen sich auf die Gleichnisse von der bittenden Witwe (Lk 18.1–7) und vom bittenden Freund (Lk 11.5–13). Beides sind sogenannte *Kontrastgleichnisse* und wollen deutlich machen, dass Gott sich vom ungerechten Richter und dem hartherzigen Freund unterscheidet, die beide erst nach hartnäckigem Bitten auf die Anliegen eingehen, weil ihnen die Bittenden lästig fallen. Gott geht als liebender Vater gerne auf unser Bitten ein; da sind Glauben und Vertrauen und nicht viele Worte gefragt.

Die dritte Stelle betrifft zwei auf Jesus bezogene Verse aus dem Jesaja-Buch (Jes 53.4a–5 LU): *«Fürwahr, er trug un-*

sere Krankheiten und lud auf sich unsere Schmerzen. ... er ist um unserer Missetat willen verwundet und um unserer Sünde willen zerschlagen. Die Strafe liegt auf ihm, auf dass wir Frieden hätten, und durch seine Wunden sind wir geheilt.» Im ganzen Kapitel Jes 53 geht es um den Tod Jesu am Kreuz für unsere Schuld und Gottesferne und das damit verbundene Leiden Jesu, mit dem Ziel der Wiederherstellung unserer Beziehung zu Gott. Jesus erlitt die Krankheiten, Schmerzen und Wunden um unserer Sünden willen. Oft werden diese Verse aus dem Zusammenhang herausgerissen und es wird gefolgert, dass Jesus für unsere Krankheiten und Schmerzen gestorben ist und sie ans Kreuz hinaufgetragen und auf sich geladen hat – so wie er es für unsere Sünden getan hat. Dass diese Deutung abzulehnen ist, wird auch durch den Vers 1. Pe 2.24 bestätigt: Dort ist nur von unseren Sünden die Rede, die Jesus an seinem eigenen Leib ans Kreuz hinaufgetragen hat.

Als Bürger des RG mit Jesus als König sind wir auch aufgerufen, vertrauensvoll und im Glauben an den Sieg Jesu am Kreuz in der uns verliehenen Autorität für Kranke um Heilung zu beten. Die Basis für Heilung liegt nicht darin, dass Jesus am Kreuz für unsere Krankheiten, sondern dass er für unsere Sünden gestorben ist. Es braucht keine doppelte Erlösung, eine für Sünde und eine für Krankheit. Gläubige zweifeln in der Regel nicht daran, dass Jesus am Kreuz ihre Sünden getragen hat und diese durch einmaliges Bekennen vergeben sind. Falls sie nun glauben, dass Jesus in ähnlicher Weise ihre Krankheiten getragen hat, sind sie oft enttäuscht und frustriert, wenn sie die Erfahrung machen, dass trotz hartnäckigem und glaubensvollem Gebet für Kranke keine Heilung eintritt.

Schließlich sei noch darauf hingewiesen, dass in der Bibel mehrere Christen erwähnt sind, die trotz Gebet nicht oder nicht sofort von ihrer Krankheit geheilt wurden: Paulus (2. Kor 12.7–9), Epaphroditus (Phil 2.25–27), Trophimus (2. Tim 4.20), Timotheus (1. Tim 5.23).

6.6 Die Zukunftsvision der Christen

6.6.1 Die Zukunftshoffnung

Das Leben der Christen ist geprägt von einer starken ***Zukunftshoffnung***. Zahlreiche Stellen in der Bibel weisen auf die verschiedenen Aspekte dieser Hoffnung hin: die Wiederkunft Jesu, das Weltgericht, den neuen Himmel, die neue Erde und den neuen Körper, eine Zeit, von der es im Epheserbrief (Eph 1.10b NGÜ) heißt: *«Unter ihm, Christus, dem Oberhaupt des ganzen Universums, soll alles vereint werden – das, was im Himmel, und das, was auf der Erde ist.»* – einen Zustand, der frei vom Bösen, Negativen, Leidvollen und frei von Tränen, Schmerzen sein wird, einen Zustand ungetrübter Gemeinschaft mit Gott, einen Zustand voll jubelnder Anbetung.

Diese Hoffnung schenkt innere Ruhe und Stabilität, sie ist *«für unser Leben ein sicherer und fester Anker ...»* (Heb 6.19 NGÜ). Sie ist getragen von der Gewissheit: Da ist ein Gott, der die Welt und die Menschheit sieht und nicht sich selbst überlässt, sein Ziel ist nicht das Ende der Welt mit ihrer Zerstörung, sondern ihre radikale Heilung und Zurechtbringung. Die biblische Sicht besteht nicht darin, dass die Welt mit der geschöpflichen Ordnung untergeht und durch eine nicht-materielle, geistige Schöpfung ersetzt wird, sondern darin, dass aufgrund des Todes von Jesus Christus, dem Mensch gewordenen Ausdruck der Liebe Gottes, *«die gute Schöpfung wieder in die Harmonie mit ihrem Schöpfer zurückgebracht wird»* [83].

Im Gegensatz zur biblischen ist die Sicht der westlichen Gesellschaft und auch eines Teils der Christenheit von der dualistischen Weltsicht von *Platon* und des Gnostizismus geprägt, wonach Himmel und Erde zwei getrennte, nicht miteinander verbundene Systeme sind und der Himmel als zeitlos, nicht-physisch, immateriell betrachtet wird. Es geht dann darum, Geist und Seele aus einer bösen materiellen Welt zu retten, indem man auf Erden eine bestimmte Entscheidung trifft, die als eine Art Ticket für den Himmel gilt. Dort ist dann alles gut und es gilt, auf Erden noch durchzuhalten, bis es so weit ist. Diese Sicht wurde auch von *Augustinus*, *Luther* und dem *Pietismus* vertreten.

Die christliche Zukunftshoffnung beschränkt sich nicht auf die Dankbarkeit über das erhaltene Ticket für die Ewigkeit und sie führt nicht zu einer billigen ***Vertröstung auf das Jenseits und zur Weltflucht und Passivität im Umgang mit den Problemen dieser Welt***. Sie ist vielmehr eine ***treibende Kraft bei der Vorwärtsstrategie des RG***, sie hilft, schwierige Situationen besser zu bewältigen und bewahrt vor Resignation, sie verhilft zu einer unabhängigeren Haltung gegenüber irdischen Werten, sie motiviert und befähigt zu aktiver positiver Veränderung dieser Welt.

Die Zukunftshoffnung der Christen prägt auch ihren Umgang mit dem *Alter*. Für sie ist das Alter eine Übergangsphase in eine wunderbare neue Welt. Je mehr sich der Mensch dessen bewusst ist, umso leichter fallen ihm das Loslassen und das Annehmen altersbedingter Einschränkungen, um so besser wird es ihm gelingen, *den Jahren mehr Leben und nicht dem Leben mehr Jahre* zu geben und umso weniger erliegt er der Gefahr, eine Lebensverlängerung mit allen Mitteln und um jeden Preis anzustreben. Im Hinblick darauf, dass viele Christen einerseits selbstbestimmtes Sterben mithilfe einer Sterbeorganisation ablehnen, aber andererseits die Einnahme von Vitaminen, Aufbaupräparaten und anderen Medikamenten zur Lebensverlängerung bejahen, stellt *Kathy Kaldewey* [36] die provozierende Frage, ob es *«neben einer eigensinnigen und Gott ‹ins Handwerk pfuschenden› Lebensverkürzung durch assistierte Selbsttötung nicht auch eine allzu künstliche Lebensverlängerung gibt?»*

6.6.2 Die konkrete Gestalt der neuen Welt

Wie schon in 3.4.1 erwähnt wurde, ist die Bibel sehr zurückhaltend mit konkreten Angaben zur Zukunft der Christen. Wir werden der Tragweite entsprechender Aussagen nicht gerecht, wenn wir versuchen, sie in den menschlichen 3D-Denkrahmen einzuordnen. Konkrete Vorstellungen über den Himmel und die neue Erde, den neuen Körper, die Art und Weise, wie Gott den Übergang von der alten zur neuen Erde realisieren wird, in welcher Form die Wiederkunft Christi stattfinden wird, sind oft spekulativ.

Dies betrifft z. B.

- Versuche, Übergangsszenarien von der alten zur neuen Erde als kompatibel mit den modernen Erkenntnissen der Naturwissenschaften nachzuweisen ([28, Kap. IV]),

- die Deutung der Aussage aus 1. Thess 4.16–17 (LU) über die Wiederkunft Jesu: «*Der Herr wird ... herabkommen vom Himmel ... Danach werden wir, die wir leben und übrig bleiben, zugleich mit den Toten entrückt werden auf den Wolken, dem Herrn entgegen in die Luft ...*» in dem Sinne, dass Jesus wie ein Raumfahrer von Himmel herab- und die Gemeinde der Gläubigen ihm entgegenschweben wird; hier geht es vielmehr um die persönliche Gegenwart Jesu, die Auferstehung der Toten und die Transformation der Lebenden und um die Gemeinschaft der Gläubigen.

- die zahlreichen sogenannten ***Himmelsbücher***, in denen Menschen mit ***Nahtoderfahrungen*** den Anspruch erheben, Einblick in den Himmel erhalten zu haben.

Ich bin solchen Himmelsbücher-Erfahrungen gegenüber skeptisch und dies aus verschiedenen Gründen:

1. In den Aussagen in der Bibel über die Zukunft der Christen bezeichnet der Begriff Himmel in der Regel nicht einen geografischen oder physikalischen Ort (in der Bedeutung des englischen *sky*), sondern den Bereich der Gegenwart und des Wirkens Gottes (englisch *heaven*). Dieser Himmel lässt sich nicht in unser physikalisches Weltbild einordnen und die himmlische Wirklichkeit lässt sich nicht in Kategorien wie Raum, Zeit und Materie beschreiben. Zudem sind Erde und Himmel in der biblischen Vorstellungswelt nicht zwei räumlich getrennte Orte, sondern vielmehr zwei unterschiedliche

Existenzebenen der göttlichen Schöpfung, die miteinander in Beziehung sind und sich überlappen können. Die Begriffe neuer Himmel und neue Erde in der Offenbarung und das neue Gebilde, von dem im oben erwähnten Vers Eph 1.10 die Rede ist, entziehen sich der menschlichen Vorstellung und Fantasie. Die Berichte in den Himmelsbüchern sind jedoch meist auf irdisch-weltliche Dinge fixiert.

2. Bei Nahtoderfahrungen ist m. E. die Grenze zur zukünftigen Welt, zum Jenseits, noch gar nicht überschritten, auch wenn keine Lebenszeichen mehr feststellbar sind. *Kaldewey* [40] sagt treffend: «*Nahtoderfahrungen sind keine Nachtoderfahrungen, sondern lediglich Nahtoderfahrungen.*» Es ist für mich fragwürdig, den mystischen Erfahrungen von bewusstlosen oder schwer verletzten Personen, von klinisch Toten, den geisterhaften Erinnerungen eines drei Jahre alten Jungen unter Narkose prophetische Bedeutung und zwingende Beweiskraft für himmlische Realitäten zuzuordnen [9].
3. In der Bibel berichtet keine Person, die nach dem Tod ins Leben zurückgeholt wurde, von im Himmel gemachten Erfahrungen – weder Lazarus (Joh 11.1–44, 12.9), noch der von Elia auferweckte Sohn der Witwe (1. Kön 17.17–24), noch Eutychos (Apg 20.9–12).
4. Paulus erwähnte sein «Himmelserlebnis» erst nach 14 Jahren und lediglich als Beglaubigungsnachweis für seine von falschen Lehrern angezweifelte Autorität (2. Kor 12.2–4).

Paulus spricht in 1. Kor 15.35–49 von einem ***neuen Körper*** als einem «*geistlichen Leib*», der unvergänglich ist, im Gegensatz zum jetzigen vergänglichen «*natürlichen Leib*». Paulus meint mit dem geistlichen Leib nicht eine rein geistige, körperlose Existenz, sondern einen Körper, wie ihn Jesus nach der Auferstehung hatte. *Lewis* [48] meint, wir sollten uns den Auferstehungsleib weit herrlicher als unseren jetzigen Körper vorstellen, «... *nicht wie eine Kopie des Originals, noch wie ein Ersatz zum eigentlichen Ding, sondern wie die Blüte zur Wurzel oder der Diamant zur Kohle*». Der Auferstehungsleib Jesu Christi ermöglichte es, Jesus als Individuum zu erkennen, unterlag aber nicht den physikalischen Gesetzen dieser Welt, war also kein *Körper* im Sinne *Platons*. In der Christenheit ist der Glaube weit verbreitet, dass der Mensch – nach platonischer Vorstellung – eine *«unsterbliche Seele»* hat und nur sie den Teil des Menschen darstellt, der in den Himmel kommt, dass also der Himmel so etwas wie der Ort der *«körperlosen Seelen»* ist. Nach biblischer Sicht bezieht sich das Wort *Seele* jedoch nicht auf eine unkörperliche Größe, sondern vielmehr auf die ganze Persönlichkeit des Menschen.

6.6.3 Das Gericht

Zur biblischen Zukunftshoffnung gehört auch das ***Gericht***. Der tiefere Grund für das Gericht besteht in Gottes Liebe. Es ist ein Ausdruck von Gottes Liebe, Barmherzigkeit und Gerechtigkeit. Ohne Gericht gibt es keine Hoffnung auf eine bessere Welt; es ist die einzige Hoffnung für die Menschen, die im Leben nie Gerechtigkeit erfahren haben. Es hat eine aufklärende, wiederherstellende, versöhnende Funktion. Es wird uns mit unseren Taten im Leben konfrontieren und uns deren Folgen aufzeigen, es wird unsere Taten beurteilen. Kein Gericht würde bedeuten, dass Gott alles egal ist. Das Gericht Gottes bringt die Welt am Ende ins Lot und es wird das beseitigen, was Gottes gute Schöpfung verzerrt und seine ebenbildlichen Geschöpfe entstellt. Die Botschaft vom Gericht stellt daher eher eine Froh- als eine Drohbotschaft dar. *Kaldewey* [40] sagt: *«Unbestechlich, klug und mit umfassender Kenntnis der Sachlage wird Gott in einer Weise richten, dass ein dankbares und erleichtertes Aufatmen durch die Weite des Universums gehen wird. Aus der himmlischen Perspektive wird alles anders aussehen.»*

Die Bibel macht wenig konkrete Angaben zu Gericht und ***Hölle***. Wir sollten uns daher zurückhalten mit Antworten auf Fragen wie: Wie können ein Gott der Liebe und eine Hölle zusammengebracht werden? Wie ist die Hölle konkret beschaffen? Welche Menschen kommen in die Hölle? Solche Antworten sind häufig spekulativ, da ihnen meist der menschliche 3D-Denkrahmen zugrunde liegt. Im Verlauf der Geschichte hat die Christenheit Theorien über Gericht und Hölle entwickelt, die von der biblischen Lehre abweichen, wie z. B. die Sicht vom Weltgericht als einem reinen Strafgericht und von der Hölle als einem Ort, wo die Verdammten ewig schmoren. Die Bibel beschreibt die Hölle primär als einen Bereich, der im Gegensatz zum RG steht, in dem keine Gemeinschaft mit Gott und Jesus Christus besteht und nicht die Werte Friede und Freude gelebt werden, einen Bereich, der unangenehm und nicht erstrebenswert ist. Angaben darüber, ob es sich um einen Ort der endlosen Qual oder der endgültigen Vernichtung oder der langen, aber zeitlich begrenzten Bestrafung handelt und was die Qualen konkret beinhalten, sind spekulativ.

Wir sind als Bürger des RG in Bezug auf die Themen Gericht und Hölle zur Vorwärtsstrategie aufgerufen, dazu, die Botschaft von Jesus als Erlöser und vom RG mit Jesus als souveränem König zu verkündigen und im Sinne der Bergpredigt in der Welt zu wirken. Wir sind nicht dazu aufgerufen, den Menschen, die die Botschaft zurückweisen, mit Gericht und Hölle zu drohen. Es ist auch nicht unsere Aufgabe, über Menschen zu urteilen, sie zu klassifizieren, zu richten oder gar zu verurteilen – das müssen wir Gott überlassen – im Sinne des in 6.3 erwähnten Zitates von *B. Graham* oder des Gleichnisses Jesu vom Unkraut im Weizenfeld (Mt 13.24–30) und der Aussage von Paulus (1. Kor 4.5 NGÜ): *«Urteilt also nicht vorschnell, sondern wartet, bis der Herr kommt. Er wird alles Verborgene ans Licht bringen, alles, was jetzt noch im Dunkeln liegt, und wird die geheimsten Gedanken der Menschen aufdecken. Dann wird jeder von Gott die Anerkennung bekommen, die er verdient.»* Ich bin überzeugt, dass kein Mensch an dem Erlösungswerk Jesu vorbeikommen wird – das wird unmissverständlich an verschiedenen Stellen der Bibel bezeugt, u. a. im Worte Jesu (Joh 14.6 LU): *«Ich bin der Weg, die Wahrheit und das Leben, niemand kommt zum Vater denn durch mich.»* und im Vers (Röm 3.23–24a NGÜ): *«Denn alle haben gesündigt ... und dass sie für gerecht erklärt werden, beruht auf seiner Gnade.»*; wir sehen jedoch nicht in das Herz der Menschen und wir wissen nicht, ob sie vielleicht erst im Sterben durch eine besondere Gotteserkenntnis sich Jesus zuwenden werden oder ob Gott [38] *«in ihren Taten, Worten, Gedanken und Absichten eine verborgene Glaubensbeziehung zu Jesus erkennt und ihnen um Jesus willen, weil Jesus für sie gestorben ist, seine Gerechtigkeit zurechnet.»* Dass Gott Menschen in diesem Sinne gerecht spricht, deutet Paulus auch im Römerbrief an (Röm 2.7 NGÜ): *«Denen, die unbeirrbar tun, was gut ist, und alles daransetzen, an Gottes Herrlichkeit, Ehre und Unvergänglichkeit teilzuhaben, wird er das ewige Leben geben.»*

Wir können und sollen die Antwort auf die Frage, wie Gott als allmächtiger, allwissender, heiliger, gerechter Gott der Liebe mit Menschen umgeht, die nicht auf sein Angebot der Erlösung eingehen oder es bewusst ablehnen, ihm überlassen. Gott weiß, weshalb er uns in dieser Frage nicht mehr Informationen zuteilwerden lässt und wir sollten uns davor hüten, hier in Spekulationen zu verfallen – wie z. B. mit dem Schluss, dass ein Gott der Liebe inkompatibel ist mit Begriffen wie *ewige Strafe, ewige Existenz in der Hölle* oder mit der folgenden Argumentation von *Zimmer* [88]: *«Stellt euch mal die himmlische Seligkeit vor, wenn 90–95 % der Menschen in der Hölle schmoren, ... da wirst du genießen können. Was für eine Kälte des Herzens ... Gott wäre eigentlich der große Verlierer. ... Ist es angemessen, für Leute, die schlimme Sachen gemacht haben, sie ewig schmoren zu lassen ... So verewigt man das Böse, d. h. das Böse wird ja gar nicht überwunden, in der Verdammnis siegt ja dann das Böse. ... Was für eine Moral, primitiv. Nein, da stell ich mir schon die Liebe Gottes anders vor.» Lewis* zeigt in seinem Beitrag *«Vetorecht der Hölle»* zum 29. November [46] die Problematik solcher Argumentationen auf. Wir dürfen diese Frage nicht einfach über unsere Vorstellungen und Empfindungen abhandeln, sondern müssen, dürfen und können es Gott überlassen, wie er mit ihr umgeht und welche Konsequenzen die Reaktionen der Menschen nach sich ziehen. Er bestimmt, was «*himmlische Seligkeit*» beinhaltet, und welche Art gedanklicher Verbindung zwischen Menschen im Himmel und Menschen in der Hölle besteht.

Unsere Aufgabe ist es nicht, die mit solchen Fragen verbundene Spannung aufzulösen, sondern vielmehr sie auszuhalten. Wir können alle Menschen getrost Gott anbefehlen im Vertrauen darauf, dass er als souveräner Gott, in absoluter Überlegenheit und umfassender Kenntnis aller Umstände handeln und Liebe, Gericht und Hölle in einer wunderbaren Weise zusammenbringen wird! Diese Eigenschaft Gottes ist der einzige sichere Garant für absolute Gerechtigkeit nach dem Tod; eine andere Garantie gibt es nicht und braucht es nicht.

6.6.4 Evolutionärer Optimismus

Die christliche Zukunftshoffnung hebt sich klar ab von einem ***evolutionären Optimismus***, der geprägt ist von einem Mythos von Fortschritt und Entwicklung auf eine perfekte utopische Welt hin. Dieser Mythos war vor allem Ende des 19. und Anfang des 20. Jahrhunderts verbreitet. Er wurde angestoßen durch die Aufklärung, durch die Entwicklungen in den Naturwissenschaften und in der Technik, durch die wirtschaftlichen Fortschritte, die demokratischen Freiheitsrechte, die Ausdehnung der Bildung. Er trat an die Stelle der Abhängigkeit von Gott und seiner Gnade, er betrachtete das Universum nicht als Gottes Schöpfung, sondern als Produkt zufälliger Prozesse, und er sah den Menschen als dazu imstande, durch seine Bildung und mithilfe der naturwissenschaftlichen Erkenntnisse und der Technik die Welt selber zu gestalten und ihre Probleme selber zu lösen. Dieser Mythos erlitt einen starken Dämpfer durch die Ereignisse im 20. Jahrhundert, wie die beiden Weltkriege, den Holocaust, die Drogenkriminalität und vieles mehr. Es wurde offensichtlich, dass er nicht mit dem Problem des Bösen fertig wird. Er hatte keine Strategie, um es zu erklären, es anzugehen und auszurotten. Er versagte letztlich, weil er das Wesen und die Macht des Bösen und damit auch die Bedeutung des Heilswerkes in Jesus Christus verkannte.

In der Gesellschaft gibt es unterschiedliche Sichten zur Zukunft. Verbreitet sind einerseits ein postmoderner unbestimmter Optimismus, dass am Ende irgendetwas Gutes herauskommt, und andererseits eine Haltung der Hoffnungslosigkeit und des Nihilismus, wie sie eindrücklich im zweiten Studioalbum *«Nevermind»* (deutsch: *«Schon gut»*, *«Vergiss es»*, *«Was soll's»*) von 1991 der US-amerikanischen Rockband Nirvana, einem der weltweit am meisten verkauften Musikalben, zum Ausdruck kommt. Häufig wird ein Leben nach dem Tod verneint. So schrieb z. B. der atheistische Philosoph *Russel* [52]: *«Ich glaube, dass ich verrotten werde, wenn ich einmal sterbe, und dass nichts von meinem Ich überlebt.»*

6.7 Die Einheit der Christen

Das NT ruft die Christen zur ***Einheit*** auf. So steht z. B. im hohepriesterlichen Gebet Jesu (Joh 17.21–23 NGÜ): *«Ich bete darum, dass sie alle eins sind – sie in uns, so wie du, Vater, in mir bist und ich in dir bin. Dann wird die Welt glauben, dass du mich gesandt hast. Die Herrlichkeit, die du mir gegeben hast, habe ich nun auch ihnen gegeben, damit sie eins sind, so wie wir eins sind. Ich in ihnen und du in mir – so sollen sie zur völligen Einheit gelangen, …»* und im Epheserbrief (Eph 4.3–6 + 13 NGÜ): *«Setzt alles daran, die Einheit zu bewahren, die Gottes Geist euch geschenkt hat; sein Frieden ist das Band, das euch zusammenhält. Mit ‹Einheit› meine ich dies: ein Leib, ein Geist und genauso auch eine Hoffnung, … ein Herr, ein Glaube, eine Taufe, ein Gott und Vater von uns allen …»* und *«Das soll dazu führen, dass wir alle in unserem Glauben und in unserer Kenntnis von Gottes Sohn zur vollen Einheit gelangen …»*

Die Einheit der Christen ist primär geistlicher Natur, eine Einheit im Geist, eine Einheit, die auf einem in den wesentlichen Punkten übereinstimmenden Verständnis der KBB beruht. Sie entspricht dem englischen Wort *«Oneness»* (deutsch *«Einssein»*) und hat eine tiefere Bedeutung als *«Unity»*. Bei Unity steht das gemeinsame Interesse im Vordergrund und die Einheit ist abhängig von Emotionen und Umständen. Bei Oneness ist das Einssein mit Gott dem Vater, Jesus Christus dem Sohn, dem Heiligen Geist und unter den Bürgern des RG entscheidend; es geht um einen Lebensstil.

Wie die Einheit in der Gesellschaft wahrgenommen wird, hängt wesentlich davon ab, wie sehr Christen nach dem Motto leben: *«In der Hauptsache Einheit, in Nebensachen Freiheit und in allem die Liebe»* oder in der Haltung der niederländischen Christin und Judenretterin *Corrie ten Boom* (1892–1983): *«Ich habe die Herzensentscheidung getroffen, dass, ganz gleich ob ich meinen Bruder verstehe oder nicht, wenn er Jesus als Herrn anerkennt und ihm nachfolgt, ist er mein Bruder und ich lass mich nicht von ihm trennen.»*

Äußerlich konkretisiert sich die Einheit in ***unterschiedlichen Gemeinschaftsformen*** mit z. T. sehr unterschiedlichen strukturellen, hierarchischen und sakramentalen Ausprägungen. Die Existenz unterschiedlicher Gemeinden erweckt in der Gesellschaft oft den Eindruck, die Christen seien untereinander uneins oder sogar zerstritten und sie ist oft ein Grund, den christlichen Glauben abzulehnen – mit dem Argument, dass es nicht verschiedene Wahrheiten geben kann. Diese Sicht versteht Einheit im Sinne von Unity und verkennt, was letztlich die Christen verbindet.

Die Vielfalt der Gemeinschaftsformen christlicher Gemeinden ist auch ein Zeichen der Lebendigkeit des christlichen Glaubens. Dieser wirkt sich praktisch in den Gemeinden in unterschiedlichen Schwerpunkten aus, je nach Aufgabe, die die Gemeinden prioritär in der Welt wahrnehmen. Dank ihrer eigenen Form und Struktur kann jede Gemeinde die Organisation und die Administration ihrer spezifischen Aufgabe anpassen und dadurch effizienter gestalten. Die Einheit der Christen äußert sich auch in gemeinsamen Aktionen der verschiedenen Gemeinden, wie z. B. in Form von Anlässen der SEA (Schweizerische Evangelische

Allianz) oder der DEA (Deutsche Evangelische Allianz), gemeinsamen Gebetstagen, Seminaren und diakonischen Einsätzen.

Wie weit von einer Einheit im Geist und von einem im Wesentlichen übereinstimmenden Verständnis der KBB gesprochen werden kann, hängt davon ab, welcher ***Interpretationsspielraum*** für die KBB zugelassen wird. Ist dieser zu weit gefasst, so sind Aussagen wie *«Der Glaube an Jesus Christus verbindet die Christen auch bei nicht genau gleichem Bibelverständnis.»* oder *«Alle Christen der verschiedenen Denominationen auf Erden sind im Blick auf die Bibel als Basis einig.»* (vgl [92]) wenig aussagekräftig. Die verschiedenen Kirchen und Glaubensgemeinschaften interpretieren die KBB oft teilweise recht unterschiedlich; so wird z. B. Jesus Christus häufig nicht als Erlöser und Retter der Menschen und als Herr der Gemeinde und König des RG gesehen, sondern in seiner Funktion und Bedeutung lediglich auf die ethische Ebene reduziert.

Im Folgenden werden einige konkrete Beispiele die Problematik aufzeigen, die sich für die Einheit der Christen im Zusammenhang mit dem Interpretationsspielraum der KBB ergibt.

Die ***Kirchengeschichte*** liefert zahlreiche Beispiele für die Zerstrittenheit christlicher Gruppierungen trotz der Bibel als gemeinsamer Grundlage; erwähnt seien die Glaubenskriege zwischen Katholiken und Protestanten oder die Spannung zwischen der bekennenden Kirche und der Reichskirche in der Zeit des Nationalsozialismus.

Die ***ökumenische Bewegung*** hat sich bei ihrer Gründung auf die eingangs dieses Abschnittes zitierten Verse aus dem hohepriesterlichen Gebet berufen, dann aber ihr Ziel, die Einheit der Christen zu fördern, dadurch ad absurdum geführt, dass sie den Interpretationsspielraum so weit gefasst hat, dass die von der Marienschwester *Joela Krüger* in [32] erwähnten Konsequenzen aufgetreten sind: *«Wenn die Kirche sich die Türen für alle Optionen* *offenhält, wird die Haltung der Toleranz als Wert überhöht und kaum Orientierung vermittelt. Die Kirche kann durch Toleranz die ganze Welt gewinnen, wird sich aber dadurch unglaubwürdig machen.»*

Nach *Zimmer* [87, Vorwort] geht ein Riss durch die Christenheit, indem sich die beiden Lager der Befürworter und Gegner der modernen Bibelwissenschaft voneinander abgrenzen. M. E. sind beide Lager insofern eins, als sie die KBB grundsätzlich als Grundlage des Glaubens anerkennen, dass aber der Riss durch den Problembereich P123 bedingt ist – wie dies bereits in 3.4.1 angedeutet wurde: Es geht um die Frage, ob man die Bibel wörtlich innerhalb des menschlichen 3D-Denkrahmens auslegt oder ob man sie innerhalb des göttlichen 4D-Denkrahmens beim Worte nimmt.

Die Beziehung zwischen der ***charismatischen*** und der ***evangelikalen Bewegung*** ist oft gespannt. In Bezug auf die KBB besteht im Wesentlichen Einheit. Die charismatische Bewegung unterscheidet sich von der evangelikalen nicht so sehr durch Gegensätze als vielmehr durch Akzentverschiebungen – wie u. a. stärkeres Beachten der Geistesgaben. Im Gegensatz zur Meinung einiger Theologen und Gemeindeleiter scheint mir, dass die Charismatiker z. B. im Allgemeinen Krankheit durchaus als Teil der gefallenen Schöpfung anerkennen, dass sie sie jedoch nicht einfach schicksalshaft hinnehmen, sondern sich im Sinne des Auftrages von Jesus für Heilung einsetzen; sie nehmen Krankheit ernst, leiden mit den Betroffenen und versuchen, ihnen in der Kraft des Heiligen Geistes zu helfen. Ob man auf diesem Hintergrund der charismatischen Bewegung wirklich vorwerfen darf, sie sei *«gesetzlos, undiszipliniert, verrückt nach dem Übernatürlichen, sie habe weitestgehend keine Ahnung von der Bibel und sie warte regelrecht auf den Antichristen»*, wie es der Bibellehrer *Derek Prince* (1915–2003) [64] tut?

Wie schon in 4.3 erwähnt wurde, bekennt sich die Theologin *de Groot* [4] zum Atheismus. Sie sieht in jedem personalen

Gott ein Konstrukt des Menschen: *«Es gibt keinen Gott, keinen Allmächtigen im Himmel. Der Begriff Gott ist ein mythischer Begriff, den der Mensch für seine Sinnstiftung braucht. Glauben ist Beziehung.»* Sie ist als Pfarrerin in der evangelisch-reformierten Kirche des Kantons Bern angestellt. Im ersten Artikel der Kirchenverfassung steht: *«Die evangelisch-reformierte Kirche des Kantons Bern bekennt sich zu Jesus Christus als dem alleinigen Haupt der einen allgemeinen christlichen Kirche. Sie findet ihn bezeugt in der Heiligen Schrift des Alten und Neuen Testaments, die sie nach bestem Wissen und Gewissen unter der Leitung des Heiligen Geistes erforscht. Sie weiß sich berufen zum Glauben an Gottes rettende Gnade, zum Dienst der Liebe und zu der Hoffnung auf das Kommen des RG.»* Der Synodalrat, die Leitung dieser Kirche, vertritt die Auffassung, dass *de Groot* versucht, die Botschaft der Bibel in einer neuen Sprache zu formulieren, und dass sie ihren Auftrag erfülle, das Evangelium nach bestem Wissen und Gewissen zu verkünden. Solange Pfarrpersonen Gott nicht leugnen, gebe es keinen Grund, sie an die Verpflichtung durch Ordination und Verfassung zu erinnern. Der Synodalrat spannt offenbar den Interpretationsspielraum für den in der Bibel beschriebenen Gott so weit, dass auch dessen Reduktion auf zwischenmenschliche Beziehungen durchaus zulässig ist. Damit stellen sich verschiedene Fragen: Wie ist ohne Gott Jesus Christus zu verstehen? Was macht der zentrale Begriff *Gnade* der Bibel für einen Sinn, wenn kein personaler Gott da ist, dem gegenüber die Menschen in Verantwortung stehen? *De Groot* betet mit der Gemeinde das *Vaterunser.* Was für einen Sinn macht der Begriff *«Unser Vater»* ohne personalen Gott?

Man kann sich fragen, wie aussagekräftig eine Kirchenverfassung bei einem so weit gefassten Interpretationsspielraum ist und welchen Auftrag eine Kirche überhaupt hat, die einer solchen Verfassung verpflichtet ist. Infolge der Verbindung von Kirche und Staat im Kanton Bern haben diese Fragen eine gewisse Relevanz für die Politik: Eine Kirche, die Gelder vom Staat erhält, sollte sich in ausreichendem Maße definieren.

Als Beispiel einer in der Christenheit unterschiedlichen sakramentalen Ausprägung sei hier die unterschiedliche ***Taufpraxis*** in den Gemeinden erwähnt.

Im NT ist die Taufe Ausdruck der Zugehörigkeit des Täuflings zu dem neuen Reich, das mit Jesus Christus angebrochen und dessen König er ist. *Kaldewey* [39] schreibt: «*Die Taufe ist weder ein magisches Ritual, das durch sich selbst wirkt, ob man dabei glaubt oder nicht, noch ist es eine Art Anhängsel an den Glauben, noch eine Art äußeres Bekenntnis, noch ein ‹Gehorsamsschritt›. Die Taufe ist der von Gott selbst angeordnete leibliche Ausdruck, der äußere Vollzug und Abschluss der inneren Umkehr und des inneren Glaubens. In der neutestamentlichen Zeit wurden in der Taufe Umkehr und Glaube vollendet. Die Wassertaufe war der klare, bewusste Ausdruck der Abwendung vom alten Leben und der Hinwendung zu Jesus Christus. Das Taufbekenntnis der frühen Christen war: ‹Jesus ist Herr!›*» Die Tradition der ***Kindertaufe*** sowie die Lehre, dass die Taufe Menschen rettet und zu Kindern Gottes macht, werden offensichtlich diesem Taufverständnis nicht gerecht. Die nach der Reformation entstandene Bewegung der Täufer lehnte die Kindertaufe ab und bejahte die ***Glaubenstaufe für Erwachsene;*** dies war der Hauptgrund für die brutale Verfolgung der Täufer vor allem im 16. und 17. Jahrhundert. Vertreter der Reformierten Kirche der Schweiz und des lutherischen Weltbundes legten anlässlich des Täufer-Jahres 2007 sowie bei einem Bußgottesdienst 2010 in Stuttgart ein Schuldbekenntnis ab und baten die Nachfahren der Täuferbewegung um Vergebung.

Die Verfechter der Kindertaufe führen folgende zwei Argumente gegen die Erwachsenentaufe an: Zum einen wird auf den Brauch der Beschneidung im alten Israel verwiesen, die als Zeichen der Zugehörigkeit zum Gottesvolk galt. Die Kindertaufe weise in ähnlicher Weise darauf hin, dass der Täufling Gott gehört und die Eltern und Patenleute aufgerufen sind, das Kind im christlichen Glauben und im Sinne der Bibel zu erziehen. Häufig wird dieser Aufruf durch ein Ja der Eltern bekräftigt. Zudem werde der Täufling mit der Taufe in der Gemeinde willkommen geheißen und für ihn Gottes Segen erbittet. Zum anderen wird darauf hingewiesen, dass die Kindertaufe die Bedeutung der göttlichen Gnade für den Täufling, die Erwachsenentaufe hingegen seine Leistung betone.

Das erste Argument enthält zweifellos begrüßenswerte Gründe für den Start des Täuflings ins neue Leben. Die Kindertaufe bringt jedoch nicht die eigentliche Absicht Jesu mit der Taufe zum Ausdruck – nämlich deren Bedeutung für das neue von ihm gebrachte Reich. Sie entspricht auch nicht dem in der Bibel bezeugten Taufverständnis der ersten Christen.

Das zweite Argument verkennt die Tatsache, dass mit der Erwachsenentaufe der Täufling selber ein Zeichen dafür setzt, dass er sich bewusst ist, dass sein neues Leben ein Gnadengeschenk Gottes ist und er auch künftig auf die göttliche Gnade angewiesen ist. Bei der Kindertaufe geht dieser Aspekt der Taufe völlig verloren.

Ich glaube, dass das mangelnde Verständnis der neutestamentlichen Taufe mit ein Grund für die Kraftlosigkeit vieler Christen ist, und dass es dazu beiträgt, dass Glauben auf einer gesetzlich und rein ethisch geprägten Basis gelebt wird und nicht in der Dimension des neuen, auf den Tod und die Auferstehung Jesu gegründetes Reich.

6.8 Die Einzigartigkeit und der Absolutheitsanspruch des Christentums

In 3.2 und 4.2 wurde auf die Einzigartigkeit der Bibel, des biblischen Gottes und von Jesus Christus im Vergleich zu den Heiligen Schriften, Göttern und Begründern der verschiedenen Religionen hingewiesen. Ich habe aufzuzeigen versucht, dass die biblische Botschaft, der biblische Gott und Jesus Christus nicht rein menschliche Erfindungen sein können und nicht menschlichen Wünschen und Sehnsüchten entsprechen, und dass dadurch auch die ***Einzigartigkeit*** des Christentums innerhalb der Religionen und sein ***Absolutheitsanspruch*** in Bezug auf die Wiedergabe der Wahrheit begründet sind. Die Position, dass die eine Religion der Wahrheit näher komme als eine andere, gilt in der Welt als anmaßend und intolerant. Ich habe jedoch bereits im Abschnitt 4.1 begründet, warum die Vorstellung, dass es verschiedene wahre Götter und Religionen gibt, keinen Sinn macht: Entweder es gibt genau einen wahren Gott und eine wahre Religion oder es gibt überhaupt keinen solchen Gott und keine solche Religion.

Lewis sieht im Christentum die einzig wahre Religion, weil es die Welt am plausibelsten erklärt und am besten ermöglicht, Sinn und Ziel der Dinge zu kennen – dadurch dass sie am besten das Verwoben-Sein eines Gottes mit der Welt und der Menschheit widerspiegelt. Er schreibt [47]: *«Ich glaube an Christus, so wie ich glaube, dass die Sonne aufgegangen ist, nicht nur, weil ich sie sehe, sondern weil ich durch sie alles andere sehen kann. Um Eigenschaften der Sonne zu erkennen, müssen wir nicht direkt in die Sonne schauen, sondern in ihrem Licht die Welt anschauen und erkennen, wie sie es möglich macht, dass Pflanzen wachsen und dass wir gedeihen.»*

Barth hat in dem folgenden Zitat die besondere Stellung des Christentums treffend zum Ausdruck gebracht: *«Religion ist, was der Mensch aus Gott macht; Christentum ist, was Gott aus dem Menschen macht.»*

Häufig wird argumentiert, dass es nie Frieden geben wird, wenn alle Vertreter von Religionen solche Absolutheitsansprüche stellen, und dass dadurch Religion immer wieder ein Sicherheitsrisiko für den Weltfrieden darstellt. Es wird dann jeweils auf die zahlreichen Religionskriege im Verlaufe der Geschichte und die brutalen Methoden hingewiesen, die angewendet wurden, um Nicht- oder Andersgläubigen eine bestimmte Religion aufzuzwingen. Diese Argumentation verkennt, dass der Kern der christlichen Religion auf eine Veränderung des Menschen abzielt, die ihn motiviert und fähig macht, sich für Frieden und Versöhnung einzusetzen und auf Gewalt zu verzichten. Jesus gab seinen Nachfolgern den Auftrag, die Botschaft vom RG zu verkündigen und die Menschen in seine Nachfolge zu rufen. Die Menschen konnten frei entscheiden, ob sie auf das göttliche Angebot eingehen wollten oder nicht. Jesus selber hatte nie auf die Zuhörer seiner Botschaft Druck ausgeübt. Religionskriege und Zwangsbekehrungen waren die Folge eines krassen Missverständnisses des Auftrages Jesu. Ein unrühmliches Beispiel stellen die Kreuzzüge dar, zu denen Päpste aufgerufen hatten, um den Heiden die durch Christi Leiden und Passion geheiligten Stätten zu entreißen. Die Kreuzfahrer waren überzeugt, nach dem Willen Gottes zu handeln.

Als Vorbereitung für die anschließend betrachteten Beispiele sei nochmals auf drei zentrale Punkte des christlichen Glaubens hingewiesen, die das Christentum von anderen Religionen abheben.

1. Der Kern des christlichen Glaubens besteht nicht in einer Lehre, die es zu befolgen gilt, sondern in der persönlichen Beziehung zu Jesus Christus.
2. Der Weg zum Heil und zur Erlösung beruht auf Gnade und nicht auf moralischer Anstrengung oder der Führung eines anständigen Lebens und nicht auf einem aufwendigen Opferdienst, der von der Angst bestimmt ist, Gott nicht zu genügen. Die Rechtfertigung vor Gott und die Erlösung gründen auf dem Erlösungswerk von Jesus Christus. Der Antrieb zum Handeln in der Welt erfolgt nicht aus einem Pflichtgefühl heraus, sondern aufgrund der von Gott erfahrenen Liebe, Gnade, Erlösung, Vergebung, Befreiung und des Wunsches, als selber reich Beschenkte diese Welt positiv zu verändern.
3. Die von Jesus und dem frühen Christentum vertretene und gelebte Ethik war revolutionär für die damalige Zeit. Die positiven sozialen Veränderungen in der Gesellschaft im Verlauf der Geschichte – wie die Errichtung von Spitälern, Armen- und Waisenhäusern, Schulen und die Aufhebung der Sklaverei – waren oft eine Folge des Engagements von Christen.

Das Christentum steht damit in krassem Gegensatz zum ***Buddhismus*** und ***Hinduismus***.

Der Buddhismus kennt keinen Gott, keine Erlösungsbedürftigkeit des Menschen und keine Vision zur Transformation der Welt im Sinne der Bergpredigt. Der Mensch steht im Zentrum und ist der einzig aktiv Handelnde, der Weg zur Erleuchtung liegt allein in seiner Hand und verläuft über das Entleeren des Denkens von allen Wörtern und Überlegungen. Die Annahme vom eigenen Selbst ist eine Illusion, Befreiung geschieht nur, wenn man erkennt, dass unser Sein nicht wirklich ist. Da es keinen Gott gibt, gibt es auch keine Verantwortung und Sünde oder Schuld in Bezug auf einen Gott. Damit ergibt sich auch keine Verpflichtung und keine Vision zu einem Handeln, das die Welt verändert.

Das im Hinduismus gelehrte Kastensystem hat im RG keinen Platz. Es ist nicht erstaunlich, dass bei der schnellen Verbreitung des Evangeliums in Indien die Dalits, die Unberührbaren, die die tiefste Kaste bilden, eine entscheidende Rolle spielen. Viele Dalits finden durch Jesus Christus zu einem neuen Leben und einem neuen Selbstwert. In einer Gesellschaft, in der die Familien aus wirtschaftlichen Gründen Knaben vorziehen und in der Frauen generell verachtet sind, setzen sich gläubige Dalits dafür ein, dass weibliche Babys vor Abtreibung gerettet werden und sich Frauen Bildung erwerben und in den Gemeinden Leitungsfunktionen übernehmen können.

Das Christentum hebt sich auch ab von der einer Religion nahestehenden ***Freimaurerei***. Diese ist dem Humanismus verpflichtet. Sie vertritt die Sicht, dass der Mensch an sich gut und imstande ist, seine Vervollkommnung aus eigener Kraft zu erreichen. Durch sittliche Veredelung soll ein besserer Mensch geschaffen werden. Das Ziel besteht darin, die Menschheit von Furcht, Sorge und Zwietracht zu erlösen und sie in den paradiesischen Zustand vor dem Sündenfall zurückzuversetzen. Jeder Mensch kann sich sein eigenes Bild von einem Gott machen und dann auch selber die Bedingungen festlegen, um diesen Gott zufriedenzustellen und das Heil zu erlangen. Im Abschnitt 4.1 wurde der mit dieser Sicht verbundene Zirkelschluss aufgedeckt. Die Freimaurer betrachten alle Religionen als gleichwertig. Für sie ist Jesus Christus ein humaner Mensch und ein Vorbild, das heute nur noch in seiner Lehre lebt. Während die Christen in den Evangelien aufgerufen werden, sich aktiv für den Frieden einzusetzen, stellt sich die Frage, was die Freimaurer zum Frieden beitragen können, wird doch in den Logen grundsätzlich nicht über Politik und Religion gesprochen.

6.9 Das Christentum in Staat und Gesellschaft

6.9.1 Grundsätzliche Haltung der Gesellschaft zur Bibel und zum Christentum

Das ***Verhältnis von Staat und Gesellschaft zum Christentum*** ist grundsätzlich bestimmt durch die unterschiedliche Haltung des natürlichen Menschen und des Christen zu Themen, die den Menschen, die Welt und Gott betreffen. Die Haltung des Christen ist weitgehend geprägt von der KBB, während der Mensch von Natur aus sich als autonom und imstande sieht, unabhängig von Gott mit den Herausforderungen seines Lebens und der Gesellschaft fertig zu werden. Die westliche Gesellschaft hat weitgehend beschlossen, Gott abzuschaffen. Der Mensch will niemand über sich haben, er will autonom und letztlich selber Gott sein und selber bestimmen, was gut und böse ist – so wie es die Schlange im Schöpfungsbericht Adam und Eva vorgaukelt (1. Mo 3.5b LU): *«Ihr werdet sein wie Gott und wissen, was gut und böse ist.»* Er hat seine Vorstellungen von Freiheit und Toleranz und er erhebt den Anspruch, innerhalb seines 3D-Denkrahmens selber den Sinn seines Lebens bestimmen und entscheiden zu können, was ihm ein gelingendes Leben garantiert.

Dass die Christen in der Welt ***Widerstand*** und ***Ablehnung*** erfahren werden, hatte Jesus vorausgesagt: *«Weil ihr euch zu mir bekennt, werdet ihr von allen gehasst werden.»* (Lk 21.17 NeÜ) Während Jesus Christus als guter Mensch und Lehrer allgemein akzeptiert ist, wird seine Funktion als *Erlöser* weitgehend abgelehnt, weil dieser Aspekt Ausdruck eines Anspruches von Gott an den Menschen ist, dem der Mensch von sich aus nicht genügen kann, und damit impliziert, dass der Mensch von sich aus verloren ist und nur durch einen Eingriff von außen gerettet werden kann. Die Ablehnung äußert sich in den verschiedenen Ländern und Kulturen auf ganz unterschiedliche Weise, oft in Form von Unterdrückung, Verfolgung oder gar Todesstrafe bei Bekenntnis zum Christentum, bestenfalls in einem mitleidigen Lächeln über eine nicht mehr zeitgemäße Haltung. Auch in Ländern des sogenannten christlichen Abendlandes muss mit Ausgrenzung und Diskriminierung rechnen, wer sich zu Jesus Christus und seinen Werten bekennt. Wir erleben eine zunehmende Polarisierung, wenn es um Religion geht: Für die einen sind die Gläubigen «Fundamentalisten» mit überholten Wertevorstellungen, für die anderen sind die Nichtgläubigen Feinde der Wahrheit mit antibiblischen, die Gesellschaft zerstörenden Ansichten.

Die moderne westliche Gesellschaft tut sich im Allgemeinen schwer mit dem ***Ausschließlichkeits***- und ***Absolutheitsanspruch*** des Christentums. Dem Auftrag Jesu an seine Nachfolger zur Verkündigung des Evangeliums, dem ***Evangelisationsauftrag*** des Christentums, begegnet sie häufig mit Argwohn, einerseits wegen des Absolutheitsanspruches, andererseits weil die Kirche im Verlaufe der Geschichte diesen Auftrag in Zwangsmissionierungen falsch ausgelebt hatte.

Die ablehnende Haltung der modernen Gesellschaft zur Bibel und zum Christentum beruht oft auch auf Unkenntnis, Voreingenommenheit, Missverständnissen und fragwürdigen Verallgemeinerungen. Häufig werden Bibelstellen und einzelne in der Bibel geschilderte Ereignisse isoliert und nicht im Kontext betrachtet oder die Haltung und das Verhalten einzelner Christen oder christlicher Gruppierungen verallgemeinert. Dabei wird nicht unterschieden zwischen einem von der Bibel her geprägten Glauben und dem Glauben, wie er von einer bestimmten christlichen Gemeinschaft oder einzelnen Christen gelebt wird, und es wird ungenügend berücksichtigt, wie sehr das Leben gewisser Gemeinden von der Tradition und bibelfremden Elementen bestimmt ist.

Dazu kommt, dass der Absolutheitsanspruch und der Evangelisationsauftrag bei Christen mit einer Haltung der Demut, des Respektes und der Toleranz gegenüber Andersgläubigen und Andersdenkenden verbunden ist – mit dem Bewusstsein, dass sie Begnadete und Beschenkte sind und nicht durch fromme Leistung die Gunst Gottes gewonnen haben. Als selber von der Liebe Gottes Ergriffene erfüllen sie den Evangelisationsauftrag in der Haltung von Petrus und Johannes (Apg 4.20 LU): *«Wir können's ja nicht lassen, von dem zu reden, was wir gesehen und gehört haben.»* Dabei versteht sich die Botschaft der Bibel als Angebot, das den Menschen die Freiheit lässt, sie anzunehmen oder sie abzulehnen.

Vor diesem Hintergrund sind die Behauptungen des Politikwissenschaftlers und Soziologen *Armin Pfahl-Traughber* (* 1963) [62] schwer nachvollziehbar: *«Das NT durchzieht in hohem Maße eine Haltung des Fanatismus und der Intoleranz gegenüber Abweichlern und Skeptikern.»* und der *Dekalog* sei verfassungsfeindlich, da das erste der zehn Gebote (2. Mo 20.3) einen der Religionsfreiheit widersprechenden Absolutheitsanspruch mit zwangsläufiger *«Intoleranz gegen Abweichung und Kritik»* impliziere.

Während der Evangelisationsauftrag in der Gesellschaft weitgehend abgelehnt wird, findet das ***soziale Engagement*** der Christen allgemein Anerkennung. Aber wir haben schon in 6.4 betont, dass es nicht darum gehen kann, diese beiden Pfeiler der Mission gegeneinander auszuspielen, sondern dass vielmehr eine nicht einseitig auf den Himmel ausgerichtete Verkündigung des Evangeliums Menschen in ihrem sozialen Engagement unterstützen wird.

Schließlich sei noch die in der Gesellschaft verbreitete Sicht angesprochen, die Bibel und das Christentum seien ***leibfeindlich***. Zu dieser Sicht hat beigetragen, dass im Verlaufe der Geschichte verschiedene christliche Gruppierungen eine Leibfeindlichkeit gelehrt und einen asketischen Lebensstil gepflegt und propagiert haben. Schon für *Platon* war der Leib ein Gefängnis der Seele; erst der Tod bringt ihre vollkommene Befreiung. Für den griechischen Philosophen *Xenophanes* (560–478 v. Chr.) galt es als göttlich, keine Bedürfnisse zu haben und sich nicht durch Gefühle beeinflussen zu lassen. Empfindungslosigkeit (griechisch *Apatheia*) war das Wunschziel. Dieses Denken, das Geist, Seele und Leib als verschiedene Teile des Menschen betrachtet, steht in Gegensatz zu dem hebräisch-ganzheitlichen Denken, von dem die Bibel und das Christentum geprägt sind. Im hebräischen Denken meinen die Begriffe *Geist*, *Fleisch*, *Seele* den ganzen Menschen. Als Folge davon finden sich in der Bibel weder eine Leibvergötzung noch eine Leibfeindlichkeit, weder die Haltung des Libertinismus, gemäß der sich der Mensch nicht an moralische und traditionelle Normen gebunden fühlt, noch die Haltung des Asketismus, die die schöpfungsbedingten Bedürfnisse des Leibes missachtet.

6.9.2 Verständnis von Toleranz und Freiheit

Der Begriff ***Toleranz*** machte im Verlaufe der Geschichte eine folgenschwere Wandlung durch. Er verließ seinen ursprünglichen, nach absoluten Werten geprägten Standpunkt und siedelte sich im Bereich des Humanismus an. Damit verschob sich sein Wertesystem, es gab keinen objektiven Standpunkt mehr, von dem her man die Dinge bewerten konnte. In 6.7 wurden im Zusammenhang mit dem Thema «Die Einheit des Christentums» die Konsequenzen dieses gewandelten Toleranzverständnisses für die Theologie erwähnt. In vielen evangelischen Kirchen führte die Erweiterung des Interpretationsspielraums für die

KBB zu einer Verkürzung des Evangeliums auf eine Botschaft der diffusen Liebe mit allem möglichen Inhalt. Für die Christen stellt sich immer wieder die Frage, wie sie die Gratwanderung zwischen Tolerieren, Lieben und Widerstehen schaffen. Gemäß der KBB geht es darum, Toleranz auf dem Boden der ***Liebe*** und der ***Wahrheit*** zu üben. Diese Haltung der Toleranz durchzieht das Leben und die Lehre von Jesus; seine Herrlichkeit ist *«voller Gnade und Wahrheit»* (Joh 1.14b LU).

Beim Begriff ***Freiheit*** wird der Gegensatz zwischen den Standpunkten des Christen und des natürlichen Menschen besonders deutlich. In 6.4 wurde das Freiheitsverständnis des Christen als Bürger des RG beschrieben und dabei gezeigt, dass es von der uns vom Himmlischen Vater erwiesenen Liebe geprägt ist. Das Freiheitsverständnis des natürlichen Menschen beruht auf der Voraussetzung und Überzeugung, dass der Mensch innerhalb des menschlichen 3D-Denkrahmens den Durch- und Überblick über sein Leben und die Welt hat, dass er selber – ohne göttliche Vorgabe – imstande ist, die Normen für Moral, Ethik und Sittlichkeit zu bestimmen und sein Leben und dasjenige der Gesellschaft *«sinnvoll»* zu gestalten.

Der Mensch sehnt sich nach persönlichem Wohlbefinden, Gesundheit und seelischer Geborgenheit. Dazu akzeptiert er häufig Verhaltensweisen, die in der Gesellschaft zur Norm geworden sind. So wird z. B. gefolgert, dass, wenn in der Gesellschaft viele Männer fremdgehen, die Männer von Natur aus auf mehrere Lebenspartnerinnen angelegt sind. Die von den Christen eingehaltenen Richtlinien werden oft als lästiger, unbequemer, veralteter Zwang und die neu eingespielten Verhaltensweisen als angenehm, bequem, progressiv empfunden.

Das Freiheitsverständnis des natürlichen Menschen vermochte allerdings im Verlaufe der Geschichte nicht das kollektive Paradies zu schaffen. Es führte vielmehr dazu, dass einzelne Menschen, Gruppen und Institutionen die Wahlfreiheit als eine Überforderung der Menschen betrachteten, die nur Verwirrung und Chaos gebracht habe.

In der Folge strebten sie die Errichtung einer besseren Welt unter ihrer Führung dadurch an, dass die Individuen auf ihre kleinen Freiheiten zugunsten der einen großen Freiheit verzichten sollten. Ein eindrückliches Beispiel findet sich im Kapitel *«Der Großinquisitor»* des Romans *«Die Brüder Karamasow»* von *Fjodor Michailowitsch Dostojewski* (1821–1881). Der Großinquisitor argumentiert, die römisch-katholische Kirche unter Führung des Papstes habe die Freiheitsrechte der Menschen zu deren Wohl eingeschränkt; die Herde erlebe ihr Glück und fühle sich frei, wenn sie auf ihre Freiheit verzichtet und sich einem Hirten unterwirft und anvertraut. Weitere traurige Beispiele lieferten und liefern Staaten, die von einem absoluten Herrschaftsanspruch über das Individuum, von einem ausgreifenden Führerkult und von zunehmendem Staatsterror geprägt waren und sind – wie die kommunistischen Staaten vor der (friedlichen) Revolution im Jahre 1989 mit der Utopie einer von Unterdrückung befreiten Gesellschaft oder wie das sogenannte Großdeutsche Reich in der Zeit des Nationalsozialismus (1933–1945).

Eine Konsequenz des unterschiedlichen Freiheitsverständnisses zeigt sich auch in der Haltung zur ***Abtreibung***. Von zentraler Bedeutung für die ***Abtreibungsproblematik*** sollte die Frage nach der Definition des Begriffes *Leben des Menschen* sein. Die m. E. bestbegründete Definition koppelt ihn mit der Verschmelzung von Samen- und Eizelle. Die entscheidenden Komponenten des Körpers und Geistes eines Menschen sind bereits im Embryo angelegt und nur in geringem Maße von späteren Einwirkungen durch Erziehung, Bildung, Gesellschaft beeinflusst. Ich erwähne beispielhaft die mehr als 200 verschiedenen Zelltypen, das perfekte Zusammenspiel zwischen den motorischen Systemen in Gehirn und Rückenmark und den gut 650 Muskeln, die Genialität eines Genies oder die Kreativität eines Künstlers. Diese frühzeitigen Anlagen entsprechen einem Grundprinzip der Natur: Auch bei einer Pflanze sind die wesentlichen Komponenten und die Anlagen zur Entwicklung bereits im Samen und seinem Code vorhanden; spätere Einwirkungen – wie Pflege durch die

Menschen und Einflüsse des Klimas – können die Grundstruktur einer Pflanze nicht verändern. Mit der Abtreibung eines Embryos wird nicht einfach ein Zellhaufen vernichtet, sondern auch der entscheidende, von Gottes Genialität und Kreativität bestimmte Teil eines menschlichen Lebens. Die Achtung vor diesem hochkomplexen Schöpfungswerk Gottes wird eine schwangere Frau motivieren, werdendes Leben nicht aufgrund einer auf den menschlichen 3D-Denkrahmen eingeschränkten Sicht zu vernichten. Das ist auch ganz im Sinne von *Mutter Theresa*, die in einem Interview aus dem Jahr 1985 sagte, das ungeborene Kind sei als *«Ebenbild Gottes»* erschaffen worden, *«um zu lieben und geliebt zu werden»*. Christen werden Mütter, die durch Verzicht auf eine Abtreibung in eine schwierige soziale oder wirtschaftliche Situation kommen, unterstützen, auch um sie vor den mittlerweile hinreichend bekannten negativen psychischen Folgen einer Abtreibung zu bewahren.

Während in Bezug auf werdendes Leben die christliche Sicht von den Aspekten Herkunft, Sinn und Ziel des Lebens geprägt ist, betrachtet die weltliche Sicht das werdende Leben in erster Linie aus der Perspektive der Mutter und der Überbevölkerung der Erde; sie wird daher die Möglichkeit zur Abtreibung aus sozialen oder wirtschaftlichen Gründen bejahen. Bei der Revision der Bestimmung im Schweizerischen Strafgesetzbuch zum Schwangerschaftsabbruch war die Frage nach der Definition des Begriffes *Leben*, nach dem, was «Leben» eigentlich ist, kein Thema. Im Vordergrund standen die eingetretenen gesellschaftlichen Veränderungen – insbesondere durch den Wertewandel in der Einstellung gegenüber der Sexualität und der Rolle der Frau –, die unterschiedliche Praxis in den Kantonen sowie der internationale Trend zur Liberalisierung der Abtreibungsgesetze. Die Frist von 12 Wochen, die gesetzt wurde, zeugt von Willkür: Es wird nicht näher begründet, weshalb Leben vor bzw. nach dieser Frist als lebenswert bzw. nicht lebenswert gilt.

Eine weitere Konsequenz des unterschiedlichen Freiheitsverständnisses zeigt sich in der Haltung zur ***Ehe für alle***. In diesem Zusammenhang stellt sich die Frage der Definition des Begriffes *Ehe*. Die Bibel koppelt die Verbindung zwischen Mann und Frau an die potenzielle Möglichkeit zur Schaffung neuen Lebens (1. Mo 1.28, 1. Mo 9.7). Falls sich der Begriff Ehe für seine Definition auf diese Verbindung bezieht, macht der Begriff *Ehe für alle* unter Einschluss der Homosexualität keinen Sinn. Für eine innige Verbindung homosexueller Paare müsste aus biblischer Sicht eine andere Bezeichnung gewählt werden. Dies erübrigt sich für die Schweiz, da ihre Bundesverfassung lediglich besagt, dass *«das Recht auf Ehe und Familie gewährleistet ist»*, ohne festzulegen, was eine Ehe ist und zwischen wem eine Ehe geschlossen werden kann.

Die Freiheit der Christen dürfte sich auch in ihrer Haltung zu ***Gesundheit*** und ***Tod*** äußern. Im Wissen um die Begrenztheit ihres Lebens und dass ihre Zeit in Gottes Händen steht (vgl. Ps 31.16, Ps 39.5), halten viele ihre Gesundheit und ihr Leben nicht um jeden Preis fest; sie lehnen übermäßige lebensverlängernde Maßnahmen ab. Die Versöhnung mit Gott und den Menschen ermöglicht es ihnen, in seelischer Ausgeglichenheit zu leben. Sie benötigen daher oft weniger psychiatrische Behandlung und dürften dadurch auch zu einer Entlastung des Gesundheitswesens beitragen.

6.9.3 Die Frage nach dem Sinn des Lebens

Bei dem Begriff ***Sinn des Lebens*** geht es grundsätzlich um die Frage, welche Inhalte im Leben eines Menschen realisiert und welche Ziele erreicht werden sollen. Die Antwort auf diese Frage – und damit eine sinnvolle Definition des Begriffes – setzt einen vollständigen Über- und Durchblick in Bezug auf alles voraus, was ein menschliches Leben in der Vergangenheit, Gegenwart und Zukunft beinhaltet. Das hat zur Folge, dass diese Antwort nicht vom Menschen innerhalb seines 3D-Denkrahmens, sondern nur von einer dem menschlichen Leben übergeordneten Quelle gegeben werden kann.

Diese Sicht ist allerdings dem Menschen der modernen aufgeklärten Gesellschaft fremd. Er sieht sich als autonom und selber imstande, den Sinn seines Lebens zu bestimmen. Dies kommt auch im ***Existenzialismus*** deutlich zum Ausdruck. Diese philosophische Strömung lehrt, dass dem menschlichen Leben von außen kein Sinn zukommt und dass der Mensch nicht darauf ausgelegt ist, etwas Bestimmtes zu sein, sondern dass er sich sein Wesen selber geben muss und dass er bei der Suche nach dem Sinn seiner Existenz auf sich allein gestellt und selber verantwortlich für sein Leben ist. *«Der Mensch ist zur Freiheit verurteilt»*, sagte der Existenzphilosoph *Jean-Paul Sartre* (1905–1980).

Der Existenzialismus entstand auf dem Nährboden einer Generation, die infolge des Ersten Weltkrieges desillusioniert war und bürgerliche Ideale und die Kirche ablehnte. Der Existenzialismus verkennt das Wesen des christlichen Glaubens, wenn er der Kirche im Zusammenhang mit dem Ersten Weltkrieg Versagen vorwirft. Die Gründe für diesen Krieg lagen vielmehr gerade darin, dass sich der Mensch aus der Abhängigkeit von Gott in die vom Existenzialismus propagierte denkerische Autonomie begeben hat. Eindrücklich hat dies der russische Schriftsteller und Systemkritiker *Alexander Solschenizyn* (1918–2008) in Bezug auf die Oktoberrevolution ausgedrückt, wenn er sagt: *«Wenn ich heute gebeten würde, so kurz wie möglich den Hauptgrund für die verheerende Revolution zu nennen, die etwa 60 Mio. aus unserem Volk das Leben kostete, könnte ich es nicht genauer ausdrücken als zu wiederholen: ‹Die Menschen haben Gott vergessen, darum ist all das passiert!›.»*

Die moderne westliche Gesellschaft vermittelt das Gefühl von Freiheit und Eigenständigkeit und gleichzeitig den Eindruck von Langeweile, Angst und Stress. Sie weist im weltweiten Vergleich eine hohe Selbstmordrate auf; immer mehr Menschen verfügen zwar über die Mittel zum Leben, sehen aber keinen Sinn, für den es sich lohnt zu leben. Viele Menschen, die einen Psychiater aufsuchen, leiden nach Meinung des Psychoanalytikers, Philosophen und Sozialpsychologen *Erich Fromm* (1900–1980) [22] an einem *«Bewusstsein, dass ihnen das Leben wie Sand durch die Finger rinnt, dass sie sterben werden, ohne gelebt zu haben, dass sie im Überfluss leben und doch ohne Freude sind»*. In eine ähnliche Richtung weist ein Sinnspruch an der Fassade eines Hauses an der Junkerngasse in Bern:

Aus Tauf-, Hochzeits- und Grabgeläut mischt sich
der Klang des Lebens.
Woher? Wohin? Wozu? Du fragst vergebens!

Die Sicht des Christen unterscheidet sich radikal von dieser Sicht der modernen Gesellschaft. Für ihn ist der Sinn des Lebens von der Bibel her durch göttliche Offenbarung bestimmt. Die gelebten Werte sind durch die Evangelien und im Speziellen durch die Bergpredigt gegeben. Der Christ lebt in der Abhängigkeit von Gott, im Wissen, dass er für ein sinnvolles Leben auf ihn angewiesen ist; er strebt nicht nach Ehre und Anerkennung von Menschen, sondern von Gott, im Sinne der Aufforderung Jesu (Joh 5.44 LU): *«Wie könnt ihr glauben, die ihr Ehre voneinander annehmt, und die Ehre, die von dem alleinigen Gott ist, sucht ihr nicht?»* Dies kann sich im Leben auf ganz unterschiedliche Weise äußern. Er wird seine Gaben so einsetzen, dass Gott geehrt und das RG gefördert wird.

In krassem Gegensatz zu dem oben zitierten Sinnspruch gründet sich der Sinn des Lebens der Christen auf die Worte Jesu (Joh 10.10b NGÜ): *«Ich bin gekommen, um ihnen Leben zu bringen – Leben in ganzer Fülle»* und die Grundverheißungen der Bibel:

Woher: von Gott geschaffen, von ihm geliebt,
erwählt vor Grundlegung der Welt
Wohin: zu einer wiederhergestellten Erde,
ohne Leid, Schmerz, Tod, in Gemeinschaft mit
Gott, dem Vater, Jesus Christus, seinem Sohn,
und den anderen Gläubigen,
Wozu: zum Ruhm seiner an uns erwiesenen Gnade
und seiner Macht und Herrlichkeit.

6.9.4 Der christliche und der laizistische Staat

Die Frage, ob ein Staat ***christlich*** oder ***laizistisch*** – d. h. Religion und Staat sind strikt getrennt – ist, hängt eng mit dem Problemkreis P123 zusammen. Die Beziehung zwischen Religion und Staat wird von den verschiedenen Staaten ganz unterschiedlich geregelt.

In Ländern mit einer starken Bindung zwischen Kirche und Staat wird vermehrt der Ruf nach einer vollständigen Trennung von Kirche und Staat laut. Die italienische Philosophin und Journalistin *Cinzia Sciuto* (* 1981) [69] stellt die Forderung, dass jeder Staat laizistisch sein müsse. Konkret fordert sie, dass der Staat keine Religion besser behandelt als irgendein anderes Werte- und Glaubenssystem, dass Grundrechte von Bürgern und Bürgerinnen nicht verletzt werden dürfen, dass jedes Individuum sein Leben nach den eigenen Überzeugungen und Werten gestalten kann, dass es nur ein Gesetz gibt und dass alle vor dem Gesetz gleich sind. Diese Forderungen tönen sehr überzeugend und die meisten Menschen werden ihnen zustimmen. Sie erweisen sich jedoch bei näherer Betrachtung teilweise als widersprüchlich. So ist die Forderung nach der Möglichkeit, die eigenen Überzeugungen und Werte zu realisieren, nicht immer kompatibel mit der Forderung, sich den Gesetzen des Staates unterzuordnen. Dazu kommt, dass die Grundrechte und das *«eine»* Gesetz auf einem Wertesystem basieren, dem gemäß *Sciuto* absolute Priorität zukommen müsste. Da die Religionen und Glaubenssysteme auch Wertesysteme beinhalten und diese in ganz unterschiedlicher Weise mit dem prioritären Wertesystem harmonieren können, werden in einem Staat unweigerlich gewisse Religionen und Glaubenssysteme bevorzugt.

Ein ***laizistischer Staat*** kann in der Realität nur funktionieren, falls dieses prioritäre Wertesystem beim Volk ausreichende Akzeptanz findet. Das Volk würde damit die allein gültige *«Staatsreligion»* bestimmen; alle anderen Religionen und Glaubenssysteme wären nicht zugelassen und dadurch würde eine der Forderungen von *Sciuto* verletzt.

Die entscheidende Frage lautet dabei: *«Wie definiert sich dieses Wertesystem?»* Ein Wertesystem, das das Funktionieren des Staates garantieren soll, setzt den Über- und Durchblick in Bezug auf die Auswirkungen sämtlicher Gesetze für die Bevölkerung in der Gegenwart und in der Zukunft voraus. Dies zeigt, dass ein solches Wertesystem – ähnlich wie bei der Frage nach dem Sinn des Lebens – nur von einer übergeordneten Quelle kommen kann.

Im Verlaufe der Geschichte hat sich wiederholt die Notwendigkeit einer solchen Quelle für einen funktionierenden Staat und ein gelingendes Gesellschaftsleben erwiesen. Eindrückliche Beispiele für die verheerenden Konsequenzen bei deren Abwesenheit liefert der Kommunismus mit seiner auf dem Atheismus basierenden Ideologie. Sein über mehrere Jahrzehnte dauerndes Sozialexperiment mit dem Ziel, eine klasse-, interessen- und besitzlose und gerechte Gesellschaft zu errichten, ist gründlich gescheitert: Mit mehr als 100 Mio. Opfern weltweit, einem System voller Willkür und Ungerechtigkeiten, verstörten Generationen mit einem zwischen Lüge und Realität schwankenden Lebensstil, hat der Kommunismus verbreitet Elend, Korruption und Hoffnungslosigkeit hinterlassen – der proletarische Traum einer heilen Welt ist ein Trauma geworden. Gerade Christen litten unter der brutalen Verfolgung Andersdenkender, besonders auch während der Kulturrevolution von 1966–1976 unter *Mao Tsetung* (1893–1976), dem Parteiführer der Kommunistischen Partei Chinas und dem ersten Staatspräsident der Volksrepublik China. Aber beachtlicherweise führte die Verfolgung dort wie anderswo nicht zur Vernichtung, sondern zum Aufblühen der christlichen Gemeinden.

Wir wollen jetzt im Besonderen der Frage nachgehen, ob die ***Schweiz*** ein christliches Land ist. Um sie zu beantworten, muss natürlich geklärt werden, was unter einem ***«christlichen Staat»*** zu verstehen ist. Geht es darum, dass christliche Werte und Symbole in Staat und Gesellschaft eine wichtige Rolle spielen? Ist die Schweiz ein christliches Land, weil die Präambel der Staatsverfassung mit dem Gottesbezug *«Im Namen Gottes des Allmächtigen»* beginnt, weil das Nationalwappen ein Kreuz enthält, die Nationalhymne Bezug auf Gott nimmt, die Randprägung auf dem 5-Frankenstück *«DOMINUS PROVIDEBIT»* (lateinisch für «Der Herr wird versorgen») lautet? Oder ist die Schweiz ein christliches Land, weil sich etwa zwei Drittel der Bevölkerung als der römisch-katholischen oder evangelisch-reformierten Kirche oder einer anderen christlichen Glaubensgemeinschaft angehörig bezeichnen? M. E. geht es bei der Frage, ob ein Land christlich ist oder nicht, nicht primär um Bewahrung und Stärkung christlicher Werte, sondern um die Frage, wie weit in der Gesellschaft die KBB gelebt wird. Dazu braucht es nicht Gesetze und Dekrete. Wahres Christ-Sein beinhaltet persönliche Umkehr zu Gott durch Annahme der von Jesus Christus gewirkten Erlösung, es lebt von Gottes Gnade, Liebe und Vergebung. RG manifestiert sich in einer Nation durch Menschen, in denen Jesus lebt und wirkt. Diese Sicht wird bloß von einer Minderheit des Schweizer Volkes geteilt. Ich würde somit die Schweiz nicht als «christliches Land» bezeichnen.

Während mehrheitlich eine mehr oder weniger starke Bindung zwischen Kirche und Staat bejaht wird, ist doch zunehmend eine Tendenz zu einer völligen Trennung feststellbar. Im Gegensatz zu Deutschland, wo eine institutionelle Trennung von Kirche und Staat schon seit 1919 besteht, gibt es in der Schweiz keine landesweite vollständige derartige Trennung. Volksinitiativen für eine Trennung wurden im Bund (1980) sowie im Kanton Zürich (1977 und 1995) verworfen, im Kanton Wallis kam eine solche Initiative erst gar nicht zustande (2014).

Heute sind die Verfassungen vieler Staaten von christlichen Werten geprägt. Freiheit und Toleranz sowie die verfassungsmäßige Verankerung der Menschenrechte und die Forderung nach Gleichheit vor dem Gesetz sind weitgehend eine Folge der im Christentum betonten Wertschätzung des Individuums als Geschöpf Gottes. Die Sicht, dass jeder Mensch einen eigenen Wert und eine eigene Würde hat, hat ihren Ursprung in der Bibel.

7. Israel

Man kann das Christentum nicht losgelöst vom Judentum betrachten. Wir haben schon im Abschnitt 3.2.7 im Zusammenhang mit der Frage nach der Wahrheit der Bibel auf die besondere Stellung des Volkes Israel hingewiesen. Das Geschehen um Israel lässt sich kaum in den menschlichen 3D-Denkrahmen einordnen und stellt bis auf den heutigen Tag eine Herausforderung für die Menschheit dar. Es vereint einen weltgeschichtlichen und einen heilsgeschichtlichen Aspekt.

7.1 Die Einzigartigkeit Israels

Die ***Geschichte des jüdischen Volkes*** ist einzigartig innerhalb der Weltgeschichte. Sie liefert ein starkes Indiz für die Existenz des biblischen Gottes und die Wahrheit der Bibel und dürfte auch Menschen, die gegenüber der Bibel und dem biblischen Gott kritisch eingestellt sind, zum Nachdenken bewegen. Wir werden im Folgenden mehrere Fakten betrachten, in denen diese Einzigartigkeit zum Ausdruck kommt. Dabei wird auch ersichtlich, dass die Haltung der Gesellschaft Israel gegenüber wesentlich durch den Problembereich P123 geprägt ist. Dies ist durch mangelnde Kenntnis der Geschichte Israels und dadurch bedingt, dass sich diese Geschichte nicht ohne Weiteres in den menschlichen Denkrahmen einordnen lässt.

Am Anfang der jüdischen Geschichte steht die ***Erwählung*** durch Gott (siehe 5. Mo 7.6–8, Röm 11.28–29). Die Erwählung erfolgte, weil Gott eine Absicht mit dieser Welt hat und ihr anhand der Geschichte mit diesem Volk etwas von sich, seinem Denken,

Willen, Charakter und Wesen offenbaren will. In den zehn Geboten wird umschrieben, wie Gott sich ein gelingendes Miteinander der Menschen vorstellt. Das Volk sollte dies durch das Halten der Gebote und sein volles Vertrauen zu Gott sichtbar machen. Israel hatte so eine *heilsgeschichtliche* Funktion. Es ging nicht darum, das Volk vor den Heiden zu retten, sondern durch Gottes Geschichte mit ihm Menschen zu retten und als rettende Akteure zur Wiederherstellung der Schöpfungsordnung zu gewinnen. Das Erwählt-Sein bedeutet dadurch für das jüdische Volk eine große Herausforderung. Seine Beziehung zu Gott war immer wieder getrübt durch Untreue und mangelndes Vertrauen.

Die Erwählung erfolgte aus lauter Gnade und Liebe und nicht aufgrund besonderer Qualitäten dieses Volkes. Sie macht dadurch deutlich, dass bei Gott nicht die Leistung zählt, sondern dass der Mensch abhängig ist von Gottes Gnade und aufgerufen ist, im vollen Vertrauen zu Gott zu leben. Diese Seite Gottes ist für den natürlichen Menschen eine Herausforderung, da sie seinem Gerechtigkeitsempfinden widerspricht.

Die Erwählung wurde durch einen ***Bund*** besiegelt. Im Gegensatz zu einem Vertrag kann ein Bund nicht aufgelöst werden; einen Bund kann man nur brechen – er bleibt «ewig» bestehen.

Die Erwählung und Berufung durch Gott sowie die Beziehung Israels zu seinem Gott sind einmalig und einzigartig in der ganzen Religionsgeschichte. Es gibt kein anderes Volk, das zu seinem Gott oder seinen Göttern in einer nur annähernd ähnlichen Beziehung steht.

Neben den Geboten, die die Beziehung zu Gott und die Ethik und Moral betrafen, waren auch die Vorschriften in Bezug auf Gesundheit, Versorgung und Hygiene für die damalige Zeit außergewöhnlich. Diese wurden z. T. erst in jüngster Zeit medizinisch begründet. Dass z. B. die Israeliten nur wiederkäuende Paarhufer mit gespaltenen Hufen (wie Rinder, Schafe, Ziegen, Rehe) essen durften (3. Mo 11.2–8), hängt damit zusammen, dass sich diese – im Gegensatz zu Schweinen – von Futter ernähren, das für Mensch unbrauchbar ist – ein wichtiger Aspekt bei beschränkten Ressourcen. Dass es dem Volk gestattet war, Fische, nicht aber Frösche und Amphibien, zu essen (3. Mo 11.9–12), war ein Schutz gegen Malaria – da Frösche Mücken, die Malaria übertragen, fressen. Auch durfte das Volk keine Vögel – wie z. B. Adler, Geier, Falken, Raben, Habichte, Störche – essen; diese Vögel sind Raubvögel, Allesfresser, die Mäuse, Ratten und Aas fressen und damit wichtig sind für eine ideale Ökologie (3. Mo 11.13–19). Zum Essen freigegeben waren Singvögel, Enten, Fasane und Tauben; sie ernähren sich von Blättern, Samen und kleinen Insekten. Aus hygienischen Gründen mussten durch Aas verunreinigte Gegenstände durch Waschen von Bakterien gereinigt oder gar zerstört werden (3. Mo 11.32–35).

Es gibt kaum ein Volk in der Geschichte, das derart der ***Verfolgung*** ausgesetzt war wie das Volk der Juden. Im AT wurde mehrfach prophezeit, dass die Juden von allen Völkern gehasst, verspottet und verfolgt würden (u. a. in 5. Mose 28.37, 2. Chronik 7.20, Jer 29,18, Jer 44.7–8).

Zur Zeit der Kreuzzüge zwischen 1095 und dem 13. Jahrhundert und der Pestepidemien Mitte des 14. Jahrhunderts führten Judenpogrome dazu, dass zahlreiche jüdische Gemeinden in Europa verwüstet und ausgerottet wurden. Die Juden wurden beschuldigt, durch Brunnenvergiftungen die Pest ausgelöst zu haben. Luther übernahm den gesamtmittelalterlichen Anti-Judaismus und forderte sogar die evangelischen Fürsten zur Versklavung oder Vertreibung der Juden auf. Mit seinen Schriften legitimierten die Nationalsozialisten die staatliche Judenverfolgung und den Völkermord an den Juden.

Es ist umso erstaunlicher und ohne jede Parallele in der Geschichte, dass die Juden nach fast 2000-jähriger Zerstreuung, Unterdrückung und Verfolgung ein eigenständiges ethnisches Volk geblieben sind, während Völker wie die Kelten, Hunnen, Goten ... sowie Nachbarvölker Israels wie die Edomiter, Moabiter, Hetiter ... im Völkermeer einfach untergegangen sind!

In mehreren Prophezeiungen des AT aus der Zeit vor oder während des babylonischen Exils ist von einer ***Sammlung des Volkes Israel*** die Rede – *«von der Welt Ende», «aus allen Ländern», «aus allen Völkern», «ich werde sie aus den Nationen zurückholen und von überall her sammeln», «ich nehme sie aus den Nationen heraus und sammle sie von allen Seiten und bringe sie in ihr Land»* (Jes 43.5–6, Hes 36.24, Hes 37.21). Diese Prophezeiungen lassen sich schwerlich auf die Rückkehr der Juden aus der babylonischen Gefangenschaft im Jahre 538 v. Chr. und später unter dem Priester Esra beziehen, da es sich in beiden Fällen um die Rückkehr aus einem Volk und einem bestimmten Land handelt und nicht um eine globale Rückkehr, wie sie in den erwähnten Bibelstellen prophezeit ist. Es gibt auch nachexilische Prophezeiungen, die von einer Heimkehr der Juden sprechen (z. B. Sach 8.7–8). Jesus prophezeit, dass Jerusalem so lange von fremden Völkern niedergetreten wird, bis deren Zeit abgelaufen ist (Lk 21.24).

Es lässt sich kaum abstreiten, dass sich diese Prophezeiungen mit den Entwicklungen in Palästina ab Ende des 19. Jh. zu erfüllen beginnen – mit der ***Rückkehr*** der Juden nach Palästina während der Zeit des Nationalsozialismus (1934–1945) und mit der ***Gründung des Staates Israel*** am 15. Mai 1948 und dem Verlauf seiner Geschichte in den darauf folgenden Jahren. Die jüdische Bevölkerung wuchs bis 1948 auf etwa 650'000 Einwohner an, sie verdoppelte sich bis 1958 – vor allem durch Einwanderungen aus Ägypten, Jemen, Polen, Rumänien, dem Irak, dem Iran und der Türkei – und sie betrug 2019 über 9 Mio.

Im 5. Buch Mose stellt Mose das ganze Volk vor die Wahl *«Segen oder Fluch»*, indem er ihm die Konsequenzen ihrer Entscheidung klar vor Augen führt: Segen, wenn es die Weisungen Gottes befolgt, Fluch, wenn es sie missachtet (5. Mose 28). Zudem verheißt er, dass Gott es bei Gehorsam aus allen Völkern sammeln wird (5. Mo 30.1–6). Aufgrund dieser Stellen wird häufig geschlossen, dass die Bekehrung der Juden zu Jesus Christus – als Schritt des Gehorsams – eine Vorbedingung für ihre Sammlung in ihrem Land ist und dieser vorausgehen muss. Diese Sicht widerspricht dem tiefsten Wesen des Heilswerkes Jesu Christi: durch dasselbe wird – aus lauter Gnade und ohne Vorbedingungen – die Beziehung des Menschen zu Gott wiederhergestellt und dem Menschen die Kindschaft Gottes zuteil. In Hes 36.24–28 verheißt Gott den Juden, sie aus den Nationen zu holen und sie in ihrem Land zu sammeln und ihnen ein neues Herz und einen neuen Geist zu geben – ohne Vorbedingungen.

In der Geschichte des Staates Israel lässt manches aufhorchen. Die Gründung des Staates Israel im Jahre 1948 grenzt an ein Wunder. Im Jahre 1920 hatte der Völkerbund (UN) – die Vorläuferorganisation der UNO – dem Vereinigten Königreich ein bis zum 14. Mai 1948 befristetes Mandat übertragen mit dem Auftrag, zu *helfen «eine nationale Heimstätte für das jüdische Volk in Palästina zu errichten»*. Die UNO-Vollversammlung hatte dann am 29. November 1947 einen Teilungsplan für Palästina angenommen – gegen den Widerstand der sechs arabischen Mitgliedstaaten. Unmittelbar nach Ablauf des Mandates wurde die Gründung des israelischen Staates ausgerufen. Nur wenige Stunden später eröffneten die Armeen der aus 5 Staaten bestehenden arabischen Allianz den Krieg gegen Israel mit dem Ziel, den entstehenden jüdischen Staat zu beseitigen. Die arabischen Führer riefen die Araber in Palästina auf, für kurze Zeit ihre Wohnungen zu verlassen und sich in Sicherheit zu begeben; in kurzer Zeit könnten sie in ein befreites Palästina zurückkehren! Nur drei Jahre nach dem Holocaust waren die Juden erneut von einer ethnischen Säuberung bedroht, prophezeite doch der Generalsekretär der Arabischen Liga [2], dass die Gründung eines jüdischen Staates zu einem *«Vernichtungskrieg und einem bedeutenden Massaker»* führen würden. Israels erster Premierminister *David Ben Gurion* (1886–1973) sagte in seiner Unabhängigkeitserklärung: *«Wir rufen die arabischen Bewohner des Staates Israel auf, den Frieden zu bewahren und sich an der Errichtung eines Staates auf der Basis der vollen und gleichwertigen Repräsentation in allen provisorischen und permanenten Institutionen zu beteiligen.»* Etwa 200'000 Araber blieben in Israel und wurden Bürger des Staates Israel. Trotz mangelhafter militärischer Ausrüstung endete der Krieg mit einem eindeutigen Sieg Israels. In den Waffenstillstandsverträgen von 1949 wurde das israelische Territorium im Vergleich zum UN-Teilungsplan für Palästina um ein Drittel vergrößert.

Seither gibt es immer wieder offenkundige Versuche durch verschiedene UNO-Gremien, Israel einseitig und überproportional zu kritisieren und zu verurteilen – in Übereinstimmung mit der Prophezeiung des Propheten *Sacharja* (Sach 12.3b NeÜ): *«Alle Völker der Erde werden sich gegen Jerusalem zusammentun.»*

Nach dem Sechs-Tage-Krieg 1967 kamen die West Bank und Ostjerusalem unter israelische Kontrolle. Dieser Krieg wurde ausgelöst durch die Schließung der Straße von Tiran durch Ägypten und dessen Truppenaufmarsch im Sinai zur Vernichtung Israels sowie des auf Verlangen von Ägypten erfolgten Abzuges der UNO-Beobachter im Sinai. Dieses Vorgehen Ägyptens bedeutete einen Bruch des nach dem Sinai-Feldzug 1956 geschlossenen Abkommens. Vorausgegangen waren eine Zunahme der Terrorangriffe aus Gaza und von den Golanhöhen her. Israel stand erneut einer vielfachen arabischen Übermacht gegenüber. Es hatte nicht die Absicht, Jordanien anzugreifen und die West Bank zu besetzen. König *Hussein* (1935–1999) glaubte jedoch den falschen Siegesnachrichten von *Gamal Abdel Nasser* (1918–1970) und griff daraufhin Israel an in der Hoffnung auf Landgewinn. Die Folge war, dass Ostjerusalem und die West Bank unter israelische Kontrolle gerieten. An der arabischen Gipfelkonferenz in Khartum im August 1967 wurde Israels Friedensangebot von allen arabischen Staaten abgelehnt: kein Frieden, keine Verhandlungen mit Israel und keine Anerkennung Israels.

1972 befürwortete Israel den Vorschlag von König *Hussein* zur Vereinigung von Westjordanland mit Jordanien. Dieser Vorschlag wurde jedoch von der PLO und den meisten arabischen Ländern abgelehnt.

Es wäre heute wohl Frieden in Israel, wenn die Araber 1947 – wie es die Israelis taten – den UN-Teilungsplan angenommen oder nach den verlorenen Kriegen von 1948 und 1967 einem

Friedensvertrag zugestimmt hätten. Stattdessen drohten die Hamas, Hisbollah und der Iran Israel weiterhin mit der totalen Vernichtung.

In der Weltgeschichte spielte die ***Stadt Jerusalem*** eine ganz besondere Rolle. Im Buch Sacharja (siehe Sach 12.2–3 NeÜ) wird Jerusalem als *«Taumelschale»* und *«Stemmstein»* für alle Völker bezeichnet; jeder, der *«ihn zu stemmen versucht»*, wird sich daran *«wund reißen»*. Die Knesset erklärte 1950 (West-)Jerusalem und dann 1980 im *Jerusalemgesetz* das vollständige und vereinte Jerusalem zur Hauptstadt Israels. Der UNO-Sicherheitsrat verurteilte das Gesetz. Der Status Jerusalems ist bis heute heftig umstritten. Im Jahre 2018 verlegte die USA ihre Botschaft nach Jerusalem. Kurz darauf folgten Guatemala und Paraguay und im Jahre 2021 Kosovo und Honduras.

Das ***abendländische Kultur- und Geistesleben*** wurde wesentlich von Juden geprägt, durch Namen wie *Baruch de Spinoza, Moses Mendelssohn, Martin Buber* in der Philosophie, *Marc Chagall* in der Malerei, *Felix Mendelssohn* und *Jacques Offenbach* in der Musik, *Franz Kafka, Stefan Zweig, Franz Werfel, Carl Zuckmayer* in der Literatur, *Paul Ehrlich* in der Medizin, *Sigmund Freud* in der Psychologie, *Albert Einstein* und *Niels Bohr* in der Physik. In den Spitzenbereichen der Wissenschaften sind die Juden übervertreten; so haben etwa 23 % der Nobelpreisträger und 20 % der Preisträger der Fields-Medaille, der höchsten Auszeichnung für Mathematik, jüdische Abstammung, während der Anteil der Juden an der Weltbevölkerung nur etwa 2 ‰ beträgt. Es geht hier nicht um eine Frage der Gene oder um einen biologischen Elitismus, sondern um ein Zeichen der Gnade Gottes, des Gottes, der mit diesem Volk, dem *«geringsten unter allen Völkern»* (5. Mo 7.7 ELB) einen Bund eingegangen ist, um sich durch dasselbe der Welt zu offenbaren.

7.2 Die Zukunft Israels

Es gibt mehrere Stellen in der Bibel, die eine ***geistliche Wiederherstellung Israels*** prophezeien, z. B. im AT Hes 36.24–28, Hos 3.5 und im NT verschiedene Stellen des Römerbriefes: *«Nein, Gott hat sein Volk nicht verstoßen. Er hat es doch von Anfang an erwählt.»* (Röm 11.2a NeÜ), *«Denn Gott nimmt seine Gnadenerweise nicht zurück und bereut seine Berufungen nie.»* (Röm 11.29 NeÜ), *«Ein Teil von Israel hat sich verhärtet. Aber das gilt nur so lange, bis die volle Zahl von Menschen aus den anderen Völkern zum Glauben gekommen ist. Israel als Ganzes wird dann so gerettet werden, wie geschrieben steht: ‹Aus Zion wird der Retter kommen, der alle Gottlosigkeit von Jakobs Nachkommen entfernt›.»* (Röm 11.25b–26 NeÜ) Noch ist für die Israeliten *«die Decke über ihrem Verständnis»* der Schriften des Alten Bundes nicht weggenommen (2. Kor 3.14 NGÜ). Schätzungen zufolge leben zwischen 7'000 und 20'000 messianische Juden in Israel, d. h. Menschen jüdischer Herkunft, die an Jesus Christus als ihren Messias glauben, sich aber weiterhin als Juden verstehen. Die meisten nicht-messianischen Juden mit einer Messias-Erwartung sehen im Messias den Befreier, der ihnen das verheißene Land zurückgibt und die Möglichkeit schafft, den Tempel wieder aufzubauen.

Gott wird mit seinem Volk zum Ziel kommen. Ich denke, der Konflikt zwischen den Israelis und den Palästinensern, der Nahostkonflikt, wird seine Lösung nicht innerhalb des menschlichen, sondern des göttlichen Denkrahmens finden: Er wird nicht so gelöst werden, wie es sich die meisten Menschen und kirchlichen Instanzen, die UNO und die EU vorstellen und wünschen, sondern so, wie es Gottes Verheißungen vorhergesagt haben. Ich glaube, dass dabei das Erlösungswerk Jesu Christi die entscheidende Rolle spielen wird und dass in Israel unter Juden und Arabern dadurch Versöhnung geschehen und Frieden eintreten werden, dass sich beide Jesus Christus als Erlöser zuwenden und so als Juden und Moslems gemeinsam dem neuen Reich mit Jesus Christus als König angehören und in geistlicher

Einheit zusammenleben – so wie es im Epheserbrief (Eph 2.14–16 NGÜ) angedeutet ist: *«Ja, Christus selbst ist unser Frieden. Er hat die Zweiteilung überwunden und hat aus Juden und Nichtjuden eine Einheit gemacht. Er hat die Mauer niedergerissen, die zwischen ihnen stand, und hat ihre Feindschaft beendet. Denn durch die Hingabe seines eigenen Lebens hat er das Gesetz mit seinen zahlreichen Geboten und Anordnungen außer Kraft gesetzt. Sein Ziel war es, Juden und Nichtjuden durch die Verbindung mit ihm selbst zu einem neuen Menschen zu machen und auf diese Weise Frieden zu schaffen. Dadurch, dass er am Kreuz starb, hat er sowohl Juden als auch Nichtjuden mit Gott versöhnt und zu einem einzigen Leib, der Gemeinde, zusammengefügt; durch seinen eigenen Tod hat er die Feindschaft getötet.»* Schon jetzt gibt es Anzeichen einer Entwicklung in diese Richtung, indem sich an Jesus Christus gläubige Juden und Araber kennen, schätzen und lieben gelernt haben. Der Konflikt zwischen Juden und Palästinensern wird nicht durch ein Zweistaatensystem gelöst werden, sondern durch einen Staat, in dem Israelis und Palästinenser gleichberechtigte Glaubensgenossen sind.

Die in [10] vorgeschlagene Zweistaatenlösung – sie beruht auf der von Politikwissenschaftlern der Princeton-Universität erarbeiteten «Condominium-Solution» – klingt zwar menschlich gesehen logisch und verheißungsvoll. Sie entspricht jedoch nicht der göttlichen Verheißung und sie wird ohne eine in Jesus Christus gewirkte Einheit und damit verbundene Herzensveränderung bei Juden und Palästinensern eine Illusion bleiben.

7.3 Die Ersatztheologie

Die ***Erfüllungs***- oder ***Ersatztheologie*** bezieht die im Abschnitt 7.1. im Zusammenhang mit der Gründung des Staates Israel zitierten biblischen Prophezeiungen nicht auf die Rückkehr der Juden aus verschiedenen Ländern nach Israel und die Staatsgründung im Jahr 1948, sondern auf die neutestamentliche Gemeinde, auf die Errichtung des von Jesus Christus begründeten RG mit ihm als König. Sie gesteht dem Volk der Juden keinen Anspruch auf ein eigenes Land und kein Recht auf einen eigenen Staat zu. Nach ihr hat die Gemeinde Jesu Christi das Volk Israel in Gottes Heilsplan abgelöst, d. h. die christliche Kirche hat das «alte» Bundesvolk als Verheißungsträger abgelöst und kann als das *«neue Israel»* betrachtet werden. Israel war einfach ein Bild für das wahre Volk Gottes, das von der Gemeinde Jesu Christi verkörpert wird. Das Volk Israel wird in Gottes Plan keine besondere Rolle mehr spielen. Das RG besteht aus Juden und Heiden, sie sind eins im Messias und beten gemeinsam Gott an. Da das Wort *Ersatztheologie* einen negativen judenfeindlichen Beigeschmack hat, zieht man oft die Bezeichnung *Erfüllungstheologie* vor. In gewissen christlichen Kreisen wird der Erfüllungs- oder Ersatztheologie eine feindliche Einstellung zum Judentum, ja sogar ein antisemitischer Zug zugeschrieben und behauptet, sie lehre, dass Gott das jüdische Volk wegen seiner Ablehnung von Jesus Christus als Messias verstoßen habe.

Die Ersatztheologie wird auch durch den ***Dispensationalismus*** vertreten. Dieser lehrt die Existenz klar erkennbar voneinander abgegrenzter Zeitabschnitte in Gottes Heilsplan, sogenannter Dispensationen, in denen jeweils eine ganz bestimmte Ordnung gilt. Für den Dispensationalismus sind die Gemeinde Jesu Christi und Israel zwei verschiedene Dispensationen; die Gemeinde hat Israel abgelöst.

Unterstützung erhielt die Ersatztheologie vom Reformator *Calvin*. Er beruft sich auf den Vers 2. Kor 1.20a (NGÜ) *«Was immer Gott an Zusagen gemacht hat – in Jesus Christus finden sie alle ihre Erfüllung.»* und vertritt die Sicht, dass in Jesus Christus alle Bünde, die Gott je geschlossen hat, erfüllt sind.

Ein markanter Vertreter der Ersatztheologie ist der Theologe *Wright*. Er präsentiert eine neue Interpretation der zentralen, christologischen Ereignisse, die als Nebeneffekt eine Absage an den Anspruch Israels auf einen eigenen Staat beinhaltet.

Er betont die Radikalität der Veränderung, die der Tod und die Auferstehung des Messias für das Volk Israel zur Folge haben. Nach *Wright* ist Jesu Tod Israels Tod, das bedeutet, Israels heilsgeschichtliche Funktion ist damit erfüllt und beendet. Als ethnisches Volk verliert es seine besondere Bedeutung und hat es keine weiteren Ansprüche aus Verheißungen (wie z. B. auf den Landbesitz). Jesus Christus tritt nun an die Stelle von Israel, er hat den für Israel vorgesehenen Auftrag zur vollkommenen Hingabe an Gott erfüllt. Für *Wright* ist die Bibel eine Geschichte, ein Drama in 5 Akten: Schöpfung, Sündenfall, Israel, Jesus, Kirche; wir stehen jetzt im 5. Akt,

Michael Dörnbrack [14] weist darauf hin, dass alle Verheißungen Gottes an Bedingungen geknüpft sind und dass Gott die Erfüllung seiner Vorhersage von der Reaktion der Menschen abhängig macht (vgl. z. B. 4. Mo 14.21–23, 5. Mo 28, 30). Er schließt daraus, dass die Untreue der Israeliten zur Folge hatte, dass die für sie bestimmten Verheißungen an die christliche Gemeinde übergegangen sind. Er stützt sich dabei u. a. auch auf folgende Verse aus dem NT (nach NGÜ):

«Das RG wird von euch weggenommen und einem
Volk gegeben werden, das die rechten
Früchte hervorbringt.» (Mt 21.43)

«Ihr jedoch seid das von Gott erwählte Volk.» (1. Pe 2.9a)

«Allen, die sich an diesen Grundsatz halten,
schenke Gott seinen Frieden und sein
Erbarmen; sie sind das wahre Israel Gottes[22]...» (Gal 6.16)

«Hier gibt es keinen Unterschied mehr zwischen
Juden und Griechen, zwischen Sklaven
und freien Menschen, zwischen Mann und Frau ...
Wenn ihr aberzu Christus gehört, seid ihr auch Nachkommen
Abrahams ...» (Gal 3.28–29)

«Ihr nun, Geschwister, gehört – genau wie Isaak – zu den Kindern, die Gott versprochen hat; ...» (Gal. 4.28)

Weiter weist er auf die Stelle in der Apostelgeschichte (Apg 15.15–18) hin, an der Jakobus auf dem Apostelkonzil in Jerusalem die Heidenmission mit der Verheißung in Amos 9.11–12, die von der Wiederaufrichtung der «Hütte Davids» unter Einbezug der Heiden spricht, rechtfertigt.

7.4 Argumente gegen die Ersatztheologie

Mir scheint, dass der ***Ersatztheologie*** für gewisse auf Israel bezogene Prophezeiungen des AT ein Auslegungsparadigma zugrunde liegt, das vom NT generell nicht unterstützt wird, nicht dem Wesen Gottes entspricht, nicht zu seiner Beziehung zum Volk Israel passt und die Entwicklung im Nahen Osten in jüngster Vergangenheit nicht ausreichend miteinbezieht. Ich versuche dies im Folgenden zu begründen:

Im Abschnitt 7.1 sind mehrere Prophezeiungen aus dem AT erwähnt, die auf eine nachexilische Rückkehr nach Israel und Sammlung des Volkes Israel hinweisen. Speziell in Jes 11.11 ist explizit von einer zweiten Rückkehr Israels die Rede – einer Rückkehr aus *«verschiedenen Völkern»* und von den *«fernen Inseln des Meeres». Dörnbrack* deutet sie auf die Rückkehr der Israeliten aus dem babylonischen Exil unter *Serubbabel* im Jahr 457. v. Chr. – nach der ersten Rückkehr im Jahre 538 v. Chr. unter dem König *Kyrus*. Diese Deutung scheint mir jedoch die Tatsache zu wenig zu berücksichtigen, dass die Rückkehr unter *Serubbabel* eher unbedeutend war und zudem aus nur *einer* Nation und nicht von fernen Inseln erfolgte.

Der Prophet Hesekiel prophezeit in Hes 36.24–28 zusätzlich zur Sammlung Israels aus den Völkern und allen Ländern in dem Lande, das Gott den Vätern gegeben hatte, eine geistliche

Wiederherstellung Israels im Rahmen des Neuen Bundes. Diese Stelle liefert einen starken Hinweis dafür, dass die Juden als ein im Lande der Väter gesammeltes Volk Teil des RG sein werden und nicht bloß als auf die Nationen verstreute Individuen.

Gottes Wille und Absicht für die ganze Menschheit ist die Errichtung des RG mit Jesus Christus als König. Durch ihn hat Gott einen Bund mit dem Volk Israel geschlossen, der die Nationen miteinbezieht. Dieser *«Neue Bund»* besteht aus den messianischen Juden und den Gläubigen aus den Nationen. Paulus (Röm 11) beschreibt diesen Vorgang in eindrücklicher Weise mit dem Bild vom edlen und wilden Ölbaum.

Der Auftrag an Israel in seiner heilsgeschichtlichen Funktion wurde von Jesus Christus und seiner Gemeinde übernommen. Dies kommt auch in den oben genannten Versen Mt 21.43 und 1. Pe 2.9 zum Ausdruck. Jesus Christus ist das Haupt der Gemeinde, der Gesamtheit der an ihn Gläubigen, in ihm ist die von Gott geforderte Hingabe an ihn vollzogen worden. Er ist die vollkommene Offenbarung Gottes (Joh 14.9). Die Weitergabe des heilsgeschichtlichen Auftrages an die christliche Gemeinde bedeutet jedoch nicht, dass die Verheißung des gelobten Landes für das ethnische Volk Israel aufgehoben ist. Diese Verheißung beruht auf Gottes souveräner und bedingungsloser Erwählung und beinhaltet sein unwiderrufliches Bündnis mit diesem Volk und die Zusage des gelobten Landes zu ewigem Besitz. Sie lässt keine Aufteilung zu, bei der in einer ersten Phase das gelobte Land im irdisch-materiellen Sinne für eine begrenzte Zeit – nämlich bis zum Erscheinen des Messias Jesus Christus – im Besitze Israels ist und in einer zweiten Phase für ewige Zeit im geistlichen Sinne im Besitz der Gemeinde. Im Lichte der Vergebung aufgrund des umfassenden Heilswerkes in Jesus Christus behält die ursprüngliche Verheißung für Israel trotz seiner Untreue ihre volle Gültigkeit. Die Tatsache, dass Gott mit dem widerspenstigen Volk Israel in der Weise zum Ziel kommt, dass es sich als ganzes Volk in dem ihm verheißenen Land dem verheißenen Erlöser zuwendet, stellt zweifellos eine eindrücklichere

Manifestation der Liebe und Gnade Gottes dar, als wenn diese Zuwendung durch eine Gesamtheit von über die ganze Erde verstreuter jüdischer Individuen geschehen würde!

Vielmehr bekräftigt die in 7.1 skizzierte politische Entwicklung in Palästina seit dem Zweiten Weltkrieg – mit der Staatengründung Israels und seiner nachfolgenden Bewahrung – die weitere Gültigkeit der ursprünglichen Verheißung für das ethnische Israel. Zudem scheinen mir Stellen wie Apg 15.15–17 darauf hinzuweisen, dass Israel als Nation ein Teil der geistlichen Gemeinschaft der im neuen RG vereinigten Nationen sein wird. Dies wird auch durch die wachsende Zahl messianischer Juden in Israel zunehmend sichtbar.

Die in 7.3 erwähnte Deutung der ursprünglichen Verheißung für Israel auf Jesus Christus und seine Gemeinde durch *Calvin* aufgrund des Verses 2. Kor 1.20a ist keineswegs zwingend: Der Vers kann sehr wohl zum Ausdruck bringen, dass sich auch die ursprüngliche Verheißung des gelobten Landes für Israel *«in ihm»* erfüllen wird – nämlich dadurch, dass Israelis und Palästinenser *in ihm* zusammenfinden, so wie dies in 7.2 beschrieben ist!

Die in 7.3 zitierten und von *Dörnbrack* zur Stützung der Ersatztheologie benutzten Verse aus dem NT bringen in allegorischer Weise etwas vom Wesen der christlichen Gemeinde und des neu angebrochenen RG zum Ausdruck, indem sie Bezug nehmen auf das Volk Israel und seine Beziehung zu Gott. Sie können m. E. nicht als Bestätigung dafür dienen, dass Gott seine Verheißungen für die Existenz Israels als Nation im gelobten Land zurückgezogen hat.

Literatur

[1] Atkins, P. W.: Schöpfung ohne Schöpfer, Rowohlt Verlag, 1985

[2] zitiert nach Barnet, D. und Karsh, E.: Azzam's Genocidal Threat, in Middle East Quarterly, 2011 https://www.meforum.org/3082/azzam-genocide-threat

[3] Benz, A.: Das Universum/Wissen und Staunen, astrophysikalische Erklärungen und religiöse Erfahrungen, Berchthold Haller Verlag, 2019. Hinweis S. 38 auf Die Zukunft des Universums, Patmos Verlag, Düsseldorf, 7. Auflage 2012

[4] Zitat aus einem Interview in der schweizerischen Zeitschrift Beobachter 6/2021, S. 43–44

[5] Bianchi, E.: Dich finden in deinem Wort/Die geistliche Schriftlesung, Verlag Herder, Freiburg im Breisgau, 1988

[6] Blechschmidt, E.: Die Erhaltung der Individualität – Fakten zur Humanembryologie, Hänssler-Verlag, Neuhausen-Stuttgart, 1985

[7] Bloom, A.: Der Niedergang des amerikanischen Geistes. Ein Plädoyer für die Erneuerung der westlichen Kultur, Verlag: Hoffmann und Campe, 1988

[8] Brüske, M.: Zur Geschichte der historischen Jesusfrage, Skript zum Kurs «Grundfragen christlicher Existenz» der theologischen Fakultät der Universität Freiburg/Fribourg in der CH, durchgeführt vom Studienzentrum für Glaube und Gesellschaft, 2018

[9] Burpo, T. und Vincent, L.: Den Himmel gibt's echt, SCM Hänssler, 2011

[10] Claiborne, S. und Campolo, T.: Die Jesus-Revolution, Gerth Medien GmbH, Asslar, 2014

[11] Collins, F.: Gott und die Gene, Gütersloher Verlagshaus, Gütersloh, 2007
[12] Curry, H. B.: Outlines of a Formalist Philosophy of Mathematics, North-Holland Publishing Co., Amsterdam, 1951
[13] Deutschlandfunk: «Fossilen stellen ‹Biogenetische Grundregel› in Frage», 13. Januar 2017
[14] Dörnbrack, M.: https://www.missionsbrief.de/pdf/bs_md//z-12.pdf
[15] du Bois-Reymond, E. H.: Über die Grenzen des Naturerkennens, Vortrag, 1872; Zitat S. 464
[16] Edelman, G. M.: The Remembered Present: A Biological Theory of Consciousness, Basic Books, New York, 1989
[17] Einstein, A.: Religion und Wissenschaft, Aufsatz erschienen am 11. November 1930 im Berliner Tagblatt
[18] Feuerbach, L.: Das Wesen des Christentums, Reclam Verlag, Ditzingen, 2008
[19] Feynman, R. P.: Was soll das alles? Gedanken eines Physikers, Piper Verlag, München, 1999
[20] Fliessbach, T.: Allgemeine Relativitätstheorie, Springer-Verlag Berlin/Heidelberg, 6. Auflage 2012
[21] Franklin, J. und Davis, E.: Die Physik des Himmels, Schleife Verlag, Winterthur, 2014
[22] Fromm, E. et al.: Zen-Buddhismus und Psychoanalyse, Suhrkamp Verlag, 1972
[23] Gitt, W.: So steht's geschrieben, Hänssler Verlag, Holzgerlingen, 5. Auflage 2000
[24] Gitt, W.: In 6 Tagen vom Chaos zum Menschen, Hänssler-Verlag, Neuhausen-Stuttgart, 1998
[25] Gitt, W.: Schuf Gott durch Evolution?, Hänssler-Verlag, Neuhausen-Stuttgart, 6. Auflage 1988
[26] Gitt, W.: Fragen, CLV, Christliche Literatur-Verbreitung, Bielefeld, 19. Auflage 2003
[27] Gnilka, J.: Die Wirkungsgeschichte als Zugang zum Verständnis der Bibel, Münchener Theologische Zeitschrift Bd. 40 Nr.1 (1989), EOS Verlag, St. Ottilien

[28] Gottwaldt, W.: Fehler in der Bibel, Verlag der Liebezeller Mission, 1975

[29] Gutmann, W. F.: Veränderungen im Evolutionsverständnis – Neue Aspekte der Evolutionsforschung, Universitas 33 (1978), S. 1297–1304

[30] Hawking, S. und Mlodinow, L.: Der große Entwurf. Eine neue Erklärung des Universums, Rowohlt, Reinbek, 2010

[31] Heim, K.: Glaube und Denken, Aussaat Verlag Neukirchen-Vluyn, 7. Auflage 1985

[32] Herwig, M.: Toleranz als oberster Wert, Zitat aus Prophetisches Bulletin Nr. 4 2013, Schleife-Verlag, Winterthur

[33] Illies, J.: Die Evolution und der Weg des Menschen – Versuche einer Synthese, Universitas 33 (1987), S. 1167–1176

[34] Josephus. Flavius: Antiquitates Judaicae XVIII, aus dem Buch Antike Berichte über die Essener, De Gruyter, 1972, Verse 63–64

[35] Kaldewey, J.: Die Frau als «Gehilfin», als Dienerin des Mannes?, 2005

[36] Kaldewey, J.: Es ist gut so, wie es ist, medeiaKern GmbH, Wesel, 2017

[37] Kaldewey, J.: Großer Himmel – Kleine Hölle, SCM R. Brockhaus in der SCM Verlagsgruppe GmbH, Holzgerlingen, 2021

[38] Kaldewey, J.: Gericht Gottes Teil 2, https://www.jenskaldewey.ch/index.php/predigten/predigt/das-gericht-gottes-teil-2

[39] Kaldewey, J.: Grundsätzliche Hinweise zur Wassertaufe für alte, neue und werdende Christen, https://www.jenskaldewey.ch/files/Taufe_-_Grundstzliche_Hinweise.pdf

[40] Kaldewey, J.: Die Hölle – Das ewige Draußen, https://www.jenskaldewey.ch/images/Die_Hölle_-_das_ewige_Draussen.pdf

[41] Kaplan, R. W.: Der Ursprung des Lebens, dtv-Taschenbuch, Georg Thieme Verlag, Stuttgart, 1978

[42] Keller, T.: Warum Gott, Brunnen Verlag, Gießen, 6. Auflage 2015

[43] Lesch, H.: Die Entdeckung des Higgs-Teilchens, C. Bertelsmann, 2. Auflage 2013

[44] Lewis, C. S.: Wunder möglich, wahrscheinlich, undenkbar?, Brunnen Verlag, Basel, 1980
[45] Lewis, C. S.: Pardon, ich bin Christ, Brunnen Verlag, Basel und Gießen, 6. Auflage 1982
[46] Lewis, C. S.: Ein Jahr mit C. S. Lewis (366 Inspirationen), Gerth Medien, Asslar, 2020
[47] Lewis, C. S.: Ist Theologie Dichtung? in Das Gewicht der Herrlichkeit, Brunnen Verlag, Gießen und Basel, 2005
[48] Lewis, C. S.: Was Auferstehung sein könnte. Du fragst mich wie ich bete, Briefe an Malcolm (Einsiedeln, 1976), S. 130\[Dash]133, http://www.hoye.de/esch/lieferung10.pdf
[49] Lewis, C. S.: Überrascht von Freude, Brunnen Verlag, Basel und Gießen, 2021
[50] Liebi, R.: DVD Bibel und Wissenschaft, Verlag CVM Hagedorn, 2015
[51] Lönnig, W.-E.: Auge widerlegt Zufalls-Evolution, Teil 1 (1976) Zufallsmutationen, Wahrscheinlichkeit und das menschliche Auge, http://www.weloennig.de/AuIn.html
[52] MacDowell, J.: The New Evidence That Demands a Verdict, San Bernardino, CA: Here's Life, 1999
[53] Mahnig, K.: Theologische Relativitätstheorie, Verlag Kurt Mahnig, 2014
[54] Marti, L.: Eine Hand voll Sternenstaub, Kreuz Verlag, Freiburg im Breisgau, 2012
[55] Medawar, P.: Advice to a Young Scientist, Harper and Row, London 1979; vgl. auch (vom gleichen Autor) The Limits of Science, Oxford University Press, Oxford, 1984
[56] Monod, J.: Zufall und Notwendigkeit, Deutscher Taschenbund Verlag dtv, 3. Auflage 1977
[57] Moore, B., Prof. für Astrophysik Universität Zürich, in den Beilagen «Das Magazin» No. 17/24/28 zum Bund vom 9.2./30.3./27.4.2019
[58] Morris, H. M.: Evolution im Zwielicht, Verlag Lebendiges Wort GmbH, Berlin-Augsburg, 2. Auflage 1974
[59] Morton, J. S.: Die Wissenschaft hat Verspätung, Verlag der Francke-Buchhandlung GmbH, Marburg an der Lahn, 1979

[60] Muschalek, H.: Gottbekenntnisse moderner Naturforscher, Morus-Verlag, Berlin, 4. Auflage 1964

[61] Peter, N.: Maulwürfe und Sündenböcke, Radius-Verlag, GmbH, Stuttgart, 2020

[62] Pfahl-Traughber, A.: Christliche oder universelle Werte in der liberal-konservativen Kulturzeitschrift «MUT» (Nr. 466) vom Juni 2006

[63] Portmann, A.: Fragmente zu einer Lehre vom Menschen, Benno Schwabe & Co-Verlag, Basel, 1944

[64] Prince, D.: Gewissheit in der Endzeit, Derek Prince Ministries International, 1982

[65] Püttmann, A.: Gesellschaft ohne Gott, Gerth Medien GmbH, Asslar, 2010

[66] Schmidt-Salomon, M.: Entspannt euch! Eine Philosophie der Gelassenheit, Piper-Verlag, München, 2019

[67] Schneider, H.: Der Urknall und die absoluten Datierungen, Hänssler, Neuhausen-Stuttgart, 1982

[68] Schwarz, L.: Ich war nicht immer ein Alphornbläser: Ein Original der Volksmusik erzählt seine turbulente Geschichte, Brunnen Verlag, Basel und Gießen, 2008

[69] Sciuto, C.: Individuen statt Minderheiten schützen, Interview im «reformiert» Nr. 9/2020, Zeitung der BELK

[70] Stadelmann, H.-R: Der Geist schuf sich das Gehirn, Interview in der schweizerischen Zeitschrift Beobachter 26/2008, S. 38–40

[71] Stegmüller, W.: Metaphysik, Wissenschaft, Skepsis, Humboldt, Frankfurt/Main, 1954

[72] Straubhaar, A.: Backflash, Veraguth Fürabe Verlag, Wattenwil, 5. Auflage 2012

[73] Sueton: De vita Caesarum, Vieweg+Teubner Verlag, Berlin, 1993, Kap. 25.4

[74] Szabo, R. und Franz, N.: Knallhart durchgezogen, mein Leben zwischen Bankraub, Knast und Suche nach Frieden, SCM Hänssler, Neuhausen-Stuttgart, 2021

[75] Tacitus, P. C.: 6. Tacitus über Jesus und die neronische Christenverfolgung, Annalen XV 44; Quelle: C. D. Fi-

scher (Hrsg.), Cornelli Taciti Annalium, Oxford, 1906, S. 362
[76] Vorgrimler, H.: Wie griechisch ist das Evangelium? Radioessay im Südwestfunk 901293/03.95, S. 6f. Siehe Hinweis im Artikel «Hebräisches und griechisches Denken \ [Dash] Möglichkeiten des evangelisch-katholischen Dialogs» von Karl Baral in https://www.gemeindenetzwerk.de/?p=7014#_ftn10
[77] Wells, H. G.: A Short History of the World, XXXVII The Teaching of Jesus, Cassell & Company, London, 1922
[78] Westermann, C.: Genesis. 1, Teilband: Gen 1–11 (BKAT Band I/1), Neukirchen-Vluyn, 4. Auflage 1999
[79] Hinweis in Wikipedia: https://de.wikipedia.org/wiki/Infinite-Monkey-Theorem
[80] Wittgenstein, L.: Logisch-philosophische Abhandlung, Suhrkamp Verlag, Frankfurt, 2003
[81] Woiwode, W.: Gestrandet, gelandet, Abraham-Dienste, Stein am Rhein, 2007
[82] Wright, N. T.: Jesus. Wer er war, was er wollte und warum er für uns wichtig ist, Verlag der Francke-Buchhandlung GmbH, Marburg an der Lahn, 2013
[83] Wright, N. T.: Von Hoffnung überrascht, Neukirchener Verlag GmbH, Neukirchen-Vluyn, 2016
[84] Wright, N. T.: Revelation for Everyone, Westminster John Knox Press, Louisville KY, 2011
[85] Young, W. P.: Die Hütte – ein Wochenende mit Gott, Ullstein Buchverlage GmbH, Berlin, 2009
[86] Zahrnt, H.: Es begann mit Jesus von Nazareth, Kreuz Verlag, Stuttgart, 1960
[87] Zimmer, S.: Schadet die Bibelwissenschaft dem Glauben?, Vandenhoeck & Ruprecht, Göttingen, 2012
[88] Zimmer, S.: Gottes Liebe und Gottes Gericht: Wie passt das zusammen?, Vortrag, www.worthaus.org/mediathek/
[89] Zimmer, S.: Der literarische Charakter des Hiob-Buches, Hiob Vorlesung Teil 10|10.14.1, www.worthaus.org/mediathek/

[90] Zimmer, S.: Kain und Abel, Vortrag, www.worthaus.org/mediathek/
[91] Zimmer, S.: Gott und das Leid, Vortrag, www.worthaus.org/mediathek/
[92] Zimmer, S.: Was Christen im Blick auf die Bibel eint, Vortrag, www.worthaus.org/mediathek/
[93] Zitat aus einem Vortrag von E. Kahane in CERN (Genf), am 17.4.1964
[94] *https://www.livenet.ch/news/gesellschaft/118725sind_die_berichte_zum_fund_der_arche, https://www.livenet.ch/neuigkeiten/ethik_und_gesellschaft/118717-die_suche_nach_noahs_arche*
[95] *Le Mémorial de Blaise Pascal, in bibleetnombres.online.fr., französischer Originaltext https://www.livenet.ch/neuigkeiten/ethik_und_gesellschaft/118717-die_suche_nach_noahs_arche*

Bibelzitate nach

Der Autor

Otto Bachmann hat an der Universität Bern Mathematik studiert und zum Dr. phil.-nat. promoviert. Er war vor allem in der Grundlagenforschung der Geometrie tätig. Nach kurzer Lehrtätigkeit am Séminaire de Géométrie de l'Université de Neuchâtel und als Gastprofessor an der Universidad Católica de Valparaíso (Chile) lehrte er bis zu seiner Pensionierung am Département de Mathématiques de l'Ecole Polytechnique Fédérale de Lausanne (EPFL). Zudem hat er sich über Jahrzehnte intensiv mit theologischen und philosophischen Fragen und dem christlichen Glauben auseinandergesetzt.